エリア・スタディーズ 51

ミクロネシアを知るための60章

【第2版】

印東道子〔編著〕

明石書店

はじめに

オセアニアという地域名はようやく日本でもよく使われるようになってきた。それでも「南太平洋」という言葉のほうが一瞬にしてイメージがわくようだ。この二つの言葉の狭間にあるのが、赤道より北に位置する「ミクロネシア」である。

ミクロネシアにはグアム、サイパン、ヤップ、パラオなど、日本でもなじみの深い島が多い。特に、ヤップは石で作った大きな貨幣で知られ、ポーンペイもナン・マドールという巨大な石柱を積み上げた巨石遺跡で有名である。このほかにもパラオのロックアイランド周辺に生息する多様な熱帯魚は世界中からダイバーを惹きつけており、これほど豊富な魚種が見られるのは、オセアニアでも珍しい。

その反面、広島・長崎に投下する原爆を積んだB－29「エノラ・ゲイ」が飛び立ったのはテニアン島だし、アメリカが原水爆実験を行ったビキニ環礁はマーシャル諸島にある。多くの島にはいまだに日本軍の残した残骸が雨ざらしになっており、ミクロネシアの島じまが否応なしに戦争に巻き込まれた過去を持つことを物語っている。

このような歴史と自然の美しさ、そして島に残る力強い先史文化がないまぜになって残っているのがミクロネシアである。

ミクロネシアの人びとは勇敢な航海者たちであった。これは、ミクロネシアの島じまの大半が小さなサンゴ島であることと関係する。サンゴ島は美しい海岸や海洋資源に富んでいるが、陸上の資源には乏しい。そのような環境で生活を続けるためには、近隣の島じまからの援助が不可欠で、自ずとカヌーによる航海術が発達した。その航海知識は膨大で、近年に至るまで脈々と受け継がれてきた。すでに航海知識が忘れ去られていたハワイで伝統カヌー「ホクレア」が復活された際、それを最初にタヒチに導いたのは、ミクロネシアの航海士だった。

また、マリアナ諸島のラッテストーンやポーンペイのナン・マドールなどの巨石遺跡は、ポリネシアやメラネシアには見られない独特のものである。その巨大な建造物をどのようにして作り上げたのか、いまだによくわかっていない。しかし、一本が数十トンもあるような巨大な石柱を運んだり積み上げたりするには多くの人力を結集することが必要で、その背後には統率のとれた社会組織が存在していたことは明らかである。

他方、ミクロネシアと日本の関係はほかのオセアニア地域に比べて格段に深い。１９１４年から30年間にもわたってミクロネシアは日本の海外領土（国際連盟委任統治領）となり、日本から大量の移民が海を越えて渡り住んだ。さまざまな殖産興業が試されるかたわら、ミクロネシアの子どもたちへの教育も行われ、日本語が徹底して教えられた。今でもお年寄りが流ちょうな日本語を操り、今の若者も知らないような日本の歌を口ずさむのを聞くと、いかに当時の教育が厳しいものだったのか想像がつく。その後、戦争へと進んだ世界情勢は、否応なしにミクロネシアの島じまをも巻き込んだ。戦後世代にとってもその悲惨さが伝わってくる戦争の痕跡が、海にも陸にも残っている。こんなに遠くて小さなサンゴ島に！　と驚くような島にも日本軍の小さな戦車が今でも置き去りにされている。

　このように先史文化一つとってもそうであるが、民族文化や日本との関わりなど、多様な視点で見るミクロネシアは、なかなかに魅力あふれる地域である。それにもかかわらず、ミクロネシア地域全体を正面から取り上げた本は、観光書以外には少なかった。ぜひ、総合的な一冊の本を作りたいと長らく考えてきたが、今回それが実現した。ミクロネシア地域の自然や歴史、伝統文化や現代文化、そしてミクロネシアと日本との関わりの歴史などを58の章に分け、それぞれに適した方に執筆していただくことができた。どのトピックもミクロネシアを知る手がかりとなる基本情報をベースにしているので、どこからでもおもしろく読んでいただけることと思う。

　歴史的にも距離的にも日本に近いミクロネシアについて興味を持っていただくことができたら、本書の目的は半分達成される。そしてあとの半分は、ぜひミクロネシアへと足を運んでいただければと思う。人間がいかに自然環境と密接に関わりながら生活をしてきたのか、島で生活をすることで理解がぐんと深まる。それがミクロネシアのおもしろさにさらに近づくステップとなるだろう。

　ミクロネシアを正面から扱う本書が、エリア・スタディーズシリーズの一冊として企画・出版されるのは、明石書店の大江道雅氏のご理解とご尽力によるところが大きい。また同編集部の高槻壮氏には、海外調査に出かけることの多い執筆者との連絡をはじめ、実に気配りの行き届いた的確な編集作業を進めていただいた。執筆者を代表して、心からお礼を申し上げたい。

２００５年11月

印東道子

第2版刊行にあたって

初版が刊行されてから10年が経った。その間、世界情勢は多様なかたちで変化し、ミクロネシアの国ぐにや地域も世界と関わりを持ちながら、小規模国家としての模索を続けている。アメリカの影響力が圧倒的に強かったミクロネシアであるが、近年は中国が様々なかたちでミクロネシアのみならずオセアニアへの進出を続け、影響力を増しつつある。ミクロネシアは島嶼国家である。陸上資源には乏しくても、豊かな海洋資源を有しており、それをいかに有効に利活用するかにその未来がかかっているといえる。

改訂版の刊行にあたり、全面的な見直しを行うとともに、後半には新たに国別のセクションをもうけ、それぞれの特徴を示す新しい章も追加した。明石書店編集部の兼子千亜紀さんには、改訂作業の最初から最後まで大変お世話になり、その細やかな編集手腕に大いに助けられた。深く感謝いたします。

2015年1月

印東道子

ミクロネシアを知るための60章【第2版】

目次

Ⅲ　伝統の息づく生活文化

Ⅳ　現代社会

Ⅴ　日本とミクロネシア

Ⅷ パラオ共和国

Ⅸ マーシャル諸島共和国

Ⅹ キリバス共和国・ナウル共和国

CONTENTS

※本文中、特に出所の記載のない写真については、原則として執筆者の撮影・提供による。

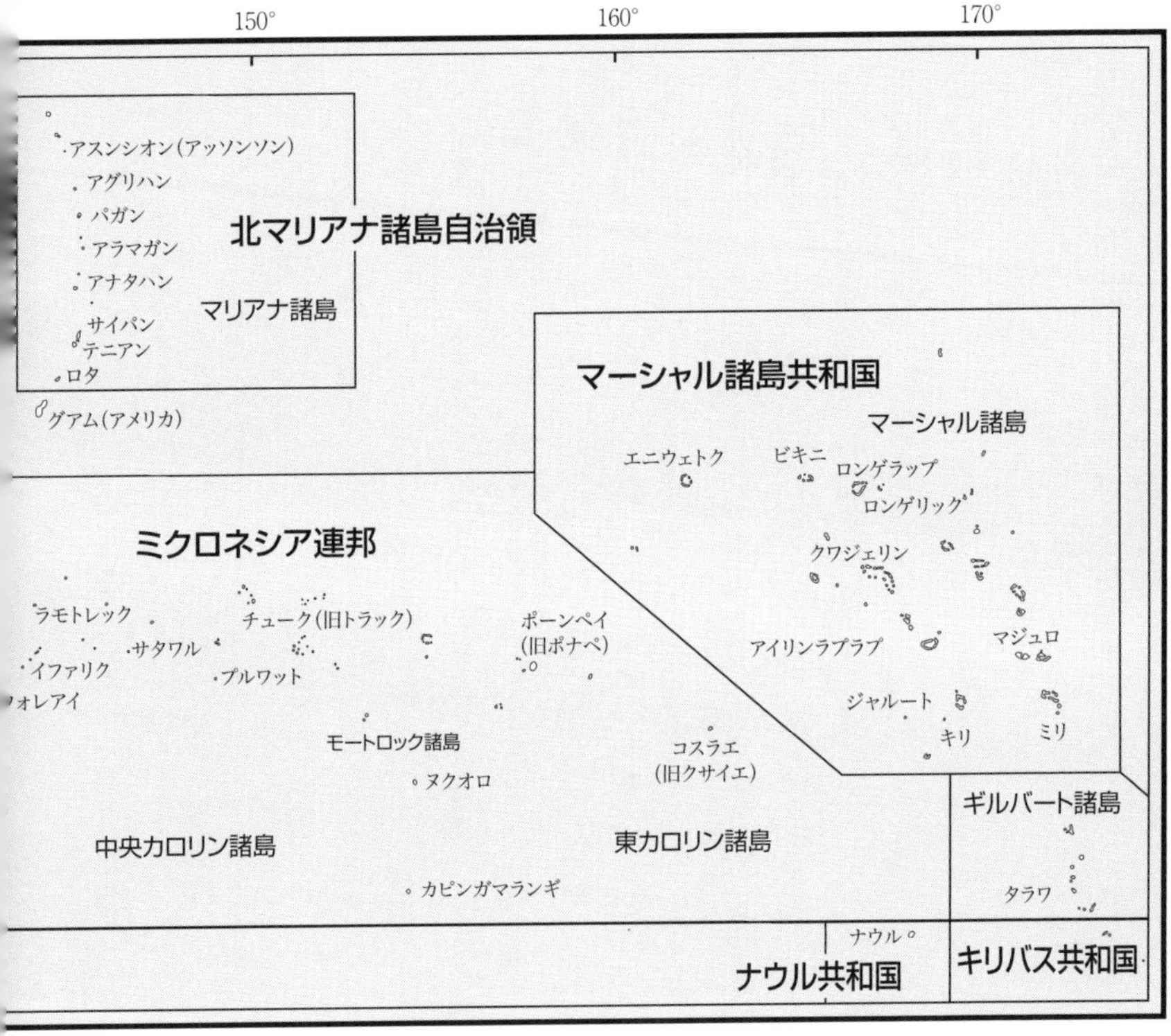
150°
160°
170°
北マリアナ諸島自治領
アスンシオン(アッソンソン)
アグリハン
パガン
アラマガン
アナタハン
マリアナ諸島
サイパン
テニアン
ロタ
グアム(アメリカ)
マーシャル諸島共和国
マーシャル諸島
エニウェトク
ビキニ
ロンゲラップ
ロンゲリック
クワジェリン
アイリンラプラプ
マジュロ
ジャルート
キリ
ミリ
ミクロネシア連邦
ラモトレック
サタワル
イファリク
ウォレアイ
チューク(旧トラック)
プルワット
ポーンペイ
(旧ポナペ)
モートロック諸島
ヌクオロ
コスラエ
(旧クサイエ)
中央カロリン諸島
東カロリン諸島
カピンガマランギ
ギルバート諸島
タラワ
ナウル
ナウル共和国
キリバス共和国

ミクロネシア地図

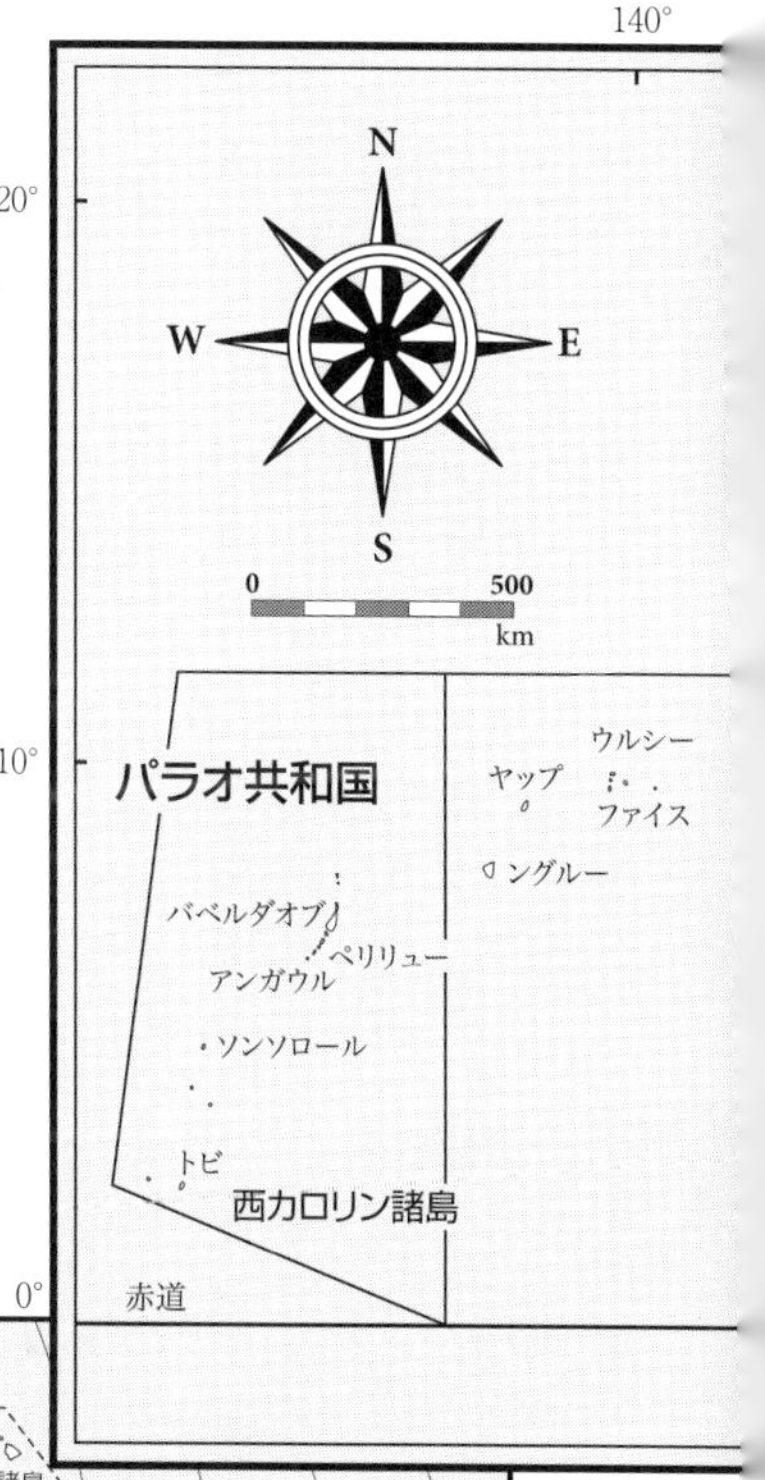
140°
20°
10°
0°
N
W
E
S
0
500
km
パラオ共和国
ヤップ
ウルシー
ファイス
ングルー
バベルダオブ
ペリリュー
アンガウル
ソンソロール
トビ
西カロリン諸島
赤道

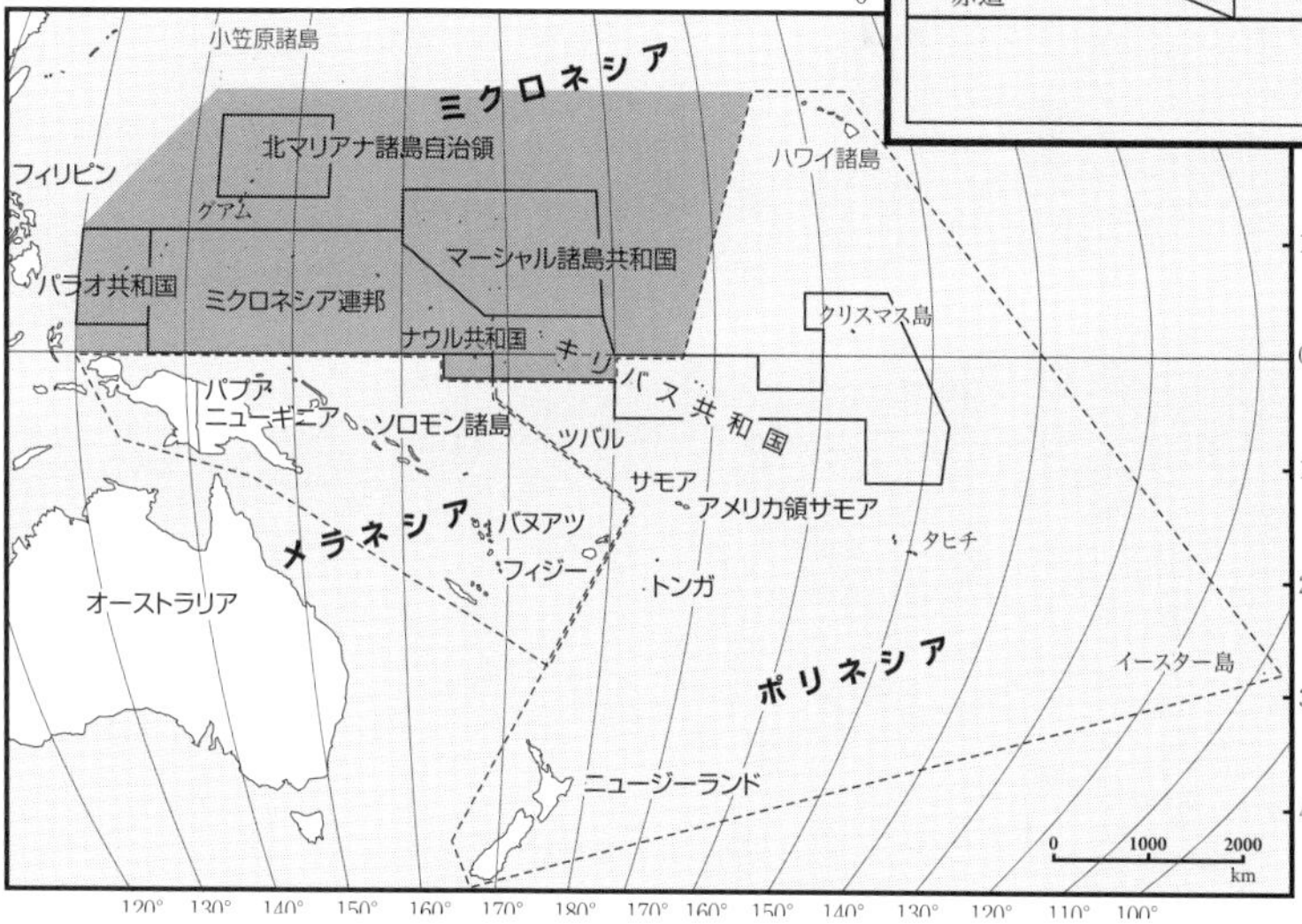
小笠原諸島
ミクロネシア
北マリアナ諸島自治領
フィリピン
グアム
ハワイ諸島
マーシャル諸島共和国
パラオ共和国
ミクロネシア連邦
ナウル共和国
キリバス共和国
クリスマス島
パプア
ニューギニア
ソロモン諸島
ツバル
サモア
アメリカ領サモア
メラネシア
バヌアツ
タヒチ
フィジー
トンガ
オーストラリア
ポリネシア
イースター島
ニュージーランド
10°N
0°
10°S
20°
30°
40°
0
1000
2000
km
120°
130°
140°
150°
160°
170°
180°
170°
160°
150°
140°
130°
120°
110°
100°

I

地理と自然環境

1

ミクロネシアの島じま

★太平洋に浮かぶ「小さな島」★

ミクロネシアは太平洋のなかで最も日本に近い赤道以北の地域の名称で、東経130～175度の間を指す。そこには2300を超す島じまが散在するが、陸地総面積は2851平方キロメートルしかない。まさにギリシャ語で「小さい島じま」という意味の名称がピッタリの地域である。

地理学的には、ミクロネシアの島じまは四つの諸島群と一つの孤島から構成されている。マリアナ諸島、カロリン諸島、マーシャル諸島、ギルバート諸島、およびナウル島である。これらのうち、カロリン諸島は東西に広い海域を占めているので、さらに西カロリン諸島（ヤップ、パラオ）、中央カロリン諸島（すべてサンゴ島）、東カロリン諸島（チューク、ポーンペイ、コスラエなど）に3区分される。

ミクロネシアは、1914年から30年もの間、南洋群島（内南洋）として日本が統治をしたこともあり（グアム島とギルバート諸島を除く）、日本文化がさまざまな形で現在にまで生き続けている島が多い。当時の日本名では、チュークはトラック、ポーンペイはポナペ、コスラエはクサイエである。

ミクロネシアは、東西に約5000キロメートルある細長い地域であり、言語的にも文化的にも均一でないため、本書では西部、中央、東部の3地域に分けて扱う。

西部ミクロネシアは、マリアナ諸島とその南西に位置する西カロリン諸島（ヤップ、パラオ）とからなり、やや大きめの火山島が連なっている。パラオ諸島最南端のトビ島からは、パラオ本島よりもニューギニアやインドネシアの島じまのほうがずっと近い。

マリアナ諸島を構成する島は、グアム、ロタ、テニアン、サイパンおよび北部に連なるアラマガンやアグリハンなど15の小火山島である。最北端の島から小笠原まではわずかに７００キロメートルでとても近い。政治的には、グアムは１８９９年以降、現在に至るまでアメリカ領で（日本が占領した1941～44年を除く）、そのほかの島じまは北マリアナ諸島自治領を構成している。文化的には同一言語、同一文化を持ったチャモロと呼ばれる人たちが住んでいたが、現在は人口の４割を占めるにすぎない（第40・43章）。

ヤップは20世紀末まで腰蓑《こしみの》やフンドシなどの伝統的な衣装をつけて生活し、大きな石の貨幣や貝貨を儀礼時に使うなど、長く伝統を守ってきた島であった。１４０余りあった村は5階層にランクされ、最上位の村の一つであるガチャパルは、東に広がる中央カロリン諸島を政治的・宗教的に支配し、定期的にやって来るカヌーの大船団との交易を行ってきた（第47章）。現代ではこのような階層制度は廃されており、ヤップは東に延びる中央カロリン諸島の小さなサンゴ島とともにミクロネシア連邦のヤップ州を構成している。

パラオは非核憲法をめぐって最後まで独立がもめたが、１９９４年に独立を果たした（第51章）。主島のバベルダオブと多数の小サンゴ島で構成されている。日本の統治時代には南洋庁が置かれ、政治や産業開発の中心になっていた。アンガウルの燐鉱石埋蔵量はナウルに次いで多かったため、大規模な採掘事業が展開された。

中央ミクロネシアは、中央および東カロリン諸島を指す。中央カロリン諸島の大半は、環礁島と呼ばれる海抜数メートルしかないサンゴ島で、ファイスやサタワルなどいくつかの隆起サンゴ島も含む。資源が限られた小さなサンゴ島に生きてきた人たちは航海術に優れ、現代に至るまで伝統的な航海知識を受け継いできた。西方のヤップ島との間にサウェイという交易関係を保つことで、環礁島では入手できない生活物資を手に入れていた（第47章）。

チュークは、直径65キロメートルもの大きな環礁のなかに、人間が住む火山島が14島も顔を出している。第2次世界大戦中は、日本海軍の中核基地が置かれていた。東南方向には環礁島からなるモートロック諸島が延びている。

ポーンペイは面積が約３３４平方キロメートルとミクロネシアではグアムに次いで大きい火山島であるが、淡路島の5分の3ほどである。中央部は７００メートルを超すため降雨量が多く、熱帯雨林が生い茂る緑豊かな島である。南東部の海岸にはナン・マドールという巨石遺跡が構築され、14世紀前後のポーンペイの政治・宗教の中心地として栄えた（第48章）。

ポーンペイの南方にヌクオロとカピンガマランギという環礁島がある。政治的には現在ポーンペイ州に属すが、住民は12世紀ごろに移住してきたポリネシア人の子孫である。

コスラエはポーンペイの南東約５００キロメートルにある火山島で、19世紀には多くの捕鯨船が水や燃料を補給するために立ち寄った。東部にあるレル（レレ）島には、ポーンペイのナン・マドール遺跡によく似た城塞状の巨石遺跡がある。以上の3地域は、ミクロネシア連邦のそれぞれチューク州、ポーンペイ州、コスラエ州を構成している。

東部ミクロネシアには、マーシャルとキリバス（ギルバート諸島）という二つの列島グループが南北に連なっている。これらはすべて海抜が数メートルしかない環礁島で構成されており、最近の世界的温暖化による海水面の上昇を最も危惧している島じまの一つである。

マーシャル諸島のビキニ環礁とエニウェトク環礁では、信託統治をしていたアメリカが、1946〜58年にかけて原水爆実験を110回余り実施し、多くの人たちが被爆した（第55・56章）。1986年に独立したが、クワジェリン環礁には現在もアメリカ軍のミサイル基地が置かれている。

キリバスはほかのミクロネシアの島じまとは異なり、イギリスに統治された。そのため、比較的早く、1979年には独立した。

キリバスの西に浮かぶ孤島　ナウルは海抜65メートルも隆起したサンゴ島で、豊かな燐鉱石の堆積で有名である（第60章）。第2次世界大戦後はオーストラリアの信託統治を受け、1968年に独立した。

（印東道子）

ミクロネシアの島じまの面積と人口

諸島名	国名	総陸地面積(km^2)	人口(人)
マリアナ諸島	北マリアナ諸島自治領	464	51,483
	アメリカ領	544	161,001
カロリン諸島	ミクロネシア連邦	702	105,681
パラオ諸島	パラオ共和国	459	21,186
マーシャル諸島	マーシャル諸島共和国	181	70,983
ギルバート諸島	キリバス共和国	811	104,488
ナウル島	ナウル共和国	21	9,488

［出所：*The World Factbook* 2014］

2

火山島とサンゴ島

★どのようにして島はできたのか★

海の上に浮かぶように顔を出している島じまは、現在の形になるまでには多様な歴史をたどっている。島はその地質構造によって大きく二つの種類に分類される。火山島（火山島起源）とサンゴ島（サンゴ礁起源）である。ミクロネシアの火山島は、西部ミクロネシアのマリアナ諸島（テニアン島を除く）、ヤップ島、パラオ本島、中央ミクロネシアのチューク島群、ポーンペイ島、コスラエ島の6群島で、ほかの小さな島じまはすべてサンゴ島である。

ほとんどの火山島は現在、噴火活動をしておらず、人間にとって住みよい環境を提供しているが、マリアナ諸島の北部に連なる小さな島じまには、活火山を持つ若い島が多い。噴火の記録を見てみると、1917年にアグリハン島、1922年と1981年にパガン島が噴火し、2003年に噴火したアナタハン島（写真1）はその後も小さな噴火を繰り返している。

火山島は、サンゴ島よりも概して大きく、高度も数百メートルあるものが多い。最大の島であるマリアナ諸島のグアム島は、面積約550平方キロメートルで高さは約400メートル、パラオ本島バベルダオブ島は面積約400平方キロメートルで高さは約200メートル、ポーンペイ島は約340平方キロメートルで高度734メートル、コスラエ島は約116平方キロメートルで高度約650メートルである。

火山島はその基盤が大陸性地核上にあるのか太平洋プレート上にあるのかで、さらに陸島と洋島に分けられる。西部のマリアナ諸島、ヤップ、パラオは陸島で、中央ミクロネシアのチューク、ポーンペイ、コスラエは洋島である。陸島は大陸に近い地質構造を持ち、安山岩起源の豊かな土壌を持つ。これに対し、洋島は太平洋プレートから直接火山活動をして島が形成されたもので、玄武岩が主体の若い火山島である。

写真1　険しい海岸線に囲まれた火山島（2003年の噴火前のアナタハン島、1989年）

陸島のうち、古い大陸性地質構造を持つ唯一の島がヤップで、緑色片岩（変成岩）がその主要な構成岩石となっている。島の周囲のほとんどはマングローブで囲まれ、砂浜は南端やマップ島のベチヤル村など、限られたところにしかない。

サンゴ島は、その形態によって環礁や隆起サンゴ島などに分けられるが、共通していることは、島の表面がサンゴ石灰岩でおおわれていることである。いずれも本来は火山島の周囲や上部に生育したサンゴ礁が、火山島が沈降して水没した際に島の上部を造礁サンゴでおおい、それが離水して島を形成したものである。

環礁島は、いくつかの小さな島が円形や楕円形、あるいは複雑に入り組んだ形に連なったものが一つの単位となり、海抜が数メートルしかないものがほとんどである。中央カロリン諸島やマーシャル諸島、ギルバート諸島は、環礁島の連なりで構成されており、マーシャルには直径が100キロメートルを超える大きな環礁（写真2）がいくつもある。

これに対して隆起サンゴ島は、水没した火山島の頂上に堆積したサンゴが、火山島が再び隆起したことで海面上に離水したもので、平らな単体の島であることが多い。トビ島のように海抜が5～6メートルの島から、約70メートルもあるナウル島まで、島の高さはさまざまである。隆起サンゴ島の表面には燐鉱石の堆積があることが多い。これは、鳥の糞とサンゴの石灰質とが化学変化してできた糞化石質燐鉱石（グアノ）の堆積で、過燐酸石灰として肥料や火薬の原料として用いられた。ドイツ統治時代から採掘された埋蔵量の多いナウルやパラオのアンガウルが有名であるが、そのほかにもファイス島（写真3）やトビ島などでも日本統治時代に採掘が行われた（第60章）。

チュークは、火山島とサンゴ島とが混在しており、17（無人島を含む）ほどの火山島の周囲を直径約65キロメートルもの巨大な環礁が囲んでいる。環礁を構成しているサンゴ礁のなかにはピスのように離礁して人が住んでいるサンゴ島もある。周囲を環礁で囲まれているのを利用し、日本統治時代には

写真2　海抜数メートルしかない環礁島では大きめの島に人びとが暮らしている（マジュロ環礁、2001年）

ここに海軍の中核基地が築かれ、戦艦武蔵や大和も寄港したことがある。

火山島とサンゴ島で人間が生活する際に最も違うのは、雨量や土壌の豊かさ、鉱物資源の有無などである。火山島は中央が高くなっているため、湿った風がそこにぶつかって雨を降らせる。島が大きいハワイやフィジーでは風上側と風下側での降水量の差が大きいが、ミクロネシアの島ぐらいだとあまり差はない。大きな島では降った雨は地表近くを流れて川になり、海へと流れ込む。なかにはグアムのタロフォフォや、ポーンペイのケピロヒなど、大きな滝が形成されるほど水量が豊かな島もある。

これに対してサンゴ島では、雨雲がぶつかって雨を降らせる山がないため、雨量は概して少ない。また、雨水は地中に吸い込まれてしまい、川を形成することはない。これは、土壌が水はけのよいサンゴ石灰岩起源の砂で構成されているためである。

写真3　20メートルも隆起した隆起サンゴ島
（ファイス島、1991年）

サンゴ島の土壌はアルカリ度が高くミネラル分に乏しいので、育つことのできる植物は限られる。サンゴ島で育ちにくい植物は、ヤムイモ、タロイモ（コロカシア種）、サトウキビ、タイヘイヨウグルミなどの食用植物や、タケ、オオハマボウ、カヴァ、ウコン、カジノキなどの有用植物である（第6章）。

このように、生育する植物の種類が少ないサンゴ島は、火山島に比べて人口支持力が小さい。また、台風や干ばつなどの自然災害に対する抵抗力や回復力にも明らかにその差が表れる。

（印東道子）

I

地理と自然環境

3

海流と貿易風

★自然を読みとる独自の知識★

ミクロネシアは赤道から北緯20度までの低緯度にある。ミクロネシアで卓越するのは北赤道海流であり、北緯8～23度の間を西向きに流れる。赤道をはさんで南側には同様に西流する南赤道海流があり、北赤道海流と南赤道海流の間には東流する赤道反流がある。北赤道海流はフィリピン沖で反転して日本海流（黒潮）となるが、一部は赤道反流となる。黒潮は日本の太平洋側沖を離れると黒潮続流《ぞくりゅう》となったのち、北太平洋海流として太平洋を東向きに流れる。北米西岸からはカリフォルニア海流となって南下し、メキシコ沖で反転して北赤道海流となる。太平洋を時計回りで流れる海流の循環は亜熱帯循環と呼ばれ、ミクロネシアはそのほぼ4分の1を占める部分に含まれることになる（図1）。

この大循環を利用したのがガレオン交易であった。1564年に、スペインのガレオン船がメキシコのアカプルコから北赤道海流に乗ってグアム島経由でマニラに至る航路を発見した。ボリビア、メキシコ産の銀とカトリック宣教師を運んだガレオン船の帰路は、マニラから高緯度に向かい、黒潮続流から北太平洋海流に乗ってカリフォルニアに達してメキシコに南下する

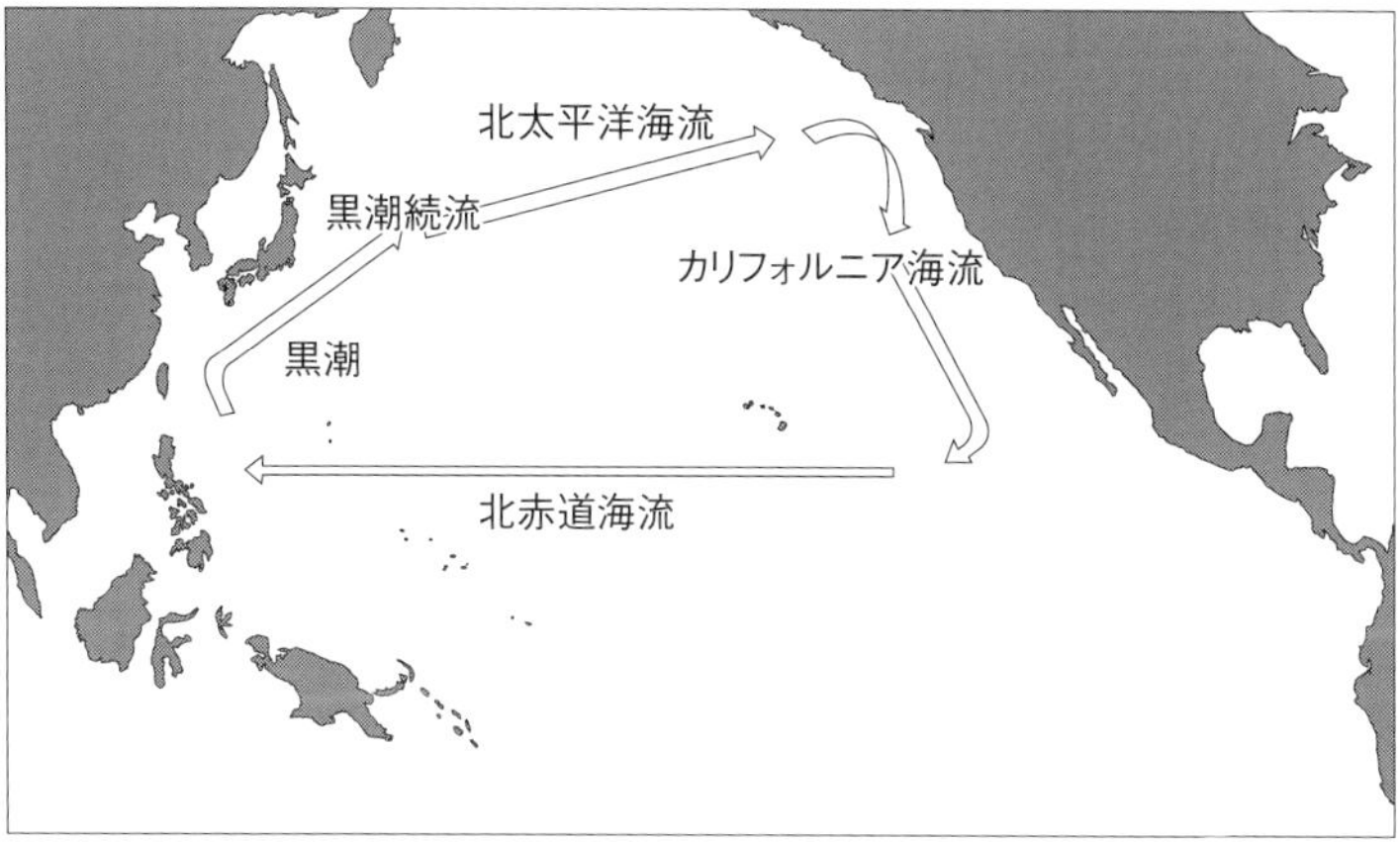

図１　北太平洋の亜熱帯循環［出所：*The Times Concise Atlas of the World* 2001 から筆者作成］

ものであった。

カロリン諸島で行われてきた航海術の知識によると、嵐に遭遇して漂流した場合、太陽の沈む方向に行けば必ず助かると考えられていた。西流する北赤道海流に乗って流れていけば、フィリピンの島じまに漂着するというわけだ。カロリン諸島民は、フィリピンのことをマニナと呼ぶ。１６９６年、イエズス会修道士はフィリピン中部のサマル島で、漂着したファイス島の住民30人に出会っている。また、１７２１年にカロリン諸島のウォレアイ環礁から2隻のカヌーがグアム島に到着したことを当時、島にいた神父が報告している。カロリン諸島民にとり、フィリピンは北赤道海流の先にある地であり、その北８００キロメートル先にあるグアム島やサイパン島は、ガレオン船がもたらす鉄器や鉄製品を貝やサンゴなどと交換するための重要な場となっていたのである。

島崎藤村の「椰子の実」の歌は渥美半島の伊良湖岬に流れ着いたココヤシの実から、遠い南の島への憧れをつづったものである。漂着したココヤシは黒潮に乗って運

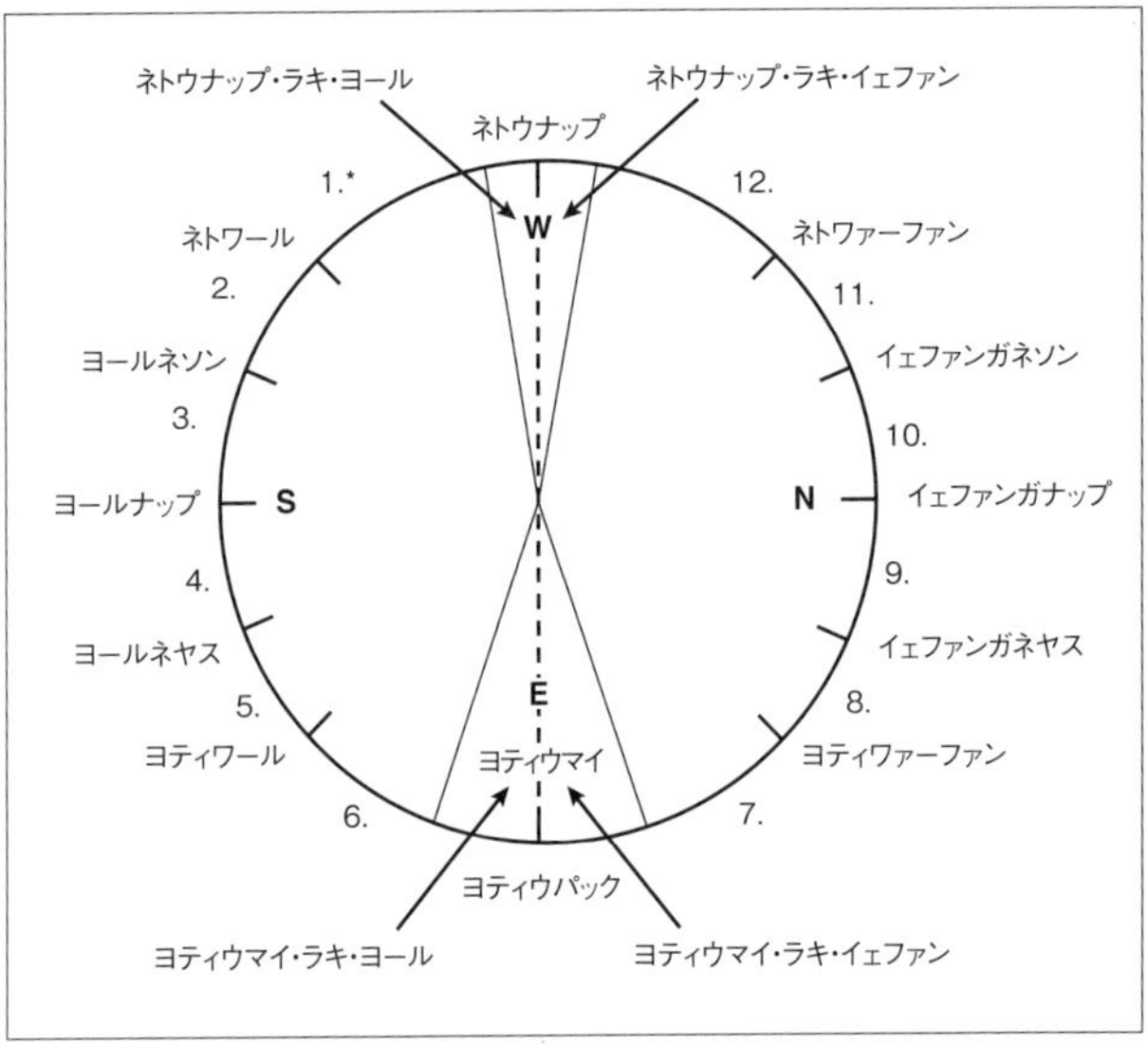

図2　中央カロリン諸島における風の名称。風の名称と区分は南北で対称、東西で非対称。東寄りの風はヨティウマイと呼ばれる［出所：筆者作成］

ばれたものであろうが、ただちにそれが黒潮の源流であるフィリピン東岸や台湾付近から流れてきたとは断定できない。ココヤシの実はミクロネシアから流れてきたかもしれないのである。

ミクロネシアの周辺海域における気候は東寄りないし北東からの貿易風が卓越する雨の少ない時期（11～3月）と、西寄りないし南寄りからの季節風が顕著で雨の多い時期（5～9月）に分かれる。また、台風が頻繁に発生し、遠洋航海や漁労活動に大きな影響を与える。

中央カロリン諸島では風の名称が細かく区分されており、人びとの風に対する認識は詳細にわたっている。たとえば、サタワル島における調査によると、東西南北から吹く風、北東、北西、南東、南西の風、北北東、北北西、南南東、南南西の風以外に、真北と北北東の間、真北と北北西の間、北北東と北東の間、真東と北東の間、真東と南東の間、南東と南南東の間、真南と南南東の間、真南と南南西の間、南南西と南西の間、南西と真西の間、真西と北西の間、北西と北北西の間で12の風が区別されている。

さらに、真東の風、真西の風よりもやや北寄りと南寄りにずれた風や、東寄りの風を総称する風の名称がある。特に、東寄りの風に対する詳細な名称の存在は、この地域で北東から東寄りの貿易風が一年の半分以上にわたって卓越することを示しており、全部で29の風が命名されていることになる（図2）。

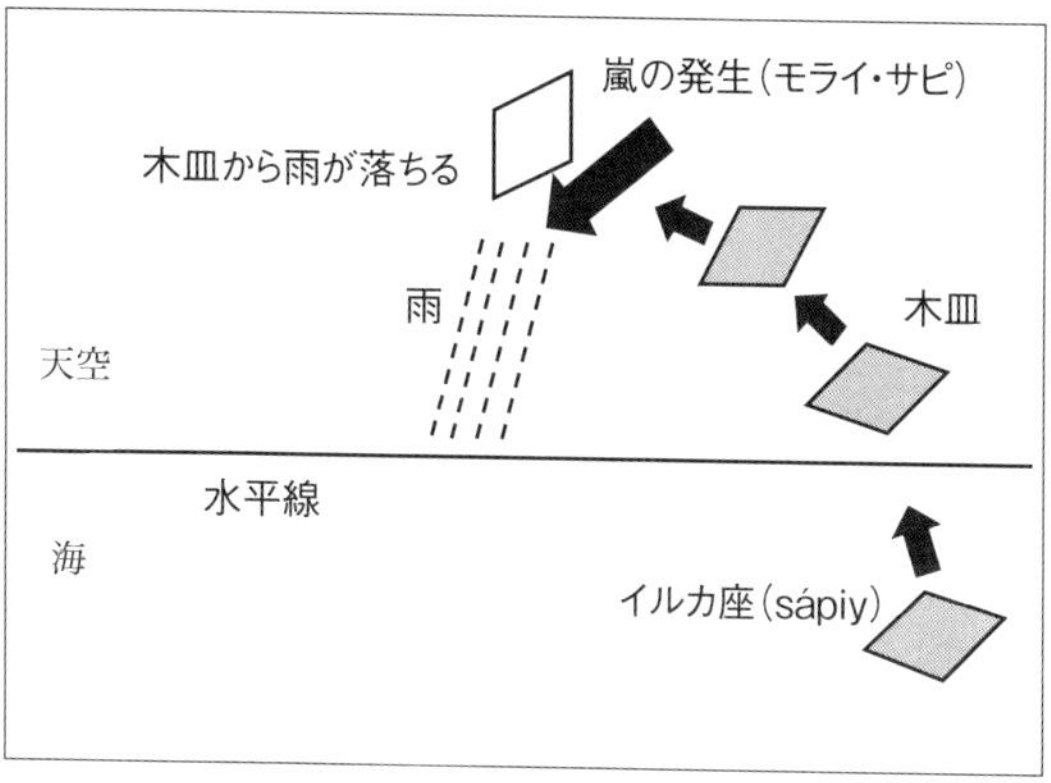

図3　イルカ座と木皿のメタファーと降雨の説明論。イルカ座も木皿もサピと呼ばれる［出所：筆者作成］

カロリン諸島では、「嵐の星」と呼ばれる独自の知識が発達している。これは、特定の星や星座が夜明け時に水平線上に出現したり水平線下に沈む時期には、その方向から嵐が生じたり、雨が降るなどの季節変化を示す知識である。このような季節の変化をもたらす「嵐の星」は全部で21ある。

たとえば、イルカ座が夜明け時に水平線から昇ると、モライ・サピと呼ばれる嵐が起こる。モライは「嵐」、サピはカロリン諸島で用いられる「木製の皿」を指す。イルカ座は菱形をしており、木皿に形が似ていることから名づけられた。この時期、風は東ないし北東、南東から吹く。一日雨が激しく降ったかと思うと翌日には好天になるように、天候は変化しやすい。水中にあった木皿（＝星）のなかにたまった水が、天空に昇ってこぼれ落ちるとそれが雨になると説明される（図3）。

また、オリオン座が夜明け時に東から出現すると、フェギン・ヨンと呼ばれる嵐が生じる。すると東寄りから南東の風が吹くが、風向は変化しやすい。その後、海面は静かになり、この状態はレガン・ヨンと称される。ヨンは、オリオン座を表すアニヨンのヨンに由来する。この時期、西からの潮流が強いためにサタワル島から80キロメートル西にあるラモトレック環礁までカヌーで航海すると、普通、一昼夜で到着できるところが一週間もかかるという。これは、オリオン座が「潮を引っ張る」からであるという。

このように、「嵐の星」は嵐の生起や風の向きの変化などを独自のメタファーを通じて解釈する知識であり、気象学や天文学に立脚したものとはいえないが、風や潮流の変化、天候などの自然現象を巧みに説明する独自の民俗知識であるといえるだろう。

（秋道智彌）

4

雨期と乾期・自然災害

★島に生きるための知恵と手段★

ミクロネシアのような小さな島での生活は、気候や自然災害などに大きく影響される。特に水資源を左右する年降雨量は、島での生存を継続できるかどうかを決定するほど重要な要素である。

ミクロネシアの気候はほとんどが熱帯海洋性気候で、年平均気温は26～28度と高い。マリアナ諸島のみ25度以下になる月もあるが、ほかの島じまはあまり年較差がない。最も暑いのはキリバスの28度で、年中同じように暑い。しかし島の人たちは、日本のような四季はなくても、風向きや雨量の変化で季節を感じとっている。

ミクロネシアの気候を決めているのは風である。年間を通じて貿易風が吹き、北東貿易風（北東から南西へ）が特に強く吹く季節と、南西貿易風帯が優勢になり、南東から北西に向けて吹く季節とがある。この違いによって、一年は雨期と乾期、およびそれらにはさまれた風の弱まる移行期の四つに区別される。島による違いはあるが、だいたい12月から数カ月間は雨量が少なく乾燥した日が多く、移行期には中間無風帯に覆われて荒れた気候になることが多い。

雨期といっても、毎日朝から晩まで雨が降り続くのではなく、相対的に雨が多いというもので、乾期でも適度にスコールがある。ただしこれは火山島の話で、マーシャル諸島北部やキリバス南部のサンゴ島では、年間を通じて雨量の少ない島が多く、干ばつにみまわれやすい。

湖や池、川などがある島は限られているミクロネシアで、雨水を利用するには工夫が必要だった。伝統社会では、ココヤシのように枝がない幹を利用し、下のほうにココヤシの葉を縛り付けて雨水をココヤシの殻などに貯めた。飲料水のほとんどをココナツからとっていたため、水の需要は近代的な生活に比べると少なかった。これに対して現代社会では、ココナツの代わりにコーヒーを飲み、洗濯の必要が出るなど、水の需要が増加している。天水に頼っている島がまだ大半で、トタン屋根からドラム缶に水を溜めることが一般的に行われている。

年降水量は1900〜4900ミリと幅がある。これは、島の位置や高さ、大きさによってその違いが出てくるからで、島の中央部が高い火山島のほうがサンゴ島に比べて一般に雨量が多い。マリアナ諸島とマーシャル諸島は北東貿易風区で、カロリン諸島とキリバスは赤道多雨区に入り、3000〜4000ミリとかなり年間降雨量は多い。

ポーンペイは世界で最も雨の多いところの一つで、年平均雨量は約4900ミリだが、山間部ではその2倍以上にもなる。雨の降る日は年に300日を超え、島全体が熱帯雨林で覆われている。ポーンペイから西へ行くほど年間降雨量は少なくなり、マリアナ諸島などは、よりアジア大陸に近いためモンスーンの影響を受けやすく、季節による降雨量の差が大きい。

ほぼ赤道直下にあるナウルでは、年間1900ミリしか雨が降らず、乾燥している。しかも、年に

干ばつで干上がった貯水ダム（ヤップ、1982年）

よって降雨量の差が大きく、300ミリしか降らないこともあれば、約5500ミリも降ってポーンペイと同じくらいのこともある。

マリアナ諸島や中央カロリン諸島西部の島じまは台風が発生する地域に近く、年平均で19個もの台風に襲われる。暴風に襲われると、その被害は大きく、伝統的な家屋は屋根などが吹き飛ばされ、バナナやココヤシの木は倒れ、海水がタロイモ畑に入り込んでイモが枯れたりする。これに対して東部ミクロネシアおよび中央ミクロネシア東部、あるいはパラオには台風や熱帯低気圧はあまり来襲しない。

台風のほかに、津波の被害も島に住む人たちにとっては深刻である。オセアニアを取り囲む地域には地震の発生源が多くある。1960年にチリで起きた地震では、太平洋を横切って日本にまで津波が押し寄せた。途中の島じまでの被害の様子はあまり明らかではないが、ミクロネシアの各地で「昔あそこに島があったけど、沈んでしまったので、この島に村ごと移ってきた」などという伝承を聞くことができる。

島嶼環境に住む人間にとって、津波や台風の被害も甚大だが、干ばつによる自然災害はいつまで続くか先が見えないのでさらに深刻である。台風ならば数日こらえて台風の通らなかった島に助けを求めればよいが、干ばつ、特にエルニーニョなどによる広範囲の干ばつの場合は、近隣の島からの救援は期待できない。このことが島から島への大規模な民族移動の発端になったことは充分考えられる。

マーシャル諸島は南北に長く延びているため、南と北では雨量が異なる。そもそも環礁島なので火山島に比べて雨量は少ない。北部の島では年間に500ミリほどの雨量しかないので干ばつに陥りやすいが、近隣には助けを求める火山島がない。そのため、年間4000ミリを超す雨が降る南部の島じまとの接触を定期的に保つことによって、火山島との接触を持つことの代替としていた（第54章）。

同じように、雨量の少ないキリバスでは、年に約300ミリしか降らない年があるなど、こちらも深刻な水不足になる。しかし、タロイモを栽培するのに必要な地下の淡水層は、島の面積がカロリン諸島のサンゴ島に比較して大きいので、1〜2年程度の干ばつでは地下の淡水層は完全には枯渇しにくいという。しかも、雨の少ない年がずっと続くのではなく、間に3000ミリを超える雨が降る年もあるため、かろうじて居住を続けることを可能にしている（第58章）。

これに対して、中央カロリン諸島の小さな環礁島では、干ばつばかりか、台風や津波の災害に対して備えることも島に住み続けるための重要な戦略となる。伝統的な対策を見てみると、被害を防ぐことより、被害から復旧する手段を確保するほうに重きが置かれた。つまり、同じ災害でも火山島の被害のほうが概して小さいので、災害時には火山島の住人から援助を受けられるような関係性を持っておくことが重要だと考えたのだった。そのために、定期的にその島を訪れて、緊密な関係を結んでおくことがなされてきた（第47章）。

（印東道子）

5

ミクロネシアの動物

★人と動物の深い関わり★

ミクロネシアは島嶼群と広大な海洋からなる。ここでは先史時代にさかのぼり、人間による利用を含めてミクロネシアにおける動物と人間との関わりを考えてみよう。

ミクロネシアの海洋世界には、サンゴ礁海域と外洋域に多様な種類の海洋生物が生息している。サメ・エイなどの軟骨魚類とそれ以外の硬骨魚類は全体で約1700種類に及ぶ。その多くはインド洋・太平洋に広く分布する種である。これらの魚類はミクロネシアの住民により先史時代から多様な漁法によって獲得されてきた。先史遺跡から発掘された魚骨の同定から、ブダイ、ベラ、フエフキダイ、フエダイ、ヒラアジ、ハタ、ニザダイなどサンゴ礁海域に特有の種類だけでなく（写真1）、カツオ・マグロなど外洋域の魚類も含まれ、多様な水産資源が利用されたことが判明している。マリアナ諸島のロタ島では、カジキやシイラなども約2000年前に漁獲されていたようだ。

魚類はタンパク源として大変重要であったうえ、民族誌的研究が明らかにしたように、特定の魚類や大型種が首長への献上物とされた。特に、カツオ・マグロなどの外洋性魚類、メガネモチノウオ（ミクロネシアで一般にマムと呼ばれる）、カンムリブダイなどの大型サンゴ礁魚類が用いられた。また、魚類のなかには有毒なものもあり、フグ毒のほか、バラフエダイ、オニカマス、ハギなどによるシガテラ中毒が地域によって発生した（たとえば、マーシャル諸島）。

魚類は食用のほか、日常の道具や利器としても利用された。たとえば、やすり（サメやエイの皮）、武器（サメの歯）、武具（ハリセンボンの魚皮製ヘルメット）、文身（入れ墨）用の針（魚骨）などとして活用された。

ミクロネシアにはウミガメ3種（アオウミガメ、タイマイ、アカウミガメ）やジュゴン（パラオ諸島）が生息しており、美味で貴重な食料資源として利用されてきた（写真2）。これらは、首長への献上物、儀礼での供物、神話・民話の素材としても重要な意味を持っていた。ウミガメやジュゴンの保護が世界的に叫ばれるなか、人びとにとりウミガメの消費は集団の文化や社会生活を維持していくうえで不可欠である。現在では産卵期における捕獲禁止、禁漁期、甲長（背面の甲羅の長さ）制限などが適用されている。なお、パラオと北マリアナ諸島自治領以外はワシントン条約に加盟していない。

ミクロネシアに生息する貝類のなかで特徴的な種類を挙げてみよう。先史遺跡からも多く出土するのがシャコガイの仲間であり、シラナミガイ、ヒレジャコガイ、ヒメジャコガイなどを含む。シャコ

写真1　サンゴ礁で手釣りによって漁獲されたサンゴ礁魚類。ブダイ、フエフキダイなどが見える（カロリン諸島・サタワル島、1980年）

写真2　無人島のウエスト・ファーユ島から持ち帰られたアオウミガメ（カロリン諸島・サタワル島、1980年）

ガイに次いで、クモガイ、ホラガイ、ラクダガイ、トウカムリガイなどの大型貝類が利用されてきた。マングローブや干潟の発達した地域では、ハイガイなどの二枚貝やマガキガイなどが優先する。ミクロネシアでは、貝は食用としてだけでなく日常の利器や財貨の材料として珍重されてきた。シャコガイ（貝斧）、タケノコガイ（手斧《ちような》）、クロチョウガイ（スクレーパー）、ホシダカラガイ（パンノキの皮むき）、ホラガイ（楽器）、トウカムリガイ（貝製の鍋）、ウミギクガイ科（貝ビーズの財貨）、イモガイ科（装飾品）、クロチョウガイとシロチョウガイ（ヤップ島の財貨）、ナンヨウダカラガイ（財貨）、タカセガイ・ヤコウガイ（釣りばりと装飾品）などが利用されてきた。特に、西洋と接触するまで金属器を持たなかったミクロネシア社会では、カヌーや家屋の建造、食物の調理などに貝製の利器が重要な役割を果たしてきた。

ウニ、ナマコ、エビ、カニ、イカ、タコ、イソギンチャクなどの無脊椎動物は自給用食料とされるとともに、域外への商品として利用されてきた。特に、19世紀以降には中国向けのナマコ、ヨーロッパや日本向けの貝製ボタンの原料となるタカセガイが主要な交易品とされてきた。海岸に漂着するマッコウクジラはおもにカロリン諸島で発見され、その歯はヤップ島でガウと呼ばれる財貨の一部を構成するものとして貴重であった。ヤップ島でクジラはガウ、カロリン諸島ではラウと称される（写真3、第23章参照）。陸上の野生動物として後述する野鳥のほか、ヤシガニとオカガニは貴重な食料となった。オカガニは季節的に浜辺で一斉放卵する時期に捕獲された。

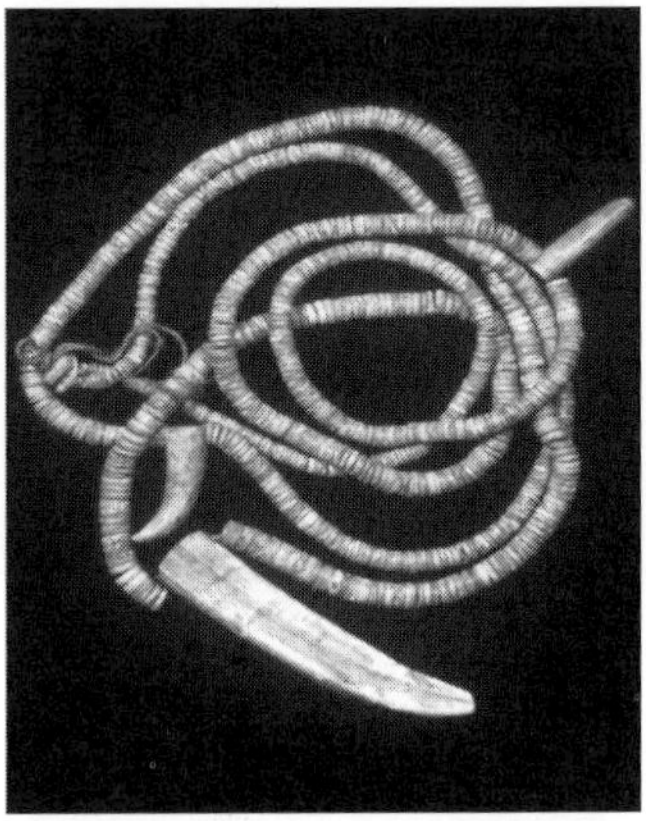

写真3　ヤップ島における財貨ガウ。マッコウクジラ（ガウ）の歯とウミギクガイ製の数珠からなる。［出所：国立民族学博物館］

ミクロネシアでは人間が外部から持ち込んだ家畜動物として、ブタ、イヌ、ニワトリがある。ミクロネシア諸語における家畜名称と持ち込みのルートを遺跡からの骨のDNA解析とあわせて推定がなされている。ニワトリの一部は地域により野生化したものもある。また、クマネズミ属のネズミはカヌーの荷物とともに東南アジア方面から持ち込まれた可能性がある。野生の哺乳類であるオオコウモリはマリアナ諸島で食料として珍重されている。

考古学的な発掘から、先史時代にすでに絶滅したいくつかの鳥類の存在が知られており、狩猟圧や人間の開発による森林や生息地の縮小、導入されたイヌやネズミによる捕食の影響によるものとされている。マリアナ諸島のテニアン、ロタなどの島じまにおける発掘から、鳥類18種、トカゲ9種、ヘビ1種、コウモリ2種が絶滅したことがわかっているが、ヨーロッパ人と接触するまで、ネズミを例外としてイヌ、ブタ、ニワトリが導入されなかったために、クイナの仲間のように13世紀頃まで生存した種類もある。ミクロネシアに生息する約190種の陸鳥類で、絶滅したクイナ以外に、食用として珍重される別のクイナ、マリアナツカツクリなどの絶滅が危惧されている。カロリン諸島のファイス島でも12種、ポーンペイ島で4種の絶滅種が記録されている。近い将来、ミクロネシアにおける陸鳥類はポリネシアにおけるように、固有種絶滅の道をたどることが危惧されている。

（秋道智彌）

6

ミクロネシアの植物

★環境が生んだ栽培植物の多様性★

マリアナ諸島を除くミクロネシアの島じまは、熱帯降雨林の分布地域に入る。各島の面積が小さいことと、海抜1000メートルを超す山がないことから、植物の種類は豊富ではない。また、マレーシアなどの熱帯降雨林と比較しても貧弱で、熱帯降雨林を構成する代表的なフタバガキ科の大木も分布していない。1930年初頭に九州帝国大学（現九州大学）教授、金平亮三によって行われた植物調査に基づいて、島に分布する植物数を比較すると、パラオが最も多くて390種類、マリアナ諸島のグアムが次に多くて320、ヤップとポーンペイが約270種類と、東へ行くほど、そして島が小さくなるほど少なくなる。マーシャル諸島のジャルート（日本統治時代はヤルート）環礁などには約40種類しかなかった。

他方で、人間がミクロネシアへ移住した際に携えてきた植物の種類はかなりの数になる。食用のほか、生活のさまざまな場面で用いられる植物である。オセアニアで一般的な有用植物のほとんどはミクロネシアでも栽培されてきた。その多くは東南アジア起源のココヤシ（*Cocos nucifera*）、タロイモ、ヤムイモ（*Dioscorea* spp.）、バナナ（*Musa* spp.）、タイヘイヨウグルミ（*Inocarpus*

パンノキの実（キリバス、1997年）

edulis）などで、オセアニア起源のサトウキビ（*Saccharum officinarum*）やパンノキ（*Artocarpus communis*）、なども それに混じる。サゴヤシ（*Metroxylon* spp.）はポーンペイ以外ではみられず、ソテツはマリアナ諸島やヤップ、パラオに分布していた。

オセアニア地域の農耕は、無種子農耕（掘り棒農耕）として分類されるように、掘り棒で植えつけから収穫までを行い、ほかには農具らしきものはない。イモ類をはじめ、バナナやパンノキなども栄養繁殖（種子ではなく、根分け、株分け、挿し木などで繁殖する）で増えるため、棒一本で充分なのである。

タロイモはサトイモ科の植物で、オセアニアで広く栽培されたサトイモ（コロカシア）（*Colocasia esculenta*）、水田のようにかなり水分のあるところで栽培するミズズイキ（*Cyrtosperma chamissonis*）、乾燥に強いがえぐみの強いインドクワズイモ（*Alocasia macrorrhiza*）の3種類が伝統的に栽培されていた。ポリネシアではほとんどの島でサトイモが主要な栽培植物であったが、ミクロネシアでは、ほかの植物のほうが重要な存在であった島も多い。

火山島のマリアナ諸島ではサトイモとヤムイモが主に栽培され、次いでパンノキが重要であるが、

ミクロネシアの主要な食用植物の多様性

	主要	副次的	その他
マリアナ	*タロイモ（Co）、ヤムイモ	パンノキ、コメ	バナナ、ソテツ
ヤップ	タロイモ（Cy）	タロイモ（Co）、ヤムイモ、パンノキ、バナナ	
パラオ	タロイモ（Co）	タロイモ（Cy）	
中央カロリン諸島	パンノキ	タロイモ（Cy）	
チューク	パンノキ	タロイモ（Co）、バナナ	
ポーンペイ	ヤムイモ	パンノキ、タロイモ（Co、Cy）	
カピンガマランギ	タロイモ（Co）	パンノキ、パンダナス	
コスラエ	パンノキ、タロイモ（Co）	バナナ	
マーシャル	パンノキ、パンダナス	タロイモ（Cy）	バナナ
キリバス	タロイモ（Cy）、パンダナス	パンノキ	
ナウル	パンダナス、ココヤシ	なし	なし

*タロイモ（Co＝コロカシア、Cy＝ミズズイキ）
［出所：Pollock (1992), *These Roots Remain,* Table 4 に基づく］

ヤップではミズズイキが主要な栽培植物で、サトイモ、ヤムイモ、パンノキ、バナナがそれに続き、ポーンペイではヤムイモが主でパンノキとタロイモは副にすぎない（表）。このように、火山島だけをとってみても、主要な栽培植物と副次的なものの組み合わせはかなり違っている。

これに対して土壌も貧しく水も豊富にない環礁島の場合を見てみると、植物を栽培するのに涙ぐましい努力が行われていた。中央カロリン諸島では、パンノキが主要な食用植物であるが、ミズズイキもかなりの労力をかけて栽培していた。島の中央部周辺の地面を数十センチ掘り下げると、少量の淡水層（Ghyben-Herzberg lens）が見つかる。これは地下の海水層の上部に浮かんだ淡水で、その深さまで地面を掘り窪めてイモを植えるピット栽培が行われていた（第58章）。マーシャル諸島でも雨の多い南部はミズズイキをピット栽培していたが、乾燥した北部ではパンノキやパンダナスが主食となっている。パンダナスは乾燥に強い植物で、火山島のサバンナ状になったところでも生育するが、その実はほとんど利用されない。ところが、マーシャル北部やキリバス南部では、ほかに生育する植物があまりないため、パンダナスの木の実を大変な手間をかけて加工し、食用にしていた（第20章）。

同じ中央カロリン諸島のなかにあっても、ファイス島は隆起したサンゴ島なので、地下水レベルが深すぎ、環礁島のようにピット栽培がうまくできない。そのため、パンノキやサツマイモ、そしてほかの島では救荒食としてしか食されないえぐみの強いインドクワズイモが主食にされた。

このように、同じような植物が持ち込まれはしても、それぞれの島の自然および文化環境によって、どの植物に重点を置いて栽培されるかは異なっていた。これは、食用以外の有用栽培植物の場合にもあてはまる。

嗜好品であるビンロウ嚙みは、もっぱら西部ミクロネシアで愛好されてきた。ビンロウ（*Areca catechu*）の実をコショウ属のキンマの葉（*Piper betel*）で包んで石灰とともに嚙む。これに対し、中央ミクロネシアの火山島ではシャカオ（メラネシアやポリネシアではカヴァ）と呼ばれるコショウ科の木の根（*Piper methysticum*）を砕いてしぼったものを儀礼に際して飲む。ポリネシアで広くみられるカヴァ儀礼と同じである。これらはまったく正反対の効果があり、ビンロウ嚙みは興奮作用をもたらすのに対し、シャカオ飲みは鎮静作用がある（第22章）。人間の拡散がどこからなされたかが、両者の分布に反映されている。しかし、現在はビンロウやキンマが中央カロリン諸島へと広まり、ポーンペイでもビンロウの実が道ばたで売られている。

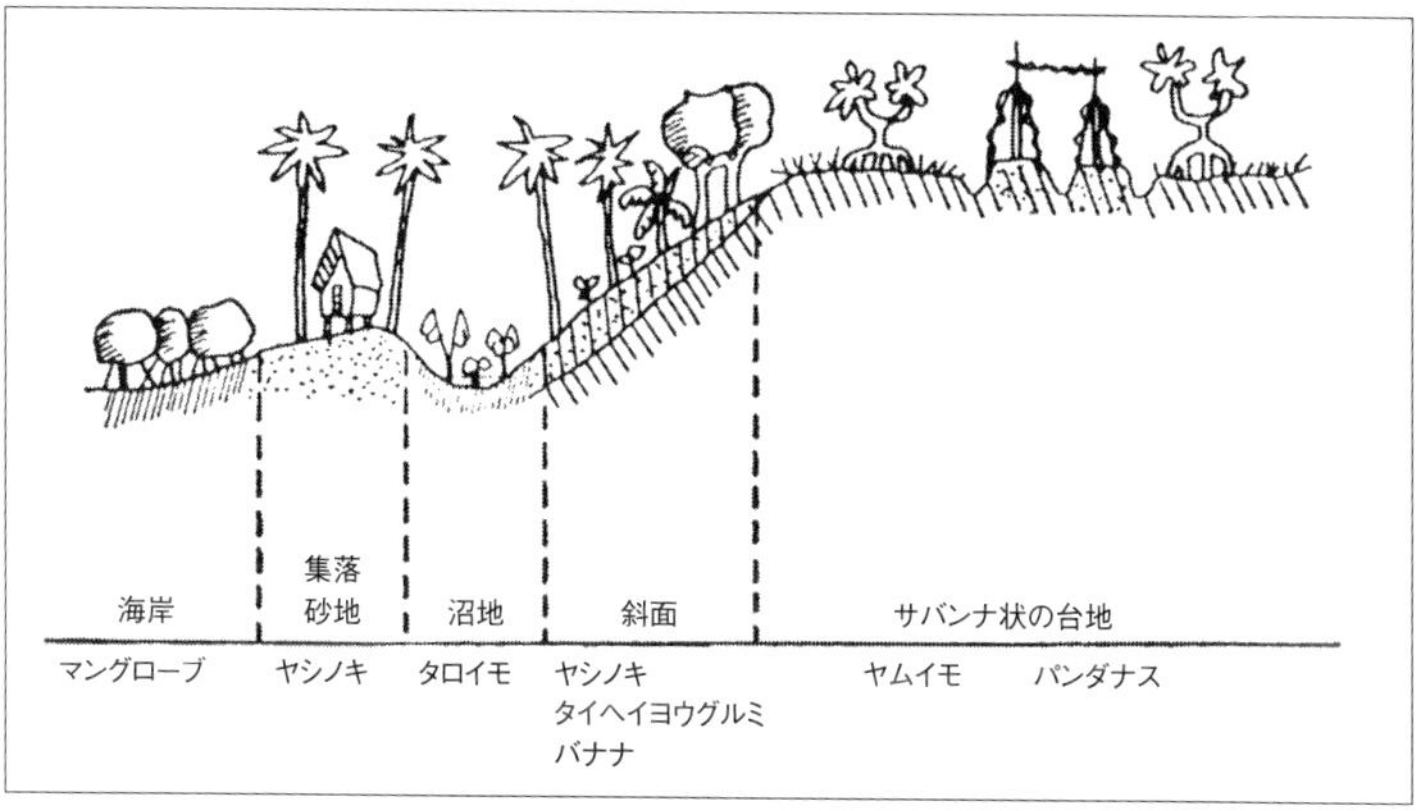

植物栽培はそれぞれの植生に合った環境で行われる（ヤップ島の場合）
［出所：牛島『ヤップ島の社会と交換』1987年］

ほとんどの有用植物は火山島では育つが、サンゴ島での栽培は難しい。たとえば、建築や漁労用わなに使うタケ、皮から繊維をとって腰蓑《こしみの》やしばり糸に利用するオオハマボウ（*Hibiscus tiliaceus*）、儀礼などに際して身体に塗るウコンなどは育たず、サンゴ島民はこれらを火山島から入手して使っていた。

オセアニアの有用植物の代表格はココヤシで、実が飲用など食用として重要なのはもとより、大きく編み物に適した葉はバスケットやマット、屋根葺き材などに編み上げられ、ココナツの外側の繊維質の部分はロープの材料や煮炊きの燃料、ココナツの殻は液体の容器や装身具の材料やたきつけ、幹は建築用材、花芽からはシロップをとるなど、実に多様な使い方をされ、広くオセアニアの人たちにとって必要不可欠な植物である。

有用植物は居住地周辺で栽培されるが、それぞれの植生にあった栽培地が選ばれていた（図）。（印東道子）

II

歴　史

7

ミクロネシアの人びと

★人はどこから無人島にやって来たのか★

ミクロネシアは東西に長い地域の総称である。人間を見ても多様で、人類学的に「ミクロネシア人」という人たちはいない。西部ミクロネシアに住む人びとの身体的特徴を南北に見ても、北のマリアナ諸島から南のパラオにかけて、人びとの肌の色はその濃さを増すし、髪の毛の縮れ具合も異なる。文化的にも基本的には似ているが、「ミクロネシア文化」と呼べるものはない。そのため、この地域を総称する時には、「ミクロネシアの人びと」あるいは「ミクロネシアの文化」と呼ぶ。これには理由がある。

第一に、ミクロネシアに住む人たちがどこから来たのかを調べると、みな同じ地域から移動してきたのではなく、複数回にわたって異なる地域から移動してきた人たちが混在していること、第二に、その結果、ミクロネシアの言語は「ミクロネシア語」と呼べるものがなく、いくつかの異なる言語が話されていること（第8章）、などである。

このように複雑な状況は、南太平洋のポリネシアの場合と大きく異なる。ポリネシアへ人が移動したのは比較的最近のことで、しかも一箇所からすべての島へと拡散したので言語も文化も非常に似ているのである。

ミクロネシアに、最初に人間が移住してきたのは西部の島じまである。マリアナ諸島には、今から3500年前頃から土器や石器、貝製装身具類を作り、サンゴ礁内での漁労を行う人たちが暮らしはじめた。諸島南部のいくつかの火山島で初期の遺跡が見つかっている。出土する土器は胎土にサンゴや貝の細片が混ざった薄手のもので、赤色スリップがほどこされたものや、沈線による装飾がほどこされたものなどが少量であるが見つかっている。類似した文様モチーフをもった土器は、西方のフィリピン北部の遺跡から出土しており、メラネシアのラピタ土器にも通じるものがある（第40章）。

マリアナ諸島の人たちの言語はチャモロ語と呼ばれ、中央や東部ミクロネシアで話される言語よりも古い時期にオーストロネシア諸語からわかれ、フィリピン北部にその粗型がたどれる。しかし、海流や風向きからはフィリピン北部からマリアナ諸島へ航海するのは非常に難しく、コンピューターを使ってシミュレーションすると、漂流した可能性はゼロであった。さらに、ミトコンドリアDNAの研究からは、インドネシア東部の島に共通する遺伝子型が見つかったこと、そしてチャモロ固有の遺伝子型が見つかったことから、長期にわたって孤立した集団であったことなどがわかっている。

写真1　ヤップに来た中央カロリンの人（ヤップ、1980年）

ヤップとパラオは、マリアナと同じ頃、あるいはもっと古くから人間が住み始めた可能性が花粉分析研究から報告されている。人間

写真2　ヤップ女性と孫（ヤップ、1982年）

が居住し始めると森林が減少して草が増加し、炭化粒の混入が増え始めることがオセアニア各地の島から報告されている。ヤップでも同様の変化が今から3300年前頃に始まり、パラオでは4200年前からすでに始まっていた。しかし、考古学的にはヤップでは今から約二千数百年前の遺跡がこれまで見つかった最古である。パラオでは今から3000年前の遺跡がロックアイランドで見つかり、花粉分析の結果に一歩近づいた。さらに、3000年前の埋葬遺跡も別のロックアイランドで見つかっており、今後の遺伝子分析などの結果では、どこから来た人たちなのかがわかる可能性がある。パラオ語はチャモロ語と同じく西部マラヨ・ポリネシア語に分類されるが、ヤップ語は東方のオセアニア諸語であるため、西部ミクロネシアの島じまへの拡散は、それぞれ別個に行われた。

次に大規模なミクロネシアへの拡散が行われたのは今から2000年前頃で、それまで無人島だった中央および東部ミクロネシアの島じまにも人が住み始めた。東部および中央ミクロネシアで話される言語は、互いに似ており、みなミクロネシア諸語に分類される。この言語はソロモン諸島やバヌアツ北部の島じまにその親縁関係をたどることができるため、そこから北上した人たちがこの移動の担い手であったと考えられる（第8章）。

写真3　チュークの男性（チューク、1974年）

メラネシアからミクロネシアへと北上してきた集団は、東部のキリバスやマーシャルにまず移住し、次いで西方のコスラエ、ポーンペイ、チュークの火山島へ拡散したというのが言語研究のシナリオである。しかし、東部ミクロネシアでは見つかっていない土器がコスラエ、ポーンペイ、チュークから見つかるので、土器文化をもつ集団が直接メラネシアからコスラエなどの火山島へ移住した可能性も考えられる。しかも、その拡散は一回だけではなく、それぞれの火山島へ直接来た人たちがいた可能性を示し、2000年前の民族移動が広範囲に行われたことを示している。

ミクロネシア諸語を話す人たちはさらに西方に広がる小さな環礁島へも拡散し、紀元後1000年頃には多くの島に人が住み始めていた。ところが海抜が少し高いファイス島では、紀元後数百年にはすでに人間が暮らし始めていたことが発掘調査から確認された。また、ミクロネシアで唯一、イヌ、ブタ、ニワトリの3種類の家畜をセットで飼っていたことも明らかになった。これらの起源はわかっていないが、輸入された土器片から、広い範囲で活発な島嶼間の接触が行われていたことがわかっている。

最後にミクロネシアへやって来たのはポリネシア人だった。ポーンペイの南にあるヌクオロとカピンガマランギに住むポリネシア語を話す人たちを、ポリネシアンアウトライアーと呼ぶ。考古学研究は、ヌクオロは紀元後7世紀、カピンガマランギは13世紀から人間居住が始まったことを明らかにした。

このように、ミクロネシアの人たちは、複数の時期に異なった島じまから拡散してきて住み着いた歴史をもつが、まだ解明されるべきことは多い。

（印東道子）

8

ミクロネシアの言語

★多様な島じまの言葉★

ミクロネシアでは現在、約50余りの異なる言語が話されており、そのなかには方言があるものもある。ひとことで「ミクロネシアの言語」といっても、実に多彩だ。

島じまが点在するこの広い地域で、どうしてこのようないろいろな言語が見られるのだろうか? それには大きくわけて二つの要因をあげることができる。

一つには、異なる時期に異なる言語を話す人びとがこの地域に定住したこと(第7章)。最も古いのは、マリアナ諸島で話されているチャモロ語の祖先となる言語で、3500年前にフィリピン北部から入ってきたと考えられている。次は、おそらくパラオ語の祖先だが、この言語の歴史については実はあまりよくわかっていない。さらに、パプアニューギニア北部から分岐した集団がヤップに入り、ヤップ語となる。その後、別の集団が同じ地域からミクロネシアの東部に到来し、徐々にミクロネシア全域に広がった。続いて700年前には、ポリネシア系の言語を話す集団がメラネシア地域を経てヌクオロ島・カピンガマランギ島に定住し、現在のヌクオロ語とカピンガマランギ語となる。ミクロネシアの言語はいずれも「オーストロネシア」

という大きな語族に属してはいるが、このように異なる経緯で入った異なる下位グループの特徴が、さまざまな形で現在に受け継がれている。

異なる言語がみられるもう一つの理由は、「変化する」という言語の基本的な性質である。同じ言語を話す人びとが地理的に離れて暮らすようになると、言葉が別々に変化しはじめ、徐々に異なる特徴を持つようになる。オーストラリアやニュージーランドの英語にイギリスの英語とは異なる特徴がみられるのは、その良い例である。時間が経つにつれて意思疎通ができないほど違いが大きくなると、もとは同じでも異なる言語とみなされるようになる。ミクロネシアでも、広い地域に点在する島じまで人びとがそれぞれ生活を営むうちに、異なる言語への分岐が進んだ。

一方、その流れとは逆に、海を交通路として人びとが交流していたミクロネシアの言語では、地域内で共通する性質も数多く生み出された。島じまを中心に一晩で航海できる距離を半径にとって円を描くと、同じ円の中に入る島の言語がそれぞれ共通する特徴を持つことがわかる、とする研究もある。このようにこの地域の言語は、古い特徴を土台として島ごとに特有の言語を発達させると同時に、地域全体での類似性も

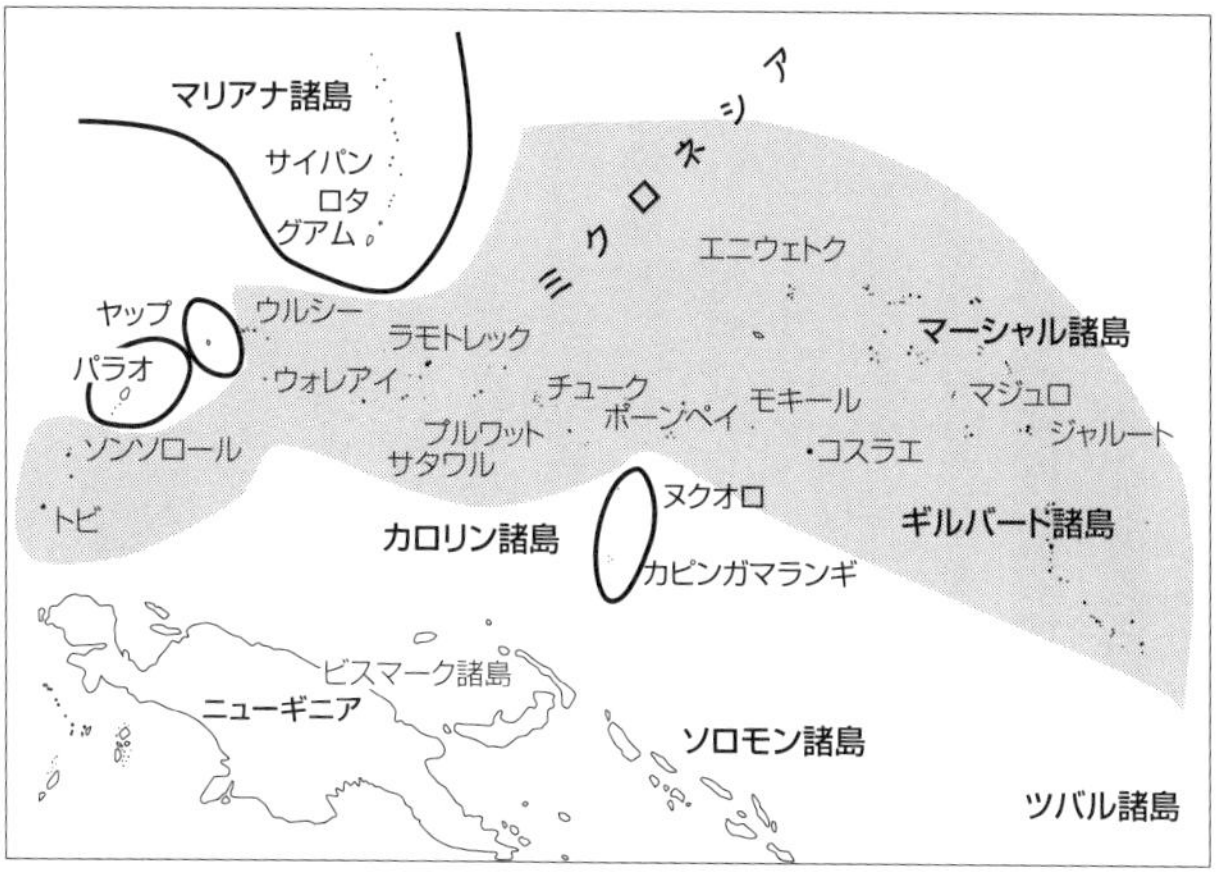

ミクロネシア地域の言語は異なる起源を持つ五つの言語グループに属している。網掛けになっている部分がミクロネシア諸語に属する言語が話されている地域。マリアナ諸島、ヤップ島、パラオ島、そして南のヌクオロ島・カピンガマランギ島で話される言語は、それぞれミクロネシア諸語とは異なる独自の起源を持つ

形成しつつ発達した。したがって、たとえばヤップ語は、起源はメラネシア北部で話されている言語に最も近いと考えられているが、その後近隣言語の影響を何層にもわたって強く受けた。その結果、もともとの特徴は、現在の言語にははっきりと見える形では残っていない。

それではこのミクロネシアで話される言語の類似性にはどのようなものがあるだろうか？

最も顕著なのは発音で、たとえばポリネシアに比べてミクロネシア諸語はずいぶん複雑である。表1にポリネシア諸語のなかで最も単純なハワイ語（母音5、子音9）と、ミクロネシア諸語のなかでも比較的複雑なコスラエ語（母音12、子音31）の音韻体系を並べてみた。そのほかの言語でも、母音が九つあったり（チューク語、サイパン・カロリン語）、長母音・短母音の区別があるものもある。子音の数は15〜20ほどだが、一般に［mʷ］とか［pʷ］とかいったような軽い「ワ」の音を伴う閉鎖子音（円唇化音）があることや、また［tt］だとか［kk］といったような二重子音が見られることが多い。母音がたったの五つで、子音は10かそれより少し多いくらいというポリネシア諸語とは対照的である。

音韻的な特徴だけではなく、さまざまな文法現象、たとえば一本、一枚、一人……など、日本語と

表1　コスラエ語とハワイ語の音韻体系

ミクロネシアの言語は一般に、近隣のポリネシアの言語と比べて音韻体系が複雑である

コスラエ語（ミクロネシア）の音韻体系

母音			子音			
i	i	u	p" p' p	t" t' t		k" k' k
e	ə	o	f' f	s" s' s	ʃ" ʃ' ʃ	
ɛ	ʌ	ɔ	m" m	n" n' n		ŋ" ŋ' ŋ
æ	a	ɒ		l" l' l		
					r" r' r	

（” は円唇化音、’ は口蓋化音を示す）

ハワイ語（ポリネシア）の音韻体系

母音			子音			
i		u	p	t	k	ʔ
e		o				h
			m	n		
	a			l		
			w			

表2　ポナペ語の分類詞の例

左端に挙げられている形が分類詞で数詞の後につく。たとえば、「3個」という場合であれば、sili(i)という「3」を表す語の後に分類詞 -uh がついて siluh となる。

-uh	最も一般的に用いられる数詞。〜個。
-pak	回数を数えるのに用いる。〜回。
-mwut	草などが積み上げられたものを数えるのに用いる。〜山。
-lep	木の板やタバコの吸い殻など、長方形で厚みのあるものを数えるのに用いる。
-pit	パンダナスの葉を細かく切ったものや髪など、繊維状のものを数えるのに用いる。〜筋。
-el	レイ（花や貝などの首飾りや冠）を数えるのに用いる。
-sop	サトウキビなどの茎を数えるのに用いる。〜本。
-sou	大便を数えるのに用いる。〜盛り。
-mwodol	小さくてまるみをもったものを数えるのに用いる。〜個。
-tumw	風を数えるのに用いる。〜吹き。
-dip	薄く切り分けられたり、そぎとられたりした部分を数えるのに用いる。〜切れ、〜かけら。
-dun	ひもで束ねられたパンの実などの食物を数えるのに用いる。〜くくり。
-men	生き物を数えるのに用いる。〜匹、〜頭、〜人など。
-pwoat	長いものを数えるのに用いる。〜本。
-pali	四肢、（palis という部分を意味する語と一緒に）ものや身体の部分などを数えるのに用いる。
-poar	細長く切り取られた部位を数えるのに用いる。〜本。
-te	紙など薄いものを数えるのに用いる。〜枚。
-par	平たいものを数えるのに用いる。〜枚。
-kap	サトウキビや薪などの束を数えるのに用いる。〜束。
-ka	並べて配置してあるもの、列の数をいうのに用いる。〜列。
-pa	ココヤシの葉のようにシダの葉状のものを数えるのに用いる。〜枚。
-ra	木の枝を数えるのに用いる。〜枝。
-pwuloi	サトウキビのような植物の節の数を数えるのに用いる。〜ふし。
-sel	繊維を数えるのに用いる。
-uhmw	伝統的にウム（earth oven）で料理されてきたヤムイモやバナナなどの素材を数えるのに用いる。
-pwong	夜を数えるのに用いる。〜夜。
-wel	植物のなかでハイビスカスやタケなど、根が一つでいくつかの幹が生えるものを数えるのに用いる。〜株。
-kis	小さい部分や破片を数えるのに用いる。〜かけら。

似た分類詞を用いることなどもミクロネシア諸語の特徴である。表2にポナペ語の分類詞の例を挙げたが、数えられるものの特徴がその土地の生活の様子を物語っているようで興味深い。

また、どのような言語でも、その地域の日常生活で頻繁に用いられるものの名称や用途、それに、身近な自然現象などに関する語彙や表現が豊かである。ミクロネシアの言語も例外ではなく、特に食用植物や魚類、それに航海技術に関する用語などが豊富である。ココヤシを例にとっていえば、実、敷物やバスケットを編むのに使う葉、縄などを作る繊維をとる外皮、これらそれぞれについて成長段階や部位、用途などに応じて用いられる異なる呼称がある。試しにウォレアイ語の辞書で「coconut（ココナツ、ココヤシ）」という項目をひいてみると、総称の［*liu*］に加え、ココナツの実を表す語については、［*gurub*］（若い緑のココナツジュースを飲むのに適したもの）、［*sho*］（熟して茶色くなりココナツミルクをとって料理に使うのに適したもの）、［*paawol*］（さらに熟して新鮮でなくなったもの）といった熟し具合に応じて使い分けられる語があがっている。また、ココナツの外皮からとれる繊維についても、まだやわらかい繊維は［*worocho*］、ロープや織物を作るために乾燥させた繊維は［*gosh*］、そしてロープを編む作業のためにとりわけられた一筋の繊維は［*moroligosh*］と呼ばれるなど、ココナツに関する単語だけで簡単に50を超してしまう、といった具合である。

このように、ミクロネシアではもともと起源の異なる言語が一つの地域に集まり、人びとの交流の歴史を反映しながら変化を続けてきたが、16世紀以降に植民地支配を受けた地域では、さらにスペイン語、ドイツ語、英語、日本語などの影響も受け、多くの借用語彙が見られることになった。たとえば、日本語からの借用語であるナッパ、ハラマキ、ジドーシャなどといった語が、現在では多くの地域で日常語として使われているし、日本占領時代の学校教育の結果、今でも日本語をかなりよく話せるという人もいる。

近年では、国際語としての地位を確立しつつある英語の影響が特に都市部で顕著に見られるようになった。これも歴史の流れとはいえ、伝統文化の知識が反映された、その土地その土地の言語が失われてしまうことになると残念だ。そのような意味で、いくつかの地域で現地語教育に関する関心が高まりつつあるのは心強い。

（菊澤律子）

9

ヨーロッパ人との遭遇

★「発見」されたミクロネシア★

ミクロネシアの人たちは、ヨーロッパ人とどのような出会いをしたのだろうか。平和的な出会いもあれば敵対的な出会いも少なからずあったが、共通していたのは、彼らの鉄への強い執着と、「他人のものは自分のもの」式の所有概念だった。これがひどくヨーロッパ人を怒らせ、多くのトラブルを生むことになった。

オセアニアのなかで最も早くヨーロッパ人との接触を持ったのは、ミクロネシアのマリアナ諸島だった。1520〜21年にかけて太平洋を最初に横断したマゼラン一行は、航路があまりに北寄りだったため、これほどたくさんの島がオセアニアにあるにもかかわらず、住民の住む島をただ一つしか発見することができなかった。これがグアム島だった（図1）。

南米の最南端を通過した後、マゼランの艦隊は丸3カ月間も新鮮な水や食料を補給できず、悲惨な状態で航海を続けていた。ネズミや革ひもまでをも口にしていた乗員たちは、二つの島影を見つけて狂喜した。しかし、島に近づくと数百艘ものカヌーがどこからともなく船を取り囲んだ。「飛ぶように速い」とマゼランが描写したアウトリガー・カヌーに乗った島民は、トリ

図1　初期航海者によるスケッチに描かれたチャモロの人びとの暮らし［出典：Carono and Sanchez (1964), *The Complete History of Guam*］

ニダード号ほか2隻の船にやって来ると、次々と甲板に乗り込んできて、鉄を入手するため柱の釘や樽のタガなどをはずして持っていこうとした。船を壊されてはたまらないとばかり、島民を追い返しにかかったマゼランたちは、上陸用に用意していた小型ボートまで盗まれてしまった。怒ったマゼランは、40人の兵士たちを上陸させ、村人を7人も殺して家々に火をつけた。盗まれたボートを無事に発見し、食料や水を船に持ち帰って長居は無用とすぐに出航した。このような出会いの結果、マリアナ諸島はラドロネス諸島（Islas de los Ladrones ＝泥棒諸島の意味）という不名誉な名で呼ばれることになった。この出会いは、グアム南西のウマタックで起こったと考えられ、現在は上陸記念碑が建っている。しかし、ヨットを使った実証的研究によると、上陸地点はグアム北端のリティディアン岬からアガナ湾にかけて続く北西海岸のどこかであった可能性が高い。

　この後、スペインがフィリピンとメキシコのアカプルコとの間で行ったガレオン貿易の補給地としてグアム島を使ったので、ほかのミクロネシアの島よりも早くからスペイン文化が入り込んだ（第42章）。

　マーシャル諸島はスペイン人サーヴェドラによって１５２８年に記録されたが、スペインはあまり興味を示さず、１７８８年にイギリスのＪ・マーシャルによって名前がつけられた。その後、ロシアが送り出したコッツェブー率いる探検隊が1817年と1825年に二度ほど来て、マーシャル諸島全体を記録している。これは、北極海を横断する北東航路を発見するために派遣された3回の航海の一部で、ロシアも新航路の開拓を名目に植民地にできる島を探していた。

オセアニアの探検期には、どんな島がどこにあるのかを探すのが優先目的だったので、ヨーロッパ人が島に長期滞在して島民たちと深い関わりを持つことは少なかった。しかし、イギリスのアンテロープ号がパラオで座礁した場合は例外だった。パラオは、1543年にはスペインやポルトガルの航海者たちによって「発見」されていたが、周囲を取り囲む暗礁が危険であったこともあり、実質的な接触はその後、340年間も行われていなかった。

1783年に東インド会社のアンテロープ号がパラオ本島西部沖のサンゴ礁に乗り上げて座礁した。船長のウィルソン率いる乗組員たちはコロール島に上陸し、大首長アイバドゥールに船を建造する許可と協力を申し出て、代わりに対立している首長との戦いに協力することになった。ヨーロッパ人に接したことのなかったパラオの人たちは、銃の音を聞いただけでたいそう驚き、離れたところにいた鳥が死んで落ちてくるのを見てさらに驚いたと記録されている。

アイバドゥールは、火器という外部の力を自分たちの戦いに利用したことで、古来の島内抗争に決着をつけ、パラオ全体を統治するに至った。それまでの戦力ではなしえなかったことである。イギリスに帰国するウィルソン船長は、大首長の息子リー・ブーを養子として連れ帰り、社交界デビューさせるとともに（図2）パラオを紹介する本を出版したので、パラオの名前が一躍ヨーロッパ社会に知られることとなった。リー・ブーは、5カ月後には小児麻痺で死亡したが、その10年前にキャプテ

図2　リー・ブーの肖像画
［出典：Keet (1988), *An Account of the Pelew Islands*］

ン・クックによってタヒチから連れられてきたオマイとともに、南太平洋の首長階級の高貴な存在をヨーロッパに広める一役を果たした。

その後の100年間は、銃が島じまに持ち込まれて戦争が多発したうえ、赤痢やインフルエンザなどの病気が流行し、島の人口は10分の1にまで激減した。このような人口の減少は、パラオだけでなく、ほかのオセアニアの島じまでも多く経験されたことだった。

このほかのミクロネシアの島じまは、16～17世紀にそのほとんどが「発見」され、その位置が地図に書き込まれた。しかし、ヨーロッパ人たちの経済的興味を引くものは少なく、住民との実質的な接触が始まったのは、19世紀半ばに捕鯨が盛んに行われた頃だった。ポーンペイやコスラエ、マーシャル諸島などは、水や薪炭、食糧を求める捕鯨船の補給基地として使われ、様々な物資や貨幣、そして天然痘などの病気が島に入り込んだ。これらのとりひきを仲介したのは、ビーチコーマーと呼ばれた捕鯨船から逃げ出して島に住みついた白人たちで、首長に富をもたらすことで島の社会で力をつけた場合もあった。

他方、初期探検者たちの後、キリスト教の宣教師が多くやって来て島民たちと長期に関わることになった。しかし、ミクロネシアでの宣教はそれほど楽なものではなく、特にマリアナでの宣教には様々な誤解や争いが伴われ、多くの宣教師が殉教した（第14章）。

（印東道子）

10

スペインから
ドイツ統治時代へ

★ヨーロッパ諸国による統治の歴史★

グアム島は、1521年にマゼランが世界周航の途上でこの島に寄港したことにより、オセアニアで最初に世界史の舞台に登場する。それ以降、スペインは、グアムをマニラとメキシコを結ぶガレオン船の中継地、ジェスイット教団の布教地として重視し、1668年に正式に領有した。領有後、軍隊の支援で布教を始めたが、現地住民チャモロは宣教師を殺害するなど強く抵抗した。この布教と戦争により、5万人のチャモロ人口は1710年には4000人を割り、伝統社会は崩壊した。スペインはその後、人口回復のためにフィリピン人などとの混血を進め、純潔のチャモロは絶えてしまったといわれる。

グアム島以外のミクロネシアの島じまは、資源に乏しく、西欧から遠いこともあり、投資家や貿易商にとって魅力のない「太平洋の忘れられた島世界」であった。しかし、19世紀初頭からは、捕鯨船が薪、水、食料の補給や乗組員の休息のために島じまへ停泊するようになる。特にポーンペイ島とコスラエ島は、火山島で食料資源に恵まれ、停泊に適した海浜を備えていたので多くの捕鯨船が訪れた。この欧米などの船との持続的な接触によって、両社会は大きな問題を抱えた。乗組員のもたらす疫病や売春による性病の蔓延《まんえん》、アルコールが引き起こす暴力事件である。1850年代には、ポーンペイ島の人口1万人の半数が病死したといわれる。さらに、火器（銃と銃弾）を用いた王国間の戦争が激化した。王たちが島に住み着いた「ならず者」を厚く保護して仲介者に使い、競って火器を手に入れたからである。このならず者は、捕鯨船やオーストラリアへの囚人輸送船からの脱走者で、ビーチコーマーと呼ばれた。1800年中頃のポーンペイ島では150人ものビーチコーマーが暗躍し、戦争によって伝統的社会構造も崩壊の危機に瀕した。

1860年代からは欧米の商社が進出する。クジラが枯渇して捕鯨業が衰退した国際経済において、鯨油の代替としてコプラ（ココヤシの乾燥果肉）油の商品価値が高まってきたからである。サモア諸島やニューギニア島で事業を展開していたドイツの商社がマーシャルやカロリンの島じまにも進出して交易を独占するようになる。この動きを警戒したスペインは、1874年にカロリン諸島に対する占有権を主張し、ドイツもミクロネシアの保護領化を宣言する。両国の領土争いは、85年に法王レオ13世の裁定によって、スペインにはカロリン諸島の領有権が、ドイツにはミクロネシア全域において自由な経済活動と航海がそれぞれ認められた。

スペインは86年に、カロリン諸島をスペイン領としてフィリピン総督の支配下に置いた。翌年、ポーンペイの北部（現コロニア）に政庁と教会を建て、島の5人の王を村長に任命し、間接統治を開始した。行政的支配と同時に、カプチン修道会によるカトリックの布教を行った。政庁と軍隊を背景にしたカトリックの布教や強制労働など政庁の強圧的政策は、ポーンペイの人びとの反発を招き、スペインの長官や宣教師が殺害される事件が起きた。98年にアメリカとの米西戦争に敗北したスペインは

スペイン時代に布教が始まったカトリックの教会［出所：南洋群島トラック教育支会『トラック島写真帖』1931年］

翌年、フィリピンとグアムをアメリカに割譲し、マリアナ、カロリンとマーシャルの島じまをドイツに売却した。

ドイツはポーンペイ島とヤップ島に政庁を置き、数人の官吏による間接統治を開始した。マーシャル諸島には、「ヤルート会社」を設立して拓殖の全権を委任した。この統治は、群島の政治・社会的制度を温存させて経済開発を行うことを目的にしていた。さっそく、ココヤシの植栽とコプラ搬出の道路や運河の建設に着手した。ポーンペイ島の王たちは政庁の方針に協力し、道路工事に男性労働力を提供した。また、パラオ諸島のアンガウル島で燐鉱石を発見し、政庁はその採掘を開始した。

政庁は島の人びとの火器保持やアルコール販売を禁止するなど、秩序維持にも努力した。チューク諸島においては、それらを販売したドイツ人や日本人の商店主を逮捕した。また、殺人犯や村落間戦争を指揮した首長を処刑するなど、「不法行為」を徹底的に取り締まった。一方、植民地化は住民のキリスト教化によって達成されるという理念から、ドイツ人宣教師によるプロテスタントの布教活動を進めた。宣教師は主要な島じまに教会を建て、布教とともにドイツ語教育も行った。

ドイツ政庁は、ポーンペイ島で経済発展を目指した土地改革、つまり土地の私有化を断行した。これは、土地の名目的な所有・管理者である王の特権を剥奪する代わりに、王は平民から年間15日間の労働力の提供を受けるという内容である。この改革を多くの王は不承不承ながら受諾したが、北部のソーケス地区の王は強く反対した。彼は敬虔なプロテスタントで英語を話し、洋服を身につけて商店を経営するなど、近代的な生き方を指向していた。スペイン時代の宗教弾圧に対して武力抵抗した闘士である。

総督の理不尽な指令に敵意を抱いたソーケスの王ソウマタウは、1910年、道路工事の視察に訪れた総督と官吏を銃殺した。そして、部下を指揮して政庁の建物を焼き払い、数人のドイツ人役人をも殺害した。これはドイツ人を追放し、ポーンペイ社会を自らの手に戻すための武力行使であった。翌年、本国から派遣された1000人のドイツ軍を相手に、王は部下と岩山にたてこもって戦ったが、最終的に降伏した。この反乱に対しドイツ軍は、王以下13人を処刑し、400人のソーケスの住民全員をパラオ諸島に流刑した。

ソーケスの反乱を鎮圧したドイツは、ポーンペイの人びとに信任の厚かった医官を総督に任命し、本格的な土地改革を実行した。土地改革は、海岸から40メートル幅の土地を区画して成人男性に割当て、それより山側の土地を政庁の所有地とすることを骨子としていた。1912年までに土地所有者の名義を記入した地券を発行して、土地の私有制を確立した。この土地改革は、伝統的な母系親族集団の土地所有制から、土地私有制かつ父系相続制への大転換であった。しかし、ポーンペイの人びとからは大きな反対もなく、新しい土地制度は定着し、今日に至っている。ドイツは、土地改革に基づく経済開発をチューク諸島やパラオ諸島でも展開する予定であったが、第1次世界大戦の勃発によって実行が不可能になった。

（須藤健一）

11

日本統治時代

★日本の手に渡った植民地★

日本は第1次世界大戦が起こると、日英同盟を理由にドイツに宣戦布告し、1914年10月には太平洋の赤道以北のドイツ領を無血占領した。海軍はトラック諸島（現チューク）に司令部を置き、ドイツの間接統治の方式を踏襲した。軍政府は1915年から、島の人びととの保健・衛生の改善や教育の普及に着手した。主要島に病院と小学校を建てて将兵が診察や初歩的な教育を行った。18年には、22の学校で1700人の生徒が学んだ。また、ドイツの経済開発路線を継承し、アンガウル島の燐鉱石の採掘やココヤシの植栽事業を推進した。サイパン島にはサトウキビ栽培と製糖業を試みる業者も進出した。

日本政府は、占領した赤道以北の旧ドイツ領の群島を「永久の支配地」とするために、1918年に統治形態を軍政から民政へ移行した。そして1919年、パリ講和会議で旧ドイツ植民地は、国際連盟の委任統治領「南洋群島」として日本が正式に統治することになった。これによって日本は、国際会議で正式の植民地保有国と認められ、念願の欧米列強の仲間入りを果たすことができたのである。

軍政から民政への移管が完了した1922年4月、日本は南洋群島の統治本部・南洋庁をパラオ諸島のコロール島に設置した。島民の「社会的進歩」の促進という連盟規定と日本の国益の双方を充足させる直接統治を実施する。南洋庁は島民の「文明化」と生活改善を促進するうえで、教育と宗教を統治政策の重点事項にした。1923年に「南洋庁公学校規則」を発布し、8～14歳の島民子女への教育を行った。本科3年、補習科2年からなる初等教育は、日本語教育に半分の時間を当て、修身、算術、地理、唱歌、体操などの教科を学ばせた。1930年までに24の公学校に7400人の児童が通い、全群島の就学率は50％を超した。パラオ諸島では児童が洋服を着用し、就学率は100％に達した。1926年には「木工徒弟養成所」をコロール島に設け、補習科を終えた優秀な男子生徒を全島から選抜して入学させた。1930年代になると、この養成所は電気、自動車修理、機械などの学科を増設し、島の若者の技術者養成センターとなった。

1930年代後半には日本人移民の増加に伴い、その子弟の教育のために国民学校と実業学校や高等女学校が設置された。しかし、これらは島民への門戸を閉ざし、島の子どもたちが中・高等教育を受ける機会は日本留学よりほかになかった。このことから、島民への教育は同化教育にすぎず、島の人びとに自治意識を教え、近代的な社会や政府を作り、産業を興す知識や技術を伝授することを教育目標にしたものでないことは明らかである。

南洋庁による1920年代の群島統治は、「島民の福祉増進」を最優先にしており、世界の植民地の歴史において「最善の統治」であると欧米の視察団から高い評価を受けた。しかし、国際連盟からの脱退を宣言した1933年以降、日本は同化政策を積極的に進める。教育においては、「一視同仁」つまり「島民は日本人と平等である」という名目だけの同化教育であった。日中戦争が起きた1

937年からは、「皇民化教育」が徹底され、公学校には日の丸を掲揚し、毎朝、児童は君が代を斉唱した。さらに、児童は「私は天皇陛下の赤子です。私たちは立派な日本人になります。私たちは日本に忠誠を誓います」と朗読させられ、国家行事のたびに北を向いて「皇居遙拝」を義務づけられた。

南洋庁は財政基盤の安定と、日本人招致による産業振興を目指す群島の経済開発に着手する。サイパン島とテニアン島では、大規模なサトウキビ農園と製糖産業が発展した。この推進者が台湾で砂糖ビジネスを成功させ、1921年に南洋興発会社（南興）を創設した松江春次である。南洋庁の財政は、1932年に日本への砂糖出港税などで初めて黒字に転換した。1935年になると、マリアナ諸島には3万8000人もの日本人が住み、大きな町が形成されていた。サイパン島の原住民チャモロの人びとは、土地貸与の収入で近代的な家に住み、裕福な生活を営むことができた。一方、南洋庁が1928年に沖縄から招いた漁民は、カツオ節業で成功する。日本人とチューク諸島の人びととの共同参加によるカツオ工場は、30年代には1500人の従業者を雇うまでに発展した。沖縄漁民はポーンペイ島、パラオ諸島にも進出して事業を成功させ、南洋群島の水産業の発展に大きく貢献した。

日本は1935年に国際連盟を脱退すると、「日本人のための南洋群島」政策を推し進めた。南興は1935年に主要な島じまに進出する。パラオ諸島ではパイナップルの缶詰、ポーンペイ島では澱粉精製のための工場を建設した。この工場に供給する作物栽培に300家族の農民が招致された。一方、南洋庁は、1936年に南進政策のための国策会社・南洋拓殖会社（南拓）をパラオ諸島に創設する。南拓は、ボーキサイトと燐鉱石の採掘、アルミニウム工場から、海運、ホテル、発電、冷蔵、農漁業などの事業を多くの島で展開する。ドイツ統治時代から群島全域で農海産物の輸出と商品の輸入販売を独占してきた南洋貿易会社（南貿）も、ココヤシ農場の経営などへ事業を拡大した。

南興、南貿、南拓の三大殖産会社を中心とする経済開発とそれを支える日本人移民が来島し、1935年には島民人口4万9000人よりも日本人が多くなる。1940年には、マリアナ諸島に4万5000人、パラオに2万3000人など、群島全体に8万4000人の日本の民間人が移住した。この数は、30年代のミクロネシアにおいて奇跡ともいえる経済発展が達成されたことを物語っている。そして、島民のなかにも、商店や運搬業の経営を行い、日本風邸宅を建て、豊かな暮らしをする者もいた。しかし、日本人と島民の間には差別が存在した。島民男性が就ける最高位の職業は、巡警長、助教員、南洋庁や支庁のボーイくらいであった。彼らの1カ月の俸給は20円程度で、日本人官吏の3分の1にも満たなかった。そのほかは、荷役人夫、農場の日雇い労働、商店の小間使いなどの仕事である。戦争中には、強制労働を強いられた。女性は、病院での看護補助や日本人家庭のメイド役、売り子よりほかに就業の機会はなかった。沖縄県からの移住者、朝鮮半島出身者は「日本人」より低い地位に置かれた。

南洋群島の経済開発は、アンガウル島などの燐鉱石採掘への島民の人夫雇用を別にすれば、ほとんどの分野で日本人の労働力に依拠していた（第34章）。島民労働力は、非生産的で非効率的であると見なされ、島の人びとは経済活動に重要な戦力として組み込まれなかった。それは、彼らの生活慣行や経済活動が日本人の労働観と異なると見なされたからである。その結果、島民への知識・技術移転が行われなかった。経済の分野だけでなく社会、政治、文化の面においても、南洋群島の統治は、日本人と島民という二重構造のもとに展開されていたのである。

（須藤健一）

12

太平洋戦争（第2次世界大戦）

★戦地となったミクロネシア★

ミクロネシアの人びとにとって、太平洋戦争は、17世紀以後の異人種来航以来、経験したことのない戦乱であった。またそれは、初めて経験する近代戦争でもあった。さらに、この戦争ののちの経過は、第1次世界大戦以降のこの地の社会・文化を根底から覆す事件史であった。生活の様式から見るならば、それはアジア太平洋的伝統社会のシステムから、キリスト教的価値観を基礎とする欧米的生活様式への転換であった。

ミクロネシアの太平洋戦争は、東南アジア、メラネシアの戦乱とはやや異なるものがある。つまり、東南アジア、メラネシアでは、それまでこの地を支配してきた欧米諸国に対する日本軍の攻撃・占領および敗退という経緯であるが、マリアナ、カロリン、マーシャル諸島などのミクロネシアでは、ナウル、ギルバート諸島は別として、日本軍の攻撃拠点であるとともにその守備範囲に属していたからである。敗北の際、玉砕という形態となった事例が多いのは、戦略的意義はもとより、自国の領土守備という認識が日本軍当局にあったからであろう。そして多くのミクロネシアの人びと自身もまた日本軍下級兵士としてこの戦役に従軍している。まことに、太平洋戦争はミクロネシアの人びとにとって余儀なき戦争であったが、これを転機として、まったく異なる価値観、あるいは新たな時代へと転換した。

ミクロネシアの戦争が始まるのは、1941年12月8日の真珠湾攻撃に次ぐ、南方アジア進出作戦の一環としてのグアム島占領からである。南方アジア占領は資源確保を目的としたが、ミクロネシアはオーストラリア攻略の拠点であった。トラック（現チューク）環礁は天然の海軍要塞というべき海洋地形をなし、ここには西部太平洋の日本海軍基地が置かれ、南西太平洋への進出拠点となっていた。南西太平洋の戦略構想は、オーストラリアとアメリカの結節を分断することを目的としたため、ミクロネシアを基地として、戦線はパプアニューギニア、ソロモン諸島へと延伸した。それまで日本支配に属さなかったミクロネシアの島じまでは、イギリス領ナウル、ギルバート諸島が占領された。これにより、地理的な意味でのミクロネシアは、全域日本の支配下に置かれたことになる。このとき日本軍はナウル島民約1200名をトラック諸島へ強制移住させ、戦後そのうち700余名がナウル島へ生還した。この事件は今も悲劇としてナウルでは語り伝えられている。つまり、ミクロネシア住民の戦争被害は、中部太平洋にも及んだ。

当初、日本軍は西太平洋を中心に戦線を拡大したが、1942年6月のミッドウェイ海戦とこの年後半のソロモン諸島ガダルカナル争奪戦を転機として、太平洋の戦線では日本軍の敗退が始まる。ニューギニア北岸から陸路ポートモレスビー攻略の失敗も、その後の戦線の帰趨に大きな影響を与えるものであった。しかしながら、ミクロネシアにおいて日本の太平洋戦争敗退を明確に示すのは1943年からであった。43年後半の11月、ギルバート諸島（マキン、タラワ環礁＝現在のキリバス国首島）の

戦争公園として保存されている日本軍砲座（タラワ環礁、2001年）

玉砕、翌年のマーシャル諸島陥落、海軍軍事拠点トラック諸島の壊滅、さらにマリアナ、カロリン諸島への攻略が続き、７月７日、マリアナ諸島サイパンの玉砕となった。これにより、日本軍は、制海・制空権を失い、ほとんど日本の敗戦は決定的となった。１９４５年３月硫黄島玉砕、６月沖縄の陥落によって、太平洋戦争は事実上終焉した。したがって、ミクロネシアの人びとの目から見るとき、ミクロネシアの太平洋戦争は、単に日本の敗北、それも惨敗の歴史と映ったであろう。

太平洋戦争は、今なおその痕跡をミクロネシアの各所にとどめている。キリバスのタラワ環礁を訪れる人は、その海岸に日本軍の大型銃器が海に向かって砲列を組んでいる異観を見いだす。キリバス政府は、日本人がこの激戦地を再訪するであろうことを期待し、観光資源としてこれらの旧日本軍大砲を海岸に陳列保存した。今にして思えば、この守備の困難な、狭小なサンゴ礁の島に大量の日本軍が進駐したことこそ奇異というべきである。

　パラオのペリリュー島では、草むらの各所に赤錆びた日本軍戦車が放置されている。パプアニューギニアのスタンレー山系の山中では、今なお日本軍兵士の鉄兜が発見される。サイパン島の崩壊した軍陣地には、破砕した日本軍の銃砲が虚空に向けられている。これらのいずれの地にも海岸線には岩盤を刳《く》りぬいてトーチカが掘られ、戦跡として保存されたり、あるいは放置されたりしている。またミクロネシアの各地には、その地で散華した日本兵とアメリカ軍兵士の慰霊碑が、日本政府あるいは有志の遺族と復員日本兵の手によって建立されている。慰霊碑の多くには仏像が建立されているが、その光背には十字架が掲げられているなど、戦闘当事国の戦没兵士への深い思いが込められていて、訪ねる人びとの感慨を誘っている。

　ミクロネシアの太平洋戦争を語る際、忘れられてはならないことがある。かつて日本統治時代、すべての島じまは、その地の漁業、熱帯農業、鉱業など産業特性に基づいて相応に繁栄していた。ミクロネシアの人びともまた、これらの産業に従事することにより、商品価値を生み出す社会的意味や労働の尊さを理解していたのである。その結果、多くの島じまでは自足的経済状態に達するのみならず、貿易収支において黒字を記録している。日本人によって経営され、日本を貿易対象国としていたにせよ、おそらく、ミクロネシアが輸出超過を経験した、歴史上ただ一度の時代であったかもしれない。ミクロネシアの古老の多くには、日本統治時代を懐かしむ習性がある。太平洋戦争はこうした社会と時代をも一挙に破砕したのだが、同時に戦後の経緯を見るとき、日本の敗北によってミクロネシアの人びとの民族自決と政治的独立を実現したという側面があることは否定しえない。


（高橋康昌）

13

アメリカによる戦後統治

★負わされ続ける軍事的役割★

旧日本支配地域ミクロネシアは、第2次世界大戦後、アメリカによる国連信託統治領となった。1975年にパプアニューギニアがオーストラリアの信託統治から独立して以来、ミクロネシアは史上最後の国連信託統治地域となった。信託統治とは、国連憲章第75条によって規定された制度であり、その76条2項には「信託統治地域の住民の政治的、経済的、社会的及び教育的進歩を促進すること。各地域及びその人民の特殊事情並びに関係人民が自由に表明する願望に適合するように、且つ、各信託統治協定の条項が規定するところに従って、自治又は独立に向っての住民の漸進的発達を促進すること」が定められている。つまり、信託統治とは、現地住民の民主的自由、生活面での福利厚生など、被統治者の利益を推進するための国際的規定であると理解されねばならない。同憲章のほかの項目にも、地域住民の基本的人権や福祉を発展させることが規定されている。アメリカが、この規定に基づいてミクロネシア住民の自立を支援する政策を実行したか否か、が本項の論題である。

しかしながら、国連憲章には、上記の目的を逸脱し統治国の対外政策を優先させる項目が存在することを見落とせない。憲章第82条には、きわめて唐突に「いかなる信託統治協定においても、その協定が適用される信託統治地域の一部又は全部を含む1又は2以上の戦略地区を指定することができる」とされ、続く第83条では、「戦略地区に関する国際連合のすべての任務は、信託統治協定の条項及びその変更又は改正の承認を含めて、安全保障理事会が行う」となっている。戦略地区とは、「国際の平和及び安全の維持に貢献する」（同憲章43条）ため、統治国が自由に軍事戦略上の利用を可能とする地区をいう。何が国際の平和と安全か、という内容が明らかにされていないし、戦略の目的、対象、措置も明示されていない。つまり、この規定は、統治国の自由な軍事施設構築、軍事行動が保障されているという、危険な条項なのである。

戦後世界が、初期冷戦時代から朝鮮戦争という熱い戦争を経験し、西側陣営と社会主義国が決定的に対立する時代を迎えるにしたがって、ミクロネシアは、アメリカの軍事基地、核・ミサイルの実験場として重要視されることとなる。この事態に対して、西側に属するヨーロッパ、アジア諸国はアメリカと軍事的に同調したため、ミクロネシアは史上最後の信託統治を長く経験することとなった。その対価として、アメリカがミクロネシア住民に与えたものがコンパクト・グラントであった（第28章）。

冷戦時代に行われたアメリカの軍事的利用のうち、特筆すべきはマーシャル諸島ビキニとエニウェトク両環礁での核実験である（第55章）。核実験は太平洋戦争直後の1946年から開始され、54年には水爆実験も開始された。このとき、日本国焼津のマグロ漁船第五福竜丸がこの海域で被爆し、漁船乗組員が死亡した。ビキニ、エニウェトクの住民も被爆し、キリ島へ強制移住されたが、21世紀に入った今も残存放射能のため彼らは故地へ帰還することができない（第56章）。ミクロネシアの島じま

アメリカ空軍空路管制塔（マーシャル・クワジェリン環礁、1998年）

をグアムから島づたいにハワイへ向かう人は、今なおクワジェリン環礁の空港では停機中も航空機から外出できない。ここにミサイル迎撃実験の重要軍事施設が置かれているためである。ほかにも、ヤップ島には無線連絡基地（ロラン）が置かれていたことがあり、パラオには原子力艦船の基地建設が検討されていた。これらは、すべて冷戦時代のアメリカの軍事戦略に基づくものであるが、冷戦終了後もアジアの政治・軍事的不安定（中台関係、東南アジア諸国）を考慮し、ミクロネシアの軍事基地、中継基地としての利用価値は維持されている。このような視点から見るとき、ミクロネシアに対するアメリカの統治は、本来の信託統治の理念よりも、戦略地区としての利用性に重点を置いていたと判断される。

以後ミクロネシアの運命は、戦後の各時代の国際紛争を背景として、アメリカの意向により左右されてきた。50年代の朝鮮戦争、60年代のベトナム戦争、そして70年代の東南アジアの紛争に際しては、艦船寄港地、通信網、補給地として使用され、また近時には台湾海峡の軍事的緊張に対応し、利用されてきた。グアムには、アメリカ西太平洋最大のアンダーソン空軍基地が置かれている。1969年、ニクソン大統領のグアム・ドクトリンでは、核戦略の推進とともに、ハワイからグアムに至る軍事路線を補強するためにマリアナ諸島、ヤップ、パラオなどカロリン諸島が重要な軍事的役割を負わされている。

80年代以降、信託統治領ミクロネシアは、四つの政治単位となって独立（自由連合）あるいはアメリカ自治領（コモンウェルス）となった。これらはいずれも、アメリカの軍事的利用の観点からする分断政策に基づいている。アメリカの西太平洋最大の空軍基地グアムに隣接するマリアナ諸島が、北マリアナ諸島としてアメリカの自治領となり、独立への道を絶たれたことは、以上のような歴史的理由からであった。

90年代初頭の冷戦終了後、ミクロネシアの軍事的利用価値は低減したかもしれない。しかしながら、アジアから中東にかけての民族紛争、中台関係の緊張をとおして、なおこの地域に戦乱の可能性が秘められていることがわかる。21世紀に入ってもなお、ミクロネシア側からもアメリカ側からも自由連合の解消が提案される状況にはない。自由連合の解消（ミクロネシアの完全な独立）は、なおしばらくの時間とミクロネシア側の経済的自立が展望されねば実現しないと思われる。

（高橋康昌）

14

キリスト教の功と罪

★植民地支配がもたらした意識の変容★

ミクロネシア（ここでは旧南洋群島に限定する）の人びと（移民を除く）が現在信仰する宗教は、統計上は新旧キリスト教が圧倒的な割合を占めている。そもそもミクロネシアの人びととキリスト教との「出会い」は、大航海時代、スペイン人による強制的な布教に始まった。以後、スペイン、ドイツ、日本、アメリカと500年以上も続く植民地支配への従属を促し、統治者に有益な「近代化」を進めるうえで大きな役割を果たしたのがキリスト教であった。布教の過程では、改宗しない人びとが虐殺されたり、新旧両宣教団の勢力争いから地域間の抗争が煽られたりした。

しかし、ミクロネシアの人びとは自らの意思とは関係なく続けられた植民地支配のもとで、新しい知識や技術の導入、あるいは娯楽として、また異議申し立てを表明するうえで、キリスト教をみずからのものとしていった。世界の諸地域の人びとがキリスト教を受容していった過程と同様、ミクロネシアの人びとも、土着の神、精霊への信仰を基層に持ちながら、各時代状況のなかで、自分たちに必要な部分において、また自分たちの解釈においてキリスト教を受け入れたのである。

大航海時代以後、ミクロネシアには欧米人の新旧宣教団が宣教活動を行い、ドイツ統治時代までには、多くの人びとにキリスト教の影響が及んでいた。すなわち16世紀、スペインがミクロネシア領有を宣言してのち、1800年代後半に欧米諸国が太平洋を分割し尽くし、スペインが統治に積極的に関わり始めるまで、ミクロネシアはスペイン人宣教師の布教に委ねられ、主にマリアナ諸島で旧教（カトリック）を布教した。1800年代半ばには、アメリカの宣教団が新教（プロテスタント）を布教し始め、またスペインの宣教団もマリアナ諸島以外の島嶼に活動を広げる。宣教師たちはミクロネシアの人びとからの多くの抵抗にも遭遇し、時には武力を用いてこれを抑え込み、布教した。首長のなかには、宣教師と手を結ぶことでほかの首長より有利な立場を持ちえると考え、受け入れる者がいた。

また、宣教師たちはさまざまな方法で、ミクロネシアの人びとを惹きつけようとした。たとえば、これまで呪術や薬草などによって治療されてきた疾病傷害を、西洋医学や薬品でまたたく間に治療したり、歌や絵、珍しい飲食物は、ミクロネシアの人びとの関心を引き寄せていった。宣教活動はまた、欧米の商人、捕鯨人、船乗りたちの頻繁な来島によって妨げられる場合もあった。彼らは、酒や武器を持ち込んだり、詐欺同然の商売をしたり、地元女性と性的関係を持ち、性病を持ち込んだりもした。こうした行為は、キリスト教の教義に反するだけではなく、現地社会に大きな影響を与えた。そこで宣教師のなかには、これら欧米人たちをまず「教化」すべきであると批判した者もいた。

第1次世界大戦で日本が占領したミクロネシアは、主だった地域に教会や布教所が作られ、キリスト教の行事やミサ、日曜日の休息などが一定程度根づいた社会となっていた。ミクロネシアの人びとのなかには、島の外の宗教学校で学び、島に戻って布教活動に従事する者もいた。

現地社会にキリスト教が浸透していたことは、日本にとって予想外のことであった。そもそも日本の施政関係者は、「島民」（チャモロ、カロリニアンを指す日本統治時代の公的な表現。以下、現地住民とする）は未開で野蛮であり、「日本化」教育を通じて初めて人間になりうる存在、と見なしていた。また、天皇を神と掲げる天皇制支配秩序を教える「日本化」教育は、キリスト教の教義とは相いれないものであった。さらに施政関係者が恐れたのは、欧米人宣教師が現地住民に影響力を持っているため、住民に反日感情を煽ったりするのではないか、ということであった。委任統治期には特に、国際連盟で委任統治の履行義務に反するとされた軍事施設の建設、日本人本位の経済開発が話題となっており、欧米人宣教師が日本に不利な情報を流すのではないかと警戒した。

実際に、ドイツ統治時代までに、キリスト教は地域ごとに程度の差はありつつも生活に根づいていたのであり、ミクロネシアの人びとと欧米人宣教師との間に信頼関係も築かれていた。つまり、海軍統治期に実施した外国人宣教師の排除、キリスト教の宗教活動に対する圧迫は、むしろ住民に反日感情を生みだしていた。そこで、キリスト教への圧迫が安定的な統治に支障をきたすと考えた日本は、南洋庁統治以後、委任統治条項が義務づけた「信教の自由」を遵守する姿勢を見せるためにも、キリスト教の統治への利用に踏み切った。具体的には、日本と友好関係にある国の宣教団を受け入れ、旧教はスペインに、新教ではドイツの宣教団と日本の植民地政策の遂行に密接に関わってきた組合教会（「南洋伝道団」を組織）を中心に布教を委ねた。南洋庁はまた、キリスト教の宣教活動について詳細な報告書の提出を義務づけ、宗教活動への補助金の大半を南洋伝道団に割り当てた。つまり、キリスト教と欧米人宣教師への警戒は消えることはなかった。

サイパン島カトリック教徒の行列［出所：『我等が海の生命線　南洋諸島写真帖　名所・風景・風物・風俗』刊行年不明、玉那覇弘子提供］

外国人宣教団との間で最も摩擦が生じたのは宗教教育であった。南洋庁は現地住民教育を南洋庁立の公学校での「日本化」教育を通じて進めようとしたが、現地住民の親たちは子どもたちをミッション・スクールに通わせようとした。そこで南洋庁は、公学校教育を優先させる原則のもとでミッション・スクールの活動を許した。

以上のような「日本化」教育とキリスト教の関係を、現地住民はどのように捉えていたのであろうか。公学校で助教員として勤めたチャモロの一人は、当時、ある日本人から「天皇陛下は生きておられるが、おまえらのキリストは石じゃないか」と言われ、思わず「テンノウヘイカハ、明日ナクナルカモシレナイ。デモ、ボクラノ神様ナクナラナイ」と反論したという。この発言から彼は、南洋庁警務課に連行され厳しい取り調べを受けた（野村進『海の果ての祖国』時事通信社、1987年）。

戦時体制下では南洋庁による外国人宣教師の監

視や宗教活動への圧力は強まり、日米開戦後はさらに厳しいものとなった。サイパン島では戦火のなかでもミサが続けられたが、進駐してきた日本軍による暴力行為や嫌がらせがあり、外国人宣教師や教会に通う現地住民はスパイ視されるなど、つらい経験を強いられた。

第2次世界大戦中の占領を経て、日本に代わって新たな支配者となったのはアメリカであった。アメリカは、第2次世界大戦中から顕在化しつつあったソ連との対立関係を背景に、国連の戦略的信託統治領としてこの地域の施政を引き受けた。そして信託統治が正式に始まる前年、1946年7月にマーシャル諸島ビキニ環礁で戦後初めての原爆実験を行った。アメリカ軍マーシャル諸島司令官ベン・ワイアットはビキニ住民を「主の導きで敵の手を逃れ、約束の地に赴いたイスラエルの子たち」にたとえ、「人類の幸福」のために原爆実験を行うとして島からの退去を命じた。ジュダ首長は「神の祝福のもとですべての人類に友情と恩恵をもたらすものであれば」とし、「すべては神の御手のなかに」と述べて退去を受け入れざるをえなかったのである（ジェーン・ディブリン〔沢田朋子・松村美也訳〕『太陽がふたつ出た日――マーシャル諸島民の体験』紀伊國屋書店、1993年）。以後、66回の核実験が行われ、彼らの島は放射能で汚染され、住民は今なお肉体的にも精神的にも苦しみ続けている（第56章）。しかし、長い植民地支配の歴史のなかで受容されたキリスト教は、支配者側の意図を超えて、ミクロネシアの人びとに不条理な支配を批判する力を育ませている。

（今泉裕美子）

III

伝統の息づく生活文化

15

伝統社会のしくみ

★ピラミッド社会とネットワーク社会★

ミクロネシアの伝統社会のあり方は多様であり、地域社会の伝統的リーダーである首長のあり方も多様である。チュークはほかの地域と比べて個々の村の独立性が高い。これに対し、パラオ、ヤップ、ポーンペイ、マーシャル諸島では、複数の村が結びついた広範な社会とこれを指揮する首長の権力が発達している。

文化人類学者の清水昭俊はミクロネシアの伝統的社会を二つのタイプに区分している。「同等者中の第一人者」的首長制と集中的首長制の二つである。「同等者中の第一人者」的首長制とは、平等社会と階層社会の双方の特徴を持った社会のしくみである。平等社会では村などの独立した社会が、相互に同格で力が均衡し、その間で財がバランスをとって交換される。これをネットワーク社会と呼ぼう。階層社会の特徴は、集団や個人など社会の構成単位が格づけされていることで、ピラミッド社会と呼べる。この平等社会と階層社会の双方の特徴が「同等者中の第一人者」的首長制には見られる（図右）。他方、集中的首長制とは、一点への権威の集中に基礎を置き、その権威下の複数の社会を最高首長が統治する首長制である（図左）。

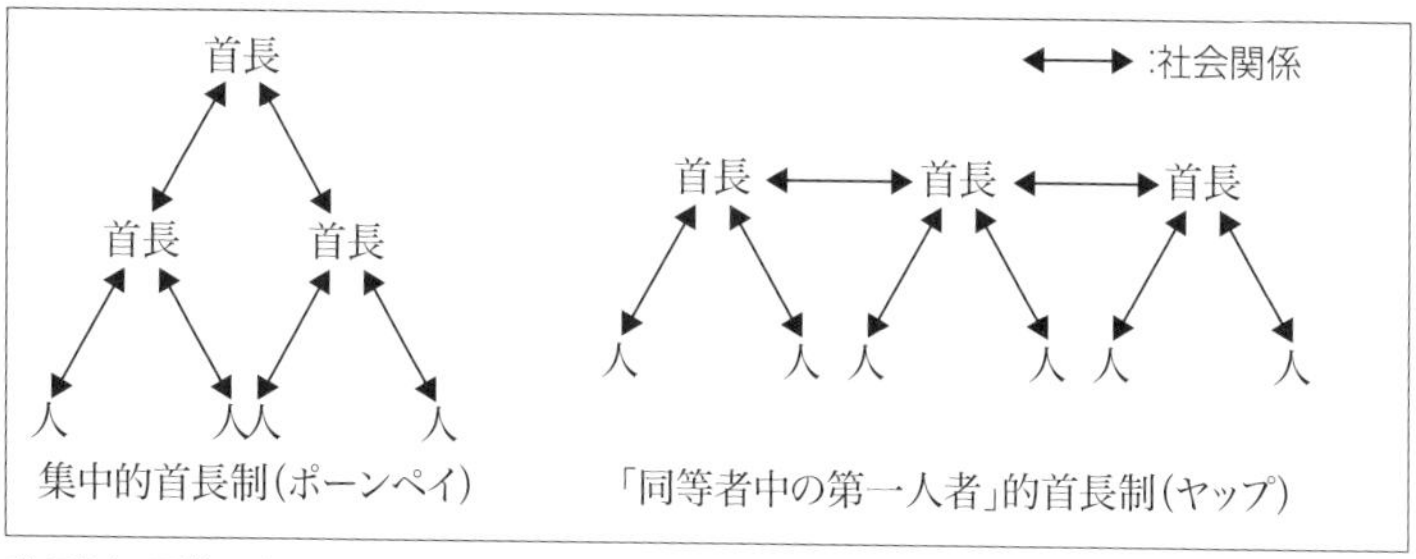

首長制の形態の概念図［出所：筆者作成］

チューク社会はミクロネシアで最も平等な社会の一つである。チューク政治の基本単位はソープ［*soopw*］と呼ばれる村である。村の中心は開祖の親族集団であるリネージであり、このリネージの長が村の首長の役割を担う。チュークのリネージは、生存する最年長の女性の母系子孫によって構成され、20人程度の成員がいる。チュークの村は主要なリネージのすべての成員と、そこに婚入してきたほかのリネージの成員からなり、１９４０年代後半に調査を行った文化人類学者のグッドイナフは、平均的な村の人口は95人であったと報告している。チュークの村の数は多く、チューク環礁全体では99の村が存在した。

　これらの小さな自立的な村がチュークの伝統社会の基本的単位であり、最大の政治組織である。チューク社会は村以上の首長に忠誠を示さない、数多くの小さな政治単位から構成されているのである。これらの村は相互に対立し、対立は時に戦争に発展した。このような場合、村はほかの村と連合したが、一時的なものであった。チューク政治組織は村を越えることはなく、首長の権力も限られたものであった。首長は他人の争いや紛争に介入する権利はないし、人びとに命令することもできなかったのである。

　チュークの伝統的政治構造では首長の権威は非常に限られており、階層の発達も非常に限られていた。しかし、清水はチュークの土地制度が首長の地位のイデオロギー的・経済的基盤となるがゆえに、チュークの首長制を集中的首長制の形態に分類する。チュークの土地権には、土地の贈与によって生まれる一次的権利と二次的権利の区分が存在する。土地の贈与を受けた者は土地を利用する権利を得るのであるが、与え手は完全に土地を譲渡してしまうのではなく、土地の収穫の一部を受け取る二次的権利を保持し続ける。この二次的地権者への経済的・象徴的支払いが首長と村人の階層関係を表すのである

チューク社会は平等主義的で首長の権力は萌芽的なものであるが、土地の贈与と反対給付の関係はポーンペイなどに見られる、集中的首長制と類似したものである。チュークにおける首長と村人の関係は、ポーンペイにおける首長と村々の関係に相当するのである。

ポーンペイ州の主島であるポーンペイ島は、五つの首長国から構成されるが、各首長国にはナンマルキと呼ばれる最高首長と、ナニケンと呼ばれる「副」最高首長、そして両者に続く二系列の称号がある。各首長国では二つの系列の上位12の称号所有者が貴族層、それ以外の称号保有者は平民と見なされている。首長国はさらに、地域社会、つまり村である地区に分かれる。各地区の首長は、最高首長ナンマルキから土地を借り受け、地区の住民に分配する。これに対し、首長は地区の住民からの貢物を受ける権利がある。また最高首長は土地ばかりではなく、称号を母系集団の成員に配分する。称号の配分は集団内の年長原理にしたがって配分するという。この称号の配分は、系譜にしたがうのが原則であるが、人びとが最高首長に対して催す祭宴を通じての貢物にも左右されるため、人びとは争って最高首長に祭宴を催そうとする。

集中的首長制は最高首長を中心とした貢納と土地の配分というピラミッド構造を持つのに対し、「同等者中の第一人者」的首長制は、階層化されてはいるが独立した地域社会間に形成されるネットワークを特徴としている。

ヤップ島の村は父系的に相続される屋敷地の集合体からなる。村はそれぞれに首長を有し、さらに今日の行政村に相当する地区に編成されている。これらの村と地区は序列化されており、その序列は、個々の村と地区の首長が権利を持つ土地の位階によって決められる。

村を越えたヤップ島全体の政治では村間のネットワークが特徴となる。村々の間には、「回路」と呼ばれる政治的同盟関係が複雑に張りめぐらされている。そしてこの同盟関係が、ヤップ島の三大首長、タミル、ルル、ガギル地区の勢力のバランスを支えている。タミル地区の大首長は、ルル、ガギル地区の首長の上位にあり、両者の調停を行う。ルル地区の首長はバン・ピルンと呼ばれる同盟関係のリーダーである。そしてガギル地区の首長は、バン・パゲルと呼ばれる同盟関係のリーダーと見なされている。したがってヤップでは、均衡する二つのネットワークと、それを調停する第三の首長という構造が特徴なのである。ヤップでは、首長村落と従属村落という階層が発達している一方、村落の独立性は高く、首長のほかの村落への影響力は、村落間に張りめぐらされている政治的ネットワークに依存するのである。

（柄木田康之）

16

母系社会と父系社会

★集団編成の基盤となるもの★

ミクロネシアの島じまはほとんどが母系社会である。父系的な社会はヤップとキリバスにすぎない。母系社会は、個人の集団帰属が女性祖先から祖母、母、娘と女性の出自(系譜)をたどって決められる。この集団は母系出自集団とも呼ばれ、固有名と地位を表すタイトル(称号)を持ち、土地や財産を共有し、成員同士の結婚を禁止する族外婚の単位である。母系出自集団が有する土地・財産や社会的地位は、母系の相続・継承を基本とする。父系社会は男性祖先から父系出自をたどって集団が編成され、財産や地位が受け継がれる。

母系出自集団は、複数の島や村に拡散して成員数が1000人を超す集団レベルから、成員が同じ島や村に共住して土地やカヌー、集会所などを共有する数十人の集団レベルまで多層に分節している。人類学では、成員が相互に系譜を認知できるレベルを母系リネージ(系族)、系譜関係は不明だが同じ集団名を確認できるレベルを母系クラン(氏族)と類別している。クランレベルでは、成員が訪問時に世話し合ったり、大きな儀礼などで贈与交換を行う。リネージレベルでは、成員が日常的な食料や労力の提供、子どもの教育、老人の世話などを共同で行う。

母系社会は、結婚後の居住方式や相続・継承の様式によって多様な形態を示す。ミクロネシアでは、妻方居住ないしは夫方居住に基づいて基本的な家族が形成される。妻方居住は「婿入り婚」で、結婚後、男性が妻の集団（家）に移り住む。この方式は、中央カロリン諸島、チューク諸島、マーシャル諸島と広い地域で見られる。夫方居住は、嫁入り婚の方式で、ポーンペイやパラオの社会が典型である。中央カロリンやチュークの社会では、3〜4世代間の女性成員が一つの屋敷にともに暮らして婿をとる。各世代複数の姉妹がいれば、リネージ成員は50人を数える。この女性成員に婿が加わり、日常的な生活を営む家族、つまり母系拡大家族が形成される。日本でも一昔前には「米糠3合あるなら入り婿に行くな」と言われ、婿の地位の低さを表していた。母系社会の婿の地位は非常に低い。

結婚時、男性は妻にイモ田を、子どもが生まれるとその子にココヤシ林やパンノキを贈与する。男性は妻やその集団の指示に従って粉骨砕身、労働にいそしむ。もし妻の機嫌をたびたび損なえば、夫は「三行半《みくだりはん》」を妻から宣告される。妻や子どもに贈与した土地や財産は取り返せない。また、子どもとの関係は、親子というより「友人」という関係である。父親は愛情を注いで子どもを育てても、成長するにつれ子どもは自分の進路や大事な相談を母の男兄弟、つまり「母方オジ」にする。父子間には、「母系」の血縁がないからである。男性は妻の兄弟に対しても姿勢を低くして敬語を使用しなければならない。

一方、兄弟姉妹の関係では、兄弟が姉妹から尊敬される。女性は自分の兄弟の前を通るときには相手より低い姿勢をとらなければならない。立っていれば腰を曲げる、座っていれば四つん這い。そのうえ、女性は兄弟に敬語を使う。この表敬行動は、姉妹に対し兄弟の地位が優位であることを示して

写真1　サタワル島の表敬行動。母系社会でも、女性は兄弟の前で一段低い姿勢をとり、相手との地位差を表す（サタワル島、1978年）

いる。このことから、母系社会においては、出自集団や社会全体のレベルで政治・社会的なリーダーシップは男性の手に委ねられていることがわかる。島の首長や集団の族長のポストは通常、男性が掌握する。そして、各集団はランクづけられており、最上位のクランの首長が、島社会の政治、法、資源利用などあらゆる分野に責任と権限を持つ。このように、男性は自分の母系集団においては地位も高く権限を持つが、結婚後、妻の集団においては地位も低く子どもへの監督権もない。男性が夫、父親、そして兄弟として相いれない地位や役割を背負って生きるのが母系社会の特徴である。

夫方居住の母系社会であるパラオでは、女性は夫の家に嫁入りする。子どもは父の家で生まれて育ち、息子はそこで結婚し、娘はそこから夫の家に嫁ぐ。この居住方式では、母系一族の成員は分散してしまい、その本拠地の祖先の墓や財産を管理し、成員の統合に責任を持つ者がいなくなる。そのために、男性は結婚後、自分（母）の一族の本拠地（村）へ移り住む。つまり、男性は独身時代を父と、そして結婚後は母方オジとともに暮らすことになる。パラオ社会では、父が死ぬとその妻と子どもは父の一族から土地とお金を受け取って、父の家を去る。これは、父の一族のために労働力を提供してきた代償であり、父の集団との関係の消滅を表す。

パラオの村落（現在の州）社会を構成する母系出自集団は第1位から10位までの称号があり、最高位の称号保持者（男性）が首長として集団と村落社会の政治的な指導者の地位につく。しかし、その首長を選ぶのは女性である。母系集団には重要事項を検討する女性評議会がある。評議会は母系集団の男性首長候補者のなかから人格、知識、弁舌能力などを基準に首長を決定したり、解任する権限を持つ。また、女性評議会は婚姻、出産、建築、葬送などの伝統的行事や贈与交換儀礼を取りしきり、慣行の持続と集団関係の秩序維持に責任を持っている。パラオ社会は、女性が伝統的な社会・政治的リーダーの決定権を掌握している点で、女性に高い地位と強い権限が付与されているといえよう。

父系社会のヤップにおいては、嫁入り婚、財産や地位の父系相続・継承を慣行としている。この社会で注目されるのは、個人の社会的地位や職能、土地所有や海面利用の権利が家を建てる地面（基壇）に付随していることである。ヤップ社会の男性は、それを相続しない限り経済的にも社会・政治的にも生存できない。この基壇は世襲的に父系相続されるのではなく、息子の父に対する忠誠心や貢献などによって父が遺言で息子への相続の可否を決定する。一方、ヤップ社会では母系クランも重要である。個人は固有名を持った母系クランに帰属し、島の方々に住む成員との間で冠婚葬祭などの機会に儀礼的交換を行う。ヤップ社会は、日常的な生活集団を編成する原理に父系出自を適用するが、

写真2　パラオ社会の初子誕生儀礼。伝統衣装を身につけ、女性の体調回復を祝う（パラオ、1998年）

広域にわたるネットワークの形成・維持には母系出自を利用している。

　ミクロネシアの人びとは、この100年間、植民地、独立、国家建設という大きな変革を経験してきた。母系社会は、生産と消費および土地所有の単位であったリネージが縮小し、兄弟姉妹単位から最近は核家族へと形態上は移行してきている。これは人口増加による土地の細分化、市場経済化による現金収入の機会の増大、またアメリカ風の家族指向などの要因による。しかし、母系理念および母系集団へのアイデンティティは、知事や国会議員の投票行動など近代的な社会・政治制度の局面、また海外移住者とのネットワークをとおした相互援助などの面で強く認識されている。

　母系社会は、母と子の自明な関係（出自）に基づいて集団を編成する点で合理性と説得性がある。それに比べ、父系社会は父子関係が生物学的に自明ではなく、その関係を証明する「制度的からくり」が必要である。このからくりが、「父権制」「男性中心主義」「家父長制」などの理念と制度を構築してきたともいえよう。

（須藤健一）

17

ミクロネシアの伝統的コスモロジー

★危機対応システムの変容★

ミクロネシアの島じまでは、欧米列強による植民地化に伴って、キリスト教への改宗が行われ、伝統的宗教のあり方が大きく変容した。私は1978～80年にかけて二度にわたってミクロネシアの中央カロリン諸島サタワル島で民族学的フィールドワークを行う機会があった。サタワル島はミクロネシア連邦ヤップ州の東端に位置する絶海の孤島で、フィールドワーク当時には連絡船が2カ月に一度しか往来していなかった。当時の島の人口は約500人で、女性は腰布一枚でトップレス、男性はフンドシ一本で暮らしており、ミクロネシアのなかでも最も伝統的なライフスタイルを保持する島であった。私もフンドシ一本になって、約一年間にわたって島の人びとと暮らしを共にした。

サタワル島では1953年に島を挙げてキリスト教への集団改宗が行われたために、島人の伝統的宗教の体系やコスモロジー（宇宙観）が大きく変化した。幸い、フィールドワークの際に80歳近いと推定される長老（エウィヨン翁）から伝統宗教の諸相を学ぶことができた。とくに約40の分野におよぶロンと呼ばれる秘儀的知識体系を記録することができた。ロンは特定の伝統的な神々に関する秘儀的知識の体系であり、大きく分けると、遠洋航海、病い、天気、漁労、農耕などに関するものであった。たとえば、嵐に関するロンは、カヌーで遠洋航海中に嵐に襲われたときに、儀礼を行い、嵐の神々に働きかけて嵐を鎮めるための秘儀的知識体系である。

サタワル島では超自然的存在もしくは超人間的存在のことをヤニューと総称していた。ヤニューには名もあり、神格化されるものもあれば、名もないものも数多くいた。人間の霊魂も死後にはヤニューになる。人間に幸いをもたらすヤニュー・フィル（善い）と災いをもたらすヤニュー・プット（悪い）がおり、善いヤニューであっても人間の行い次第で災いをもたらすことがあったらしい。

この島の人びとは、天上世界ウェイナン、地上世界ウェイサン、海底下世界ファニーナンという三つの世界の存在を信じていた。天上世界にはヤニュー・ナップ（大御神）やヌーカイナン（天御中主神）などの神格化された神々がおり、海底下世界にはヤニュー・ムマンという悪神が住むといわれていた。地上世界は「島」と「海」で成り立っており、それぞれに数多くのヤニューが存在した。キリスト教に集団改宗する以前のサタワル島には、いわば八百万《やおよろず》の神々のごとくに、さまざまなヤニューが存在していたわけである。

かつての島の生活では数多くのタブー（禁忌）が遵守されていた。衣食住に関するタブーのほか、時間と空間、月経と出産、死、性交、仕事、火、言葉、立ち居振る舞いなどについて、さまざまなタブーが存在し、人間の行動を規制していた。人間がなんらかのタブーを侵犯した際には危機が生じるとみなされていた。たとえば、島の誰かが事故に遭ったり、病いになった際には、その人がなんらかのタブーを犯したためとみなされ、原因になったとみなされる、特定のヤニューに関する秘儀的知識

写真１　サタワル島の葬式。島の人びとが全員参加して行われる。十字架を先頭にして柩が運ばれる（サタワル島、1979年）

の体系を修得している人に頼んで危機の克服が図られた。

約40の秘儀的知識がなんらかの危機に関わっていることから、私は、キリスト教改宗以前における危機対応システムの再構成を行った。その結果、個人的危機として「事故」と「病い」、集団的危機として「天災」と「飢え」が認識されており、それらの危機の原因として各種のタブーの侵犯が認識されていたことを明らかにした。そして、危機の原因になるタブーの分析をとおして、空間の象徴的対立（島と海、居住区と森など）、異人性（月経の女性、病人など）、両義性（ウミガメ、サンゴ礁、タロイモ田など）がコスモロジーを構成する要素として、重要な役割を果たしていることを明らかにした。

危機克服のシステムである各種の儀礼については、キリスト教改宗後に儀礼が禁止されたために、長老の記憶にもとづいて再構成を行った。たとえば、遠洋航海から帰島後に病いになった場合には航海のヤニューによるものとみなされて、セムァユン・ワイ（航海の病い）と呼ばれ、治療儀礼が行われた。同様に、パンノキを誤って傷つけたり、その聖地に立ち入った後に病いになると、セムァユン・マーイ（パンノキの病い）と呼ばれ、儀礼が行われる。治療儀礼では、木の皮や根や実や花などで作られた呪薬が用意され、ロンを修得した人が呪文を唱えるのが一般的であった。呪薬は病人だけでなく、儀礼の参加者全員が飲んだそうである。キリスト教改宗以前

写真2　サタワル島の呪薬。木の皮、根、実、花などで作られる。病人だけでなく、親族全員が一緒に飲む（サタワル島、1979年）

には、特定のヤニューに関わる儀礼が頻繁に行われていたらしい。

サタワル島では、キリスト教への集団改宗後に、善いヤニューはテーウスの名のもとに一括され、悪いヤニューはサータンと呼ばれて一括された。テーウスを信じて祈ることによって、悪いヤニューに対する恐れから解放され、また月経小屋（月経中の女性を隔離するための小屋）や各種のタブーの制度が廃止された。

1950年代以降における近代化に伴う、キリスト教の受容、貨幣経済の浸透、学校教育の導入などによって、サタワル島の人びとの生活は大きな変化をこうむった。キリスト教にもとづく近代的コスモロジーが完璧であるならば、人間や集団にとっての危機が消滅するはずであった。しかし、いかに近代化が進展しても、ある日突然に、人間や集団は各種の危機（病いや事故、天災や飢えなど）に直面することがある。島のかつての伝統的コスモロジーは、数多くのヤニューが活躍する世界（カオス）を内包する形で成り立っていた。それに対して、近代的コスモロジーは基本的にヤニューやカオスを排除し、人間による世界の秩序化を貫徹することで成り立っている。ところが、現実には近代医療システムの不備などによって、島人は今でも人知の及ばない危機に直面して悩んでいる。伝統的コスモロジーと近代的コスモロジーのはざまで、サタワル島の人びとは新しいコスモロジーの再構築を必要としている。

（石森秀三）

18

多様な漁労法

★サンゴ礁と外洋への適応★

周囲をサンゴ礁の海でかこまれた島嶼に生きるミクロネシアの人びとは海洋の水産資源をタンパク源としてだけでなく、日常の道具や儀礼用にも利用してきた。ミクロネシアではサンゴ礁、藻場、干潟、マングローブ林を利用した多様な漁法がおこなわれてきた。潮汐の干満、昼夜、季節、微地形などに応じておこなわれる漁労活動は多様化しており、個人漁から村総動員の集団漁までがある。潜水漁や外洋において魚類を獲る漁は男性主体で、リーフ内の浅瀬における無脊椎動物（貝類・タコ・ウニ）の採集は女性主体でおこなわれるが、チュークでは女性がラグーンでタモ網漁をおこなう。食料以外に、ベッコウ、シンジュガイ、ウミギクガイ、チョウセンフデガイなどは釣り具、装飾品、財貨として大きな価値をもっていた。ナンヨウダカラガイはとくに貴重な財貨となり、19世紀にスペイン人との間で交易品として利用されることもあった。漂着したマッコウクジラの歯もヤップで貴重な財貨であるガウとして利用された。ガウはクジラのことをも指す（第5章）。

以下、主要な漁法別に多様な漁労法を検討する。潮の引いた干潟や岩礁、礁原では、海藻（草）、貝類、カニ、ウニ、ナマ

写真1　大型の筌を設置し、サンゴ礁の浅瀬でココヤシの葉製ロープを大勢の住民が移動させて魚を大型の筌に追い込む漁。この筌は外洋で流木に集まる魚を獲る際にも使われる（カロリン諸島・サタワル島、1980年）

コ、タコ、ホシムシなどが採集される。素手によるか、棒きれややすが用いられる。潜水活動によって、シャコガイ、タカセガイ、ヤコウガイ、クロチョウガイ、ナマコなどが採集されることもある。潜水具として、現在では戦前に導入された眼鏡式のゴーグルや米国由来のケナス（グラスの借用語）の使用が一般的である。

　ミクロネシアでは、サンゴ礁のリーフ内、サンゴ礁斜面、外洋など、それぞれの海域に応じた筌《うけ》漁が発達している。サンゴ礁の浅瀬でおこなわれる小型の筌漁では、餌として砂浜に生息するカニをつぶして砂とまぜて団子状にしたものや小魚を使う。サンゴ礁斜面では石のおもりをつけた中型の筌に餌の魚を入れて海底に設置してサンゴ礁魚類を獲る。外洋では、流木の下で群れをなす魚を獲るために大型の筌を流木にしばりつけて魚を筌のなかに追い込むか、釣りで魚を獲る。大型の筌はサンゴ礁の浅瀬でも用いられる（写真1）。外洋における筌漁はミクロネシア独特の漁法である。パラオでは精巧に作られた15種類の筌がサンゴ礁海域で用いられた。

サンゴ礁での釣り漁では小型の単式釣りばりが使われる。外洋では、シンジュガイ製の軸にベッコウ製のかかりをつけた結合式の擬餌ばりによるカツオ・マグロや表属性魚類の一本釣りや引き釣り漁（トローリング）、ココヤシ殻製のゴージ（くの字形の釣りばり）にココヤシの果肉を餌としてつけて、ココヤシの殻を浮きとしてトビウオを獲る漁、パンノキの葉にココヤシの葉の中肋から作ったひごを水平に何本も取りつけて作った凧を揚げ、凧から垂らした糸につけたサメ皮やクモの巣を擬餌としてダツを獲る凧揚げ漁、V字形の大型木製釣りばりで深海のムツを獲る底釣り漁などがカロリン諸島でおこなわれる。特異な漁法として、干潮時、大型のシャコの前鋏をシャコの潜む穴に差し入れてなかにいるシャコを釣り上げる漁がパラオにある。いずれも、オセアニア地域のなかで、漁労技術の伝播や人びとの移動史を考えるうえで重要な漁法である。

ミクロネシアでは種々の網が用いられる。小規模なものでは、ラグーンの浅瀬におけるたも網による集団的な追い込み漁や（チューク）、夜間に枯れたココヤシの葉を束にしたものを松明《たいまつ》として光に集まるトビウオをたも網ですくいとる漁（ヤップ）、ポイオ［*poio*］と呼ばれる石錘《せきすい》を使って魚を集め、円形の網ですくいとるポイオ漁（マリアナ諸島）がある。大型の網はウミガメ、エイ、メガネモチノウオ、ヒラアジ、ツムブリなどの大型魚を対象として用いられた。すでに戦前から、一部の島じまにはナイロンや人造繊維製の刺し網や投網が導入され、今日に至っている（写真2）。

サンゴの岩穴に隠れた魚をデリス属植物の根・枝やゴバンノアシの種子を砕いて水中に流し、魚を麻痺させて網ですくいとる魚毒漁がおこなわれてきた。魚毒漁は稚仔魚を殺し、資源保護のために有益とはならないので、ダイナマイトや青酸カリを使った漁労とともに破壊的漁労として禁止されてい

写真2 追い込み網漁でサンゴ礁の魚を追い込んで獲る。漁網や水中眼鏡は戦後に導入された（カロリン諸島・サタワル島、1979年）［須藤健一撮影］

る。

ココヤシの葉をよじったものを連結して作った、数十〜数百メートルの長いロープをサンゴ礁の浅瀬で大勢の人が保持して移動させ、魚を他方に設置した筌や網に追い込む漁法はカロリン諸島でロップ［*lop*］と呼ばれる。

ヤップやパラオでは、サンゴ礁の浅瀬に矢印形・馬蹄形に石製の装置を構築し、干満差で逃げおくれた魚を獲る石干見（魚垣）漁法があり（図1）、ヤップではこの伝統漁法を地域活性化に生かす取り組みがある。このほか、ウミガメは産卵のため海岸に上陸したさいや、海中で休息しているところを潜水して捕獲するか、網漁で捕獲されるが、資源保護のため産卵期の捕獲は制限されている。

以上のように、ミクロネシアではサンゴ礁と外洋で季節や時期に応じた多様な漁労が営まれてきた。しかし、過去から現在までをみても島じまにおける漁労は大きく変化してきた。漁具としても沖縄の漁民が戦前・戦後に出漁したさいに伝播したとされる金属とプラスティック製の擬餌ばり（現地語で

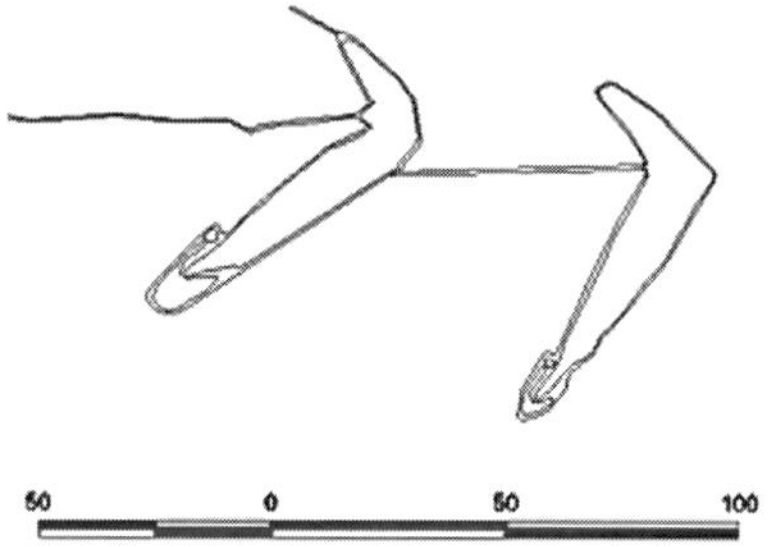

図１　ヤップ諸島における魚垣、エチ［*aech*］。このような構造物が全部で431ある（西カロリン諸島・ヤップ諸島）
［出所：Jeffery and Pitmag (2010), *The aech of Yap*. Yap State Historic Preservation Office］

キナワ）が外洋での引き釣り、竿による一本釣りに用いられる。同じく戦前期の沖縄・糸満系漁民による追い込み漁や水中眼鏡や、戦後のアメリカ統治時代における水中銃やナイロン製網などの技術伝播、１９８０年代以降の開発援助による冷凍・養殖技術の投入、魚介類の商品化、船外機の導入やマリンレジャーによるダイビングやゲーム・フィッシングなどの影響が浸透している。滑走路や大型船の港湾施設をもつ島じまとそうでない離島とでは、漁労の形態とその意味は島ごとに大きく乖離して現在に至っている。さらに、ドイツ統治時代から貝ボタンとなる輸出向けのタカセガイが乱獲され、南洋群島時代には内地におけるのと同じような資源保護のための規制がなされていた。ナマコについても中国向けのために乱獲が発生したので捕獲を規制する動きがあった。現在では、人口増加に伴う水産物の需要増や乱獲を防止するため、島ごとに水産資源を自主的あるいは国レベルで管理する動きがあり、貝類や海藻の養殖業も導入されている。海洋保護区を設ける試みがパラオで積極的に推進されており、外国人ツーリストや遊漁者にたいする環境税の徴収や外国船の入漁を規制する資源管理の政策も浸透しつつある（第32章）。

（秋道智彌）

19

カヌーと航海術

★海を渡るための知識と技術★

ミクロネシアの海洋世界では、海上から島影を肉眼で見ながら航海する沿岸航法が用いられてきたことはいうまでもない。しかし、「高い島」と「低い島」とでは大きなちがいがあるものの、ある島から20キロ以上離れた海上では島は肉眼では見えない。人びとが不確実性と危険を伴う外洋航海に乗り出したわけにはいくつもの説や考え方が提起されている。島を離れるさいには、その島を出ざるをえないプッシュ要因と、あえて見えない島を目指すプル要因に分けることができる。いずれの場合であっても、前提となるのは海を越えるための足となるカヌーと食料と水、そして航海術の存在である。

オセアニアへの植民と航海を考える場合、G・アーウィンは示唆的な説を展開している。一方向だけに向かって船出する場合のリスクは大きい。徐々に方位をかえながら何度も島を探索する方法や、逆風で航海すると、島が見つからなくても容易に元の島にもどれたとする考えがそうだ。一艘のカヌーで単独の航海がつねにおこなわれたと考えることもない。

ミクロネシアに人類が移住する年代と来歴は重層的であり、いくつものシナリオが提示されている。現段階では、マリアナ諸島（3500年前）、パラオ諸島主島のバベルダオブ島（3000年前）、ヤップ諸島（2000年以上前）、中央・東部カロリン諸島（2000～1800年前）、辺境ポリネシア（1000年前）などとされている。移動についても、フィリピン諸島方面からマリアナ・パラオ諸島へのルートと、メラネシアから中央・東カロリン諸島、辺境ポリネシアへのルートが想定されている（第7章）。移住にさいして船が利用されたことは疑う余地がないが、用いられた船や航海術は時代を通じてすべて同じであったとは言い切れない。民族誌の資料によると、ミクロネシアにはいかだ、くり船、シングル・アウトリガーカヌーが分布する。ミクロネシアにいたる東南アジアやメラネシア地域でも同様な分布がある。

写真1　帆走用の大型カヌー（ワーセラック）。カヌーの右側が荷台、左側がアウトリガー。中央に帆柱が見える。カヌーの先端の二股に分かれた部分は「カヌーの眼」と呼ばれ、方向を知る目安とされる（カロリン諸島・サタワル島、1980年）

　ミクロネシア全域に見られるシングル・アウトリガーカヌーは、カヌー本体の片側に腕木（アウトリガー）で連結された浮き材（フロート）をもつ。大きさは小型のもので全長3メートル、中型から大型のもので全長5～10メートルに達する。カヌーの船底部は丸木をくりぬいた部分からなり、その上に舷側板を接合してある。中型から大型の

写真2　帆走中のカヌー。パリューと呼ばれる航海者はカヌー中央部に座り、航海の指揮をとる（カロリン諸島・サタワル島、1979年）［須藤健一撮影］

カヌーには、浮き材の反対側に荷物を収納する小さな荷台があり、遠洋航海のさいの食料や衣服、嵐のさいに女性・子どもなどが身を守るシェルターとなる（写真1）。

船の推進法としてはさおや櫂《かい》など手による場合と帆を使って進む場合とに大別できる。ミクロネシアでは外洋航海に帆が使用される（写真2）。逆風で航海するさいにジグザグ状に船を進めるタッキングの方法が用いられる。タッキングのさい、帆柱を立てる位置を前後にかわるがわる移動させる。中央カロリン諸島では風の呼称が29もあり、このうち「東寄りの風」を示すヨティウマイ［*yéétiwmáyi*］はタッキング航法を指すヤンマイ［*yanmáyi*］に由来する。ヨティウは「東」を表し、東寄りから北東の風が11月から3月に卓越することを示している（第3章）。

外洋における帆走航海では、風とともに海流や潮流の影響を大きく受ける。そのため、カヌーの各部位に当たる波に細心の注意が払われた。カヌーの前方と後方、側面だけでなく、浮き材の前方、横、後方に当たる波についてもそれを区別する名称がつけられている。カヌーの船長とでもいうべきパリューはカヌーの中央部に着座し、風や波、進むべき方向などのあらゆる情報を察知し総合的に航海の進め方を判断する。

パラオからヤップへと石貨を運ぶ航海では、帆走カヌーは竹製いかだを曳航し、石貨はそのいかだに搭載された。

カロリン諸島における航海術では近代的な羅針盤や六分儀などを使うことなく、太陽、月、星・星座などの天体現象や、雲や風、雨、潮の流れなどの気象・海洋現象、さらには魚やクジラ、海鳥などの生物現象、あるいは漂流物などの情報を巧みに利用した航海術が編み出された。航海術の基本となるのは星座の出没をもとに作られた星座コンパスである。島嶼間の位置関係や方位などもすべてこの星座コンパスの応用といってよく、航海術の教育にさいしては、パンダナス製のマットのうえにサンゴ礫とパンダナスの葉片を用いて島の方位や航海術に関する様々な知識が伝授された（第46章）。

これにたいして、マーシャル諸島では星座コンパスとは別の知識として伝統的な海図が用いられた。マーシャル諸島の海図は1860年代にアメリカの宣教師グーリックが初めて西欧社会に紹介したのちドイツ帝国海軍のウインクラーが全貌を明らかにしたとされている。この海図は英語でスティック・チャートと呼ばれ、3種類のものがあり、ココヤシの葉柄を数十本、組み合わせて作られた。いずれも木が波やうねりを表現し、小型のタカラガイや小石で島やサンゴ礁の位置を示したものである。

マタン［*matang*］は、島に波が当たると生じる流体力学的な波動の様子を示したモデルとしての海図である。メドー［*meddo*］はナム環礁とアイリンラプラプ環礁の間に発生する波やうねりを表したものので紡錘形をしている。レビリブ［*rebbilib*］は長方形の木枠に、マーシャル諸島における27の環礁と波やうねりの状態を示したものである。北西から南東にかけてラリック（日の入りの意味）列島とラタック（日の出の意味）列島の2列の環礁群からなるマーシャル諸島のうち、北緯5〜10度、東経165〜175度の間に含まれる島じまが示されている。水平方向の同じ葉柄上に示された二〜三の環礁

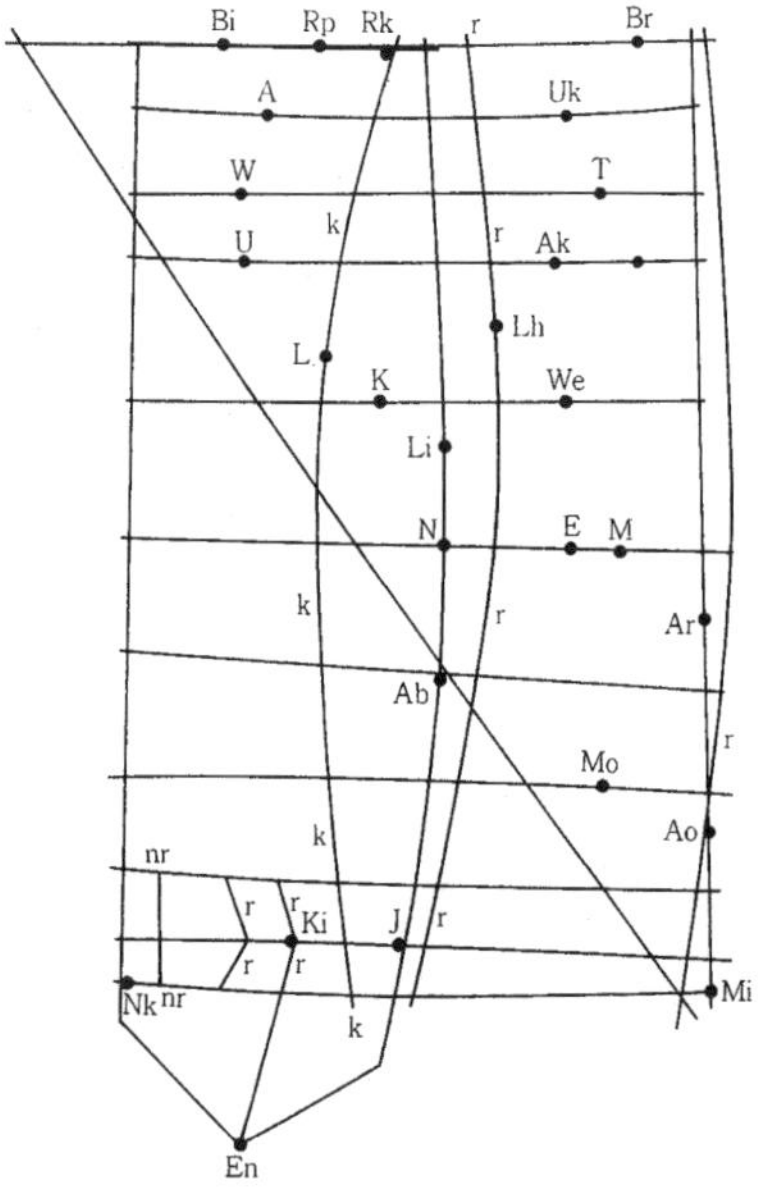

図1　マーシャル諸島における伝統的な海図レビリブ［出所：Winkler (1901), On Sea Charts formerly used in the Marshall Islands. *Smithsonian Institution Ann. Rep.*, 1899］

はたがいにほぼ同緯度上に位置する。エニウェトク、ウジェラン、タオンギの三つの環礁は海図には示されていない（図1）。

海図は実際の航海において使うのではなく、陸上において航海術を教育するさいに用いられた。マーシャル諸島がドイツや日本の統治を受けた19～20世紀にかけて遠洋航海が禁止されるにおよび、この海図は用いられなくなった。

外洋におけるうねりや波の動きなどに関する知識はカロリン諸島では個別の島から特定の方位に出現するものとして位置づけられている。たとえば、カロリン諸島から北に航海するさい、グアム島の南側には大きな波ナー［*nóó*］の海域のあることが示されており、サタワル島を南に航海するとプェレプェル［*pwerepwer*］、つまり白い波のある場所があるとされている。ミクロネシアでは島と海をめぐる多様な航海術の知識が知られているといえるだろう。

（秋道智彌）

20

手間をかけた保存食

★発酵と乾燥（パンノキ・パンダナス）★

高温多湿の気候では、魚介類や果実は、放置されれば容易に腐敗する。そうしたなか、ミクロネシアの人びとは食料の保存加工技術を発達させてきた。保存食は、日常的消費のほか、カヌーで遠出する際の携行食や、台風や干ばつ時の救荒食となった。

人類学者のN・J・ポロックによると、太平洋島嶼部では、発酵・乾燥・粉末化・加熱処理によって保存食は作られる。発酵食品は、主に収穫に季節性のあるパンノキ果実（パン果）やサトイモ（*Colocasia esculenta*）から作られてきた。乾燥は、魚介類など多様な食品に応用できる加工法である（第58章）。粉末化は、タシロイモ（ポリネシアン・アロールート）（*Tacca leontopetaloides*）やキャッサバ（*Manihot esculenta*）のイモを小麦粉状に加工する方法である。これより以下、太平洋各地で見られるパンノキ果実を発酵させた保存食（発酵パン果）、およびサンゴ島に特異なパンダナス果実を乾燥させた保存食（乾燥パンダナス果）を紹介する。

種なし三倍体のパンノキ（*Artocarpus altilis*）は、ポリネシアやミクロネシアで、マイ［*mai*］、メイ［*mei*］、あるいはクル［*kuru*］、ウル［*uru*］などと呼ばれる。パン果は、タロイモやヤムイモ、バナナと並ぶ主作物で、植えつけて5年もすれば結実し始める。大した手入れを必要とせず、子どもの頭ほどある果実を50年にもわたって、毎季100個も結実させる。余剰のパン果は、主に地下貯蔵して発酵させ、時に100年もの長期保存に耐える食品となる。ペースト状の発酵パン果は、多くの島でマール［*maal*・*mar*］と呼ばれている。

マーシャル諸島では、皮をむいたパン果を楔形に切り、麻袋に入れて礁湖に運び、おもりをつけて1〜2日間海水に漬ける。発酵を容易に進行させるため、足で踏みつぶすこともある。海水から引き揚げ、ココヤシの葉の上で1〜2日間空気にさらしたあと、パンノキの葉で覆って土穴に入れ、貯蔵する。葉は毎月取り換える。2カ月後から食用となり、1〜2年間食べ続ける。文化人類学者の吉田集而は、発酵パン果加工において、初期に海水、完成後に流水にさらす点に着目した。そして、有毒のイモ類を毒抜きする、水さらし法に起源があると推測した。

発酵パン果の地下貯蔵法は、どこでも類似しているが、土穴に埋めない方法もみられる。マーシャル諸島では、海水に浸した後、木箱やドラム缶に入れて発酵させることもある。ポーンペイには、地下貯蔵法を含む複数の作り方がある。樹についたままの果実を発酵させるという、風変わりな方法もある。これは、首長のみ食べることができる貴重品である。また、パラオのペリリュー島では、石の台に置いておくだけの発酵法もあった。

発酵パン果は、植物資源の乏しいサンゴ島において、かつて生存に必須な保存食だった。一方、ポーンペイのように食料の逼迫《ひっぱく》する可能性が低い火山島では、発酵パン果は勤勉さを表す贅沢品となった。数十年間保存した古い発酵パン果を持つことは、ポーンペイの人びとにとって名誉なことである。

さて、発酵パン果を作るには、パン果が充分に結実する必要がある。しかし、キリバス南部のサンゴ島は、頻繁に干ばつに襲われるため（第58章）、パン果は充分に得られない。保存するまでもなく、消費されてしまう。パンノキの生育には、島の幅が広く、地下淡水層が発達した土地が必要である。そこでは、種子のある二倍体のパンノキ（*A. mariannensis*）が生育する。ただし、少雨の年にはパン果はまったく結実せず、厳しい干ばつ時にはパンノキはすぐに枯れてしまう。

キリバス南部では、サンゴ礁の砂礫でも生育し、干ばつに強いパンダナス（*Pandanus tectorius*）の果実が、乾燥保存食に加工されてきた。パンダナスの葉は、マットなどの材料として太平洋各地で広く利用されるが、果実を食用とするのは一部のサンゴ島のみである。キリバスの乾燥パンダナス果には、板状食品トゥアエ［*tuae*］および粉末状食品カブブ［*kabubu*］の2種類がある。板状食品は、寡雨のマーシャル諸島北部でも作られていた。また、粉末状食品は、ポリネシア人の住む、ポーンペイ離島のカピンガマランギ環礁でも作られていた。

キリバスにおける板状乾燥パンダナス果の加工過程。ココヤシ葉製小型マットにハテルマギリの葉を重ね、その上でパンダナス果肉を薄く延ばして整形する（キリバス、1994年）

板状食品を作るには、まず収穫した集合果を50個ほどの小果にばらし、地炉で石蒸し焼きにする。その後、果汁を含んだ果肉を削ぎ取り、加熱して発酵を止める。次に、ココヤシ葉製の小型マットにハテルマギリ（*Guettarda speciosa*）の葉を重ね、その上で果肉を薄く延ばして整形する。数日間、天日干しして乾燥させた完成品は黒褐色をしている。7年以上保存できる板状食品は、ココナツミルクを塗り、浸透させて食べる。非常に甘みの強い食べ物である。板状食品は、集会所で開催される饗宴において来客への贈与物となる。また、かつて激しい言い争いが起きたとき、集会所で当事者が互いの板状食品の枚数を競い、暴力沙汰にせずに決着をつけたという。

粉末状食品の加工は、やや手が込んでいる。小果をナイフで5ミリメートル幅の薄片に切り、ココヤシ葉製の浅い籠に入れたまま、地炉で石蒸し焼きにする。その後、ミズガンヒ（*Pemphis acidula*）製の杵で潰し、薄い楕円形に整える。楕円形の果肉を火にかけて燻《いぶ》し、さらに天日干しにして乾燥させる。煎餅状の中間加工物をカラパパ［*karababa*］と呼び、このまま保存することもできる。再び燻して充分に乾燥させ、小型の貝製杵または石で粉々に砕いて、赤褐色の粉末状食品が完成する。カブブは食べるというより、水に入れて飲むものである。

こうして見ると、果実から加工される保存食の担う意味合いが、生活する島の生態的諸条件の違いにより、異なることがわかる。発酵パン果は、食料の豊富なポーンペイなど火山島では贅沢品とされ、サンゴ島では生存に必須の食料だった。さらに、パン果が充分に得られない寡雨のサンゴ島では、乾燥パンダナス果が作られていた。保存食は、人びとの生存の要となり、名誉を表す証しや重要な贈与財となってきたのである。

（風間計博）

21

調理法のいろいろ

★食材がもたらす優れた一品★

大きな木の葉をめくると、おいしそうに湯気を立てているイモやブタが姿をあらわす。ブタは、特別なときにしか食べられないので、子どもはもちろん、大人も目を輝かせて見守る。これは、伝統的な石蒸し焼き料理（ウム）の最後の場面である。調理時間が長く、薪が多く必要であるが、一度に大量の食材を調理することができるし、待ち時間を使ってほかのことができる利点がある。

一般的な石蒸し焼きの方法は、まず、地面を浅く掘り窪めた地炉に拳大の石を敷きつめ、その上で薪を燃やす。燃えている薪の上にも同量程度の石を載せ、石が赤くなるまで熱する。薪が燃え尽きたら、熱くなった炉石の上に木の葉を広げ、調理するイモやパンノキの実などを手早く置いてゆく。ブタの場合は内臓をとった腹腔に焼け石を数個詰めてから中央に置く。これらの上に焼け石を載せ、バナナなどの大きな葉で炉の全体を覆うが、上から土をかける島もある。こうすることによって、蒸気を逃がさず、蒸し焼き料理が2時間ほどでできあがる。食材の持つ水分を利用する優れた調理方法で、土器を作らなかった中央カロリンからマーシャル、キリバスなど東部の島じまで広

土器を使った調理（ヤップ島、1982年）

く使われた。

食材の水分だけでは足りない場合は、水を補う場合もあった。チュークではパンノキの実の季節には大量に調理するため、深く掘った地炉を利用した。炉石の上で火をたいたりする手順は同じであるが、パンノキの実で穴を一杯にして木の葉でおおったあと、木の葉を少しめくって水を注ぐ。爆発音のような音がして一気に蒸気が発生するので急いで葉でおおって2時間おくと柔らかく調理できる。パンノキの実は大きなものは直径が20センチを超えるので、中まで熱を通す工夫であろう。

西部ミクロネシアでは、伝統的に土器を作っていたことから、土鍋を使って調理するほうが一般的であった。ヤップとパラオでは20世紀になっても土鍋で調理をしていたことが民族誌に記されている。

パラオでは、数日分の食料を一度に調理するため、大きめの土鍋が使われた。大量のタロイモを煮るので、土鍋の口までイモと水を入れ、上から厚い麻袋をかぶせるように押し込んで火にかける。水が足りなくなると足しながらかなり長時間煮る。また魚を調理する場合は、小さめの魚はまるごと、大きな魚は切り身にして、それぞれ身がくずれないように木の葉で包んで縛り、海水と真水を混ぜた鍋のなかで煮る。食べるときはこの煮汁をかけて食べるが、余った汁はタロイモにもかけて食べられる。

これに対してヤップでは、土鍋に3分の1ぐらいの水しか入れず、そのなかにイモや魚を葉で仕切りながら入れ、上部をバナナの葉でしっかり覆って火にかける。蒸気を逃さないように調理するので、煮るというよりも蒸し煮に近い調理法であった。

土器がなかった中央ミクロネシアでは、トウカムリガイ製の貝鍋を土器の代用として使っていた。チュークでは小さい火の上や熱い灰のなかに貝鍋を置き、パンノキの実やタロイモをスライスしたものを真水とともに入れる。柔らかくなったら水をこぼしてココナツクリームを加え、短時間沸騰させる。

19世紀にヨーロッパ人が鉄鍋を持ち込むと、ほとんどの島で鍋を使った煮炊きへと変化したが、一度に大量に調理する必要のある儀礼のときなどにはウム料理がまだ使われる場合もある。

鍋を使わないで煮る方法もあった。木鉢に水やココナツクリームとともに食材を入れ、そのなかに焼け石を入れて調理する。これはストーンボイリングと呼ばれ、実にユニークな方法である。火の上にかけたら燃えてしまう木鉢を使って料理をするため、熱源を鉢の内側に入れてしまうという発想の転換である。

味つけは、削ったココナツやそれに水を加えてしぼったココナツミルクだけなので、何を食べてもココナツのほの甘い香りがする。イモ類や魚を調理する際、削ったココナツとともに木の葉に包んだり、土鍋で煮る際にはココナツミルクを最後にしぼり入れる。さらに手の込んだものは、火の通ったイモ類やパンノキの実などを木鉢に入れ、杵で丁寧につぶしてココナツクリームを混ぜる。できあがったプディング状のものは、まるで正月料理のきんとんのような舌触りがする。このような料理は日常食としては作られず、なめらかな舌触りとココナツクリームの甘い味とが、儀礼という特別な食事の場を象徴する。

贅沢品が一品ある。ギルバート諸島などで盛んに作られていたヤシのシロップである。ミクロネシアではサトウキビから砂糖をとることはしなかったが、ヤシの花芽から採取した甘い汁を煮つめる。作り方は簡単であるが、根気のいるものである。まずココヤシの花芽をしばって開花しないようにする。先端を毎日数回、少しずつスライスすると、切り口から甘い汁が滴り落ちるのでそれを竹筒やヤシ殻で受ける。これを土器のなかでゆっくりと煮つめたものがヤップやヌグルー環礁、パラオなどで盛んに作られ、ギルバートではストーンボイリングの手法を用いて煮つめた。シロップ状になったものは長期保存ができ、薄めて子どもに与えるほか、ココナツの果肉を削ったものと混ぜてキャンディ状にすることで、高カロリーの航海食や交易品となった。また、儀礼食のプディングを作るときにも、このシロップを混ぜて甘い味つけをすることがあった。

このほか、火であぶったり焼いたりすることもあった。小さめの鳥などは、たき火の炎であぶったりするほかは、焼け石を広げた上でローストする方法が広くとられた。この方法はかなりの高熱が持続するので、ホットプレートの上で料理するようなものである。パンノキの実やバナナを皮ごと焼け石の上に置き、転がして位置を変えながら全体に火を通す。これは調理する食材が持つ水分を利用して全体に熱を通すもので、蒸し焼きの要素が入った方法である。

ミクロネシアで使われる食材はそれほど多様ではないが、その組み合わせの妙によって、思いがけなくおいしい一品が作り出される。その秘訣は手間のかけ方に尽きる。

（印東道子）

22

ビンロウ噛みとカヴァ

★伝統的な嗜好品★

今日、嗜好品としてはビールやコーヒー、タバコやチューインガムなどが目につくが、伝統的な嗜好品としてはヤシ酒のほかに、ビンロウ噛みとカヴァがある。

ビンロウ噛み（ベテル・チューイング）は、ビンロウヤシの果実ビンロウジ（檳榔子）を石灰でまぶし、コショウ科植物の葉に包んで噛む習慣で、オセアニア地域からアフリカと広く分布し、ミクロネシアではマリアナ、西カロリン、パラオの各諸島でたしなまれている。

ビンロウ噛みは、概して熱帯地域で愛好されている、多少の刺激性・興奮性の麻酔作用がある習慣性の清涼嗜好品で、社会的・宗教的目的にも使われる。ミクロネシアでは、特にヤップとパラオで盛んである。

ヤップの場合、材料となるビンロウジはブウと呼ばれる。ビンロウジはヤシ科のビンロウヤシ（檳榔樹、*Areca catechu*）の、長さ5センチメートルほどの卵形をした果実である。高さが25メートル以上にもなるビンロウヤシは、毎年、400個ほども実をつけ、数十年も結実し続ける。たいていは身の軽い少年が木に登り、未熟の青いビンロウジのついた房をもぎ取り、家な

写真1　ビンロウジの房を肩に、キンマの葉を手にする青年（ヤップ、1983年）

どで実をとって利用する。石灰はいわゆる消石灰で、サンゴ、貝、石灰岩などを焼いて作る。ヤップではウエッチと呼ぶ。たとえば枝サンゴの場合では、しばらく天日にさらして臭みを消してから、たき火で熱すると生石灰となる。この状態ではもとの形状を保っているが、一昼夜もおけば、空気中の炭酸ガスを吸収して消石灰となり、そのときに微粉化する。これは強いアルカリ性を示す。この状態でビンロウ嚙みに使うが、放置しておくと空気中の炭酸ガスを吸って中性化してしまうので、その保存には密閉を図る。かつては竹筒などに入れたが、今は缶やビニール袋が利用される。そしてビンロウジを包むものとして、キンマと呼ばれる葉がある。コショウ科の常緑蔓性植物（*Piper betel*）の葉で、光沢のあるハート形をしており、ヤップではガヴイと呼ばれる。多くは雄株を挿し木で栽培し、日陰樹にからませて生育させる。新鮮さが味を左右するため、摘みとった葉の保管には神経を使う。

嚙み方は、ヤップやパラオでは一般に未熟で青いビンロウジを外皮ごと歯やナイフなどで割り、石灰の粉をそれにふりかけたり、新鮮なキンマの葉にふりかけ、キンマの青葉で包んだりして丸ごと口に入れ、奥歯で嚙む。嚙みしめるとビンロウジの渋味、石灰の焼けるような刺激、そしてキンマのチリチリした辛味が一体となって口中に広がる。生ものだけにその味には鮮度が大切で、特に見分けのつきにくい石灰は、そのときの状態がよくわかっている自分の石灰にこだわる人が多い。マリアナではペースト状の石灰を使い、指で塗りつけて噛む。サイパンの遺跡からは、指ですくいとった跡のついた石灰が入っているままの、巻き貝の石灰容器が発見されている。

ビンロウ噛みの分布は、メラネシアからミクロネシア、東南アジア、インドからアフリカ東海岸に及んでいる。咬噛料としては紀元前より知られ、また世界で2億人以上もの人に広く愛用されている。

効用として、爽やかさで暑さを忘れ、喉の渇きを癒し、疲れをとるなどといわれる。また口臭が消え、歯を強くし、健胃剤にもなるという。事実、ビンロウジには生理作用の強いアレコリンや収斂性があるタンニンが、キンマの葉には殺菌作用のある、フェノールを含む揮発性油などが含まれていて薬効を示す。ただ、口腔ガンの発生率が高いなど害もある。

ビンロウ噛みの最も特徴的な現象は、口内や口の周りが赤く染まることと、噛んでいて赤色に変わった唾液を、遠慮がちにしろ吐き出すことだろう。知らない者はさすがにギョッとする。石灰がタンニンに作用して赤色になるのである。この3種類の組み合わせに、タバコを加えて噛むことも多い。

老若男女を問わず一服というときに噛むが、年少者はあま

写真2　葬儀の場に用意されたビンロウジとキンマ（ヤップ、1983年）

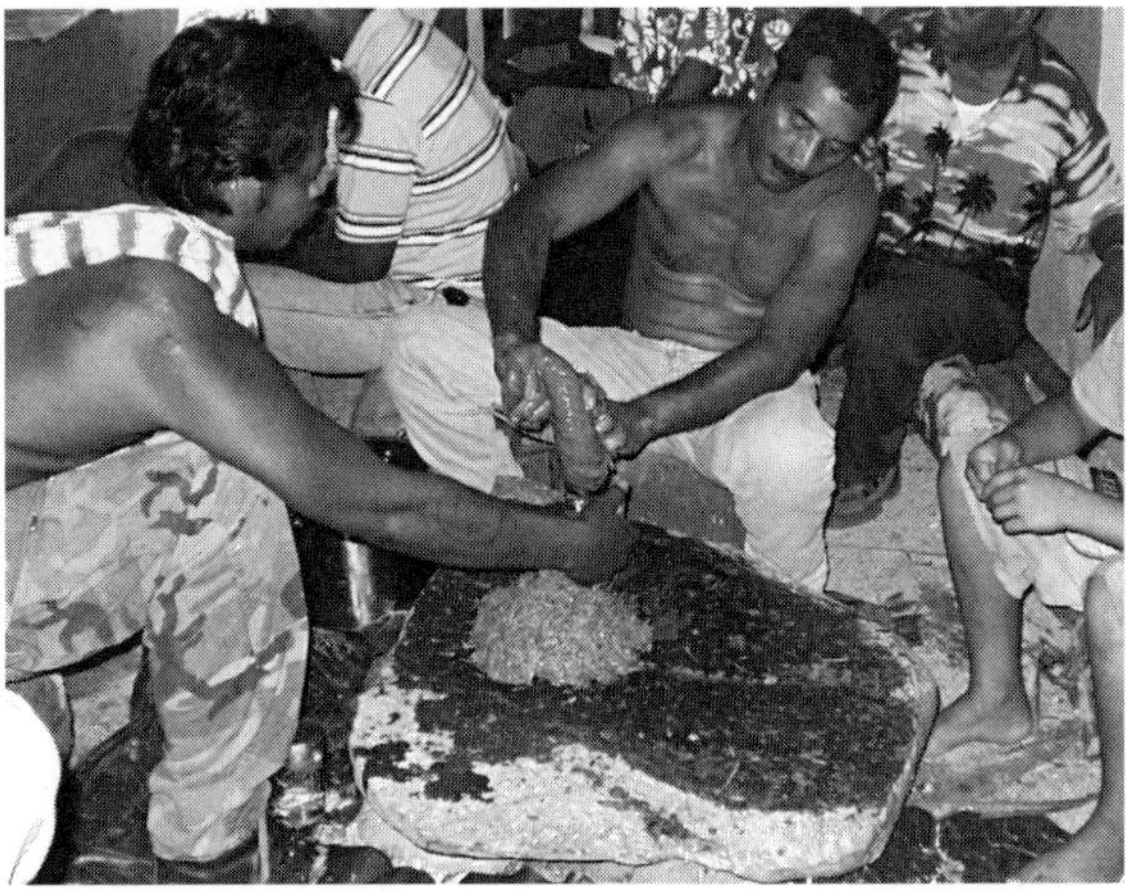
写真3　シャカウを用意する男たち（ポーンペイ、2005年）［小野林太郎撮影］

りせず、歯のない老人は小型の臼と杵で砕き、味わう。近代化が進むなかにあってはこの習慣の評判はあまり良くなく、都市部では愛好者が減少しだしている。

しかし今日でもヤップでは、特に儀礼祭宴時に主催者が客の接待用として必ず用意をする。この地域では、ヤップ島のビンロウジやキンマの葉がともにおいしいとの評判が高く、格好の土産品であり、重要な輸出品でもある。

一方、カヴァ［*kava*］はコショウ科の木の根をしぼった麻酔性の飲料で、このカヴァ飲用はオセアニア地域に広く分布し、ミクロネシアでは、現在ではカロリン諸島のポーンペイで、またかつてはコスラエでも飲まれていた。

カヴァはコショウ科草本性潅木（*Piper methysticum*）の一般名称であり、飲料名として知られる。主にカヴァの根を砕き、しぼり出した汁を嗜好飲料として宗教や伝統的行事、儀礼の際や、薬、享楽としてなど、さまざまな状況のもとで集団で飲むが、特にフィジー諸島と西ポリネシア地域、そしてミクロネシアでは社会制度と関連し、飲用自体にも儀礼的意味づけがなされている。ミクロネシアのポーンペイではシャカウやシャカオと呼ばれ、ポリネシアのトンガではカヴァ、サモアではアヴァ、フィジーではヤンゴナなどと呼ばれる。飲用の起源地は、おそらくバヌアツだったことが最近の研究でわかってきている。

カヴァ（トンガ語で苦いの意味）の木は高さ2・5〜3メートルになり、常緑で茎には節があり、葉はハート形をしている。挿し木で栽培し、4年前後で利用できるようになる。

カヴァの作り方は、ポーンペイでは生の根を適当な大きさに切り、泥をざっと落とし、そして石盤の上で石で叩きつぶし、水を加えて、オオハマボウの樹皮繊維でヤシ殻の杯にしぼり出して作る。3、4人の男性がつく石の音は独特のリズムを奏でる。できあがりは淡黄色の泥水のようで、飲むと土臭いうえに渋く、舌や唇がしびれてくる。

アルコール分はないが、麻薬的陶酔感と特有の酔い心地がある。一般には不安を鎮め、疲れをとるとされるが、多量に飲むとめまいがし、手足がとられ、口数が減り、ついには眠りこけてしまう。これはカヴァに含まれるアルカロイド、ピロン誘導体（メチスチシンやカヴァインなど）の鎮静作用による。

カヴァは儀礼祭宴時に集会場で作られ、作り方、飲み方、飲む順番などに作法があり、首長たちの社会的序列がカヴァ給仕の順序によって明確になり、さらに確認されるのである。ここでのカヴァは、儀式に欠かせない重要な役割を果たす。一方、最近では家庭のほか、喫茶店やバーのような商売や娯楽の場でも飲む。

（小林繁樹）

23

手工芸品

★木彫工芸、装身具、織物、編み物★

伝統的な木彫工芸はパラオが有名である。そしてその粋は集会所バイに凝縮されている。柱、梁、破風などに多様多彩な彫刻と彩色がほどこされており、なかでも建物正面にあたる破風部分は、全面にサメ、ウナギ、魚、毛虫や日月、人や舟などが描かれ、白、赤、黒、黄色などで彩色されている。そして中央部には股を左右に大きく広げた女性像がある。これは、かつては木彫であったが日本統治時代にはずされ、現存するバイでは描かれているだけである（写真1）。

ほかに知られている木彫造形としては、パラオの象嵌細工、モートロックのニヒルな印象を与える仮面、チュークの舞踏用の棒やポーンペイの舞踏用櫂などがある。マリアナやポーンペイなどに巨石建造物が見られるが（第41章）、パラオの人面石以外は目立った石の彫刻物は知られていない。

そして今日、観光用民芸品としては、パラオのストーリーボード、チュークの仮面、ポーンペイのイルカやサメの木彫などがあり、ほかにも模型のカヌー、貝の首飾り、パンダナスで編んだバスケットやうちわなどがある。

このうち、パラオのストーリーボードと呼ばれる、堅い木にパラオの歴史や伝説を浮き彫りにした木彫は、一人の日本人芸術家に由来する。１９２９年にパラオに渡った、彫刻家であり詩人でもあった土方久功《ひじかたひさかつ》は、バイに描かれた物語を一枚の板に彫刻することを現地の人びとに教えた（第50章）。それが今日にまで継承されてきているのである。一方、ポーンペイの精巧な造りの木彫は、赤道に近い南の島カピンガマランギからポーンペイ本島に移住してきた人びとの手になる。そのリアルな表現は見事である。

木彫工芸品が多少物足りないミクロネシアにあって、伝統的な装身具や織物類は造形的に美しく造りも精緻であり、また色彩も鮮やかで立派である。

頭部には、男女とも花や植物などを飾り、鉢巻き状の花輪とし、あるいは玉などをつけた頭飾りをつけた。花飾りは、今も祭典や舞踊時にはこぞってつける。

写真１　多様な文様が描かれている集会所バイの正面部分（パラオ、1983年）

男性が髪に挿す櫛は社会的にも意味を持つものであった。現在、男性は一般に髪を短くしていて、帽子をかぶる以外は何もつけない。しかしかつては長髪で、髷《まげ》を結ったうえに櫛を挿したり、巻きつけて櫛でとめていた。櫛は縦に長い縦櫛で木製が多いが、タケやべっ甲も用いた。チュークの櫛は見事な造りで、長さが30センチメートルもあり、鳥の羽やウミギクガイのビーズがつくものもあっ

写真2　櫛を挿し、耳飾りをつけたチュークの男性（1915年）［出所：印東道子編『東京大学総合研究博物館所蔵ミクロネシア古写真資料カタログ』1999年］

た。第2次世界大戦以前、男系の階級社会を強く保っていたヤップでは、櫛を挿すことが成人として、また自由民としての証であった。櫛はマングローブの気根を扁平な竹串状に削り、それを十数本並べて別の木串で挿しとめて作る。立派な櫛は持ち手の部分となる軸を中心にして、飾りの部分と櫛の歯の部分がともにイチョウの葉状に扇形に広がる。長さ40センチメートルを超す大きい櫛も珍しくないという。しかし普段、特に青年はこうした大きな櫛は挿さず、短く、また糸で櫛の歯を編みとめた櫛を使っていた。こうした扇形の櫛は、かつてパラオからチュークにかけて分布していたらしい（写真2）。

女性は、多くが髪を中央から分けて後ろに垂らしていたり、端を折り曲げて結ったりしており、飾り櫛は使用していなかった。現在では、プラスチック製の歯の粗い梳櫛《すきぐし》をよく使っていて、長い髪はこれで簡単にとめている。

耳には、男女とも、よく穴をあけてピアスをする。ココヤシの実の殻製のビーズに貝やべっ甲をつけた耳飾りが多く、特にチュークでは大きな耳飾りをつけた。サイパンやパラオ、ヤップでは鼻飾りもあったようだ。また、パラオでは成人女性が、ヤップでは既婚女性が歯を黒く染め、マリアナ諸島

写真３　舞踏用に着飾った少女たち（ヤップ、1983年）

でも染めていたらしい。
　首飾りとしては、ココナツの殻製のビーズやウミギクガイの赤いビーズを連ねた首飾りが多い。パラオでは、特に上流階級に属する女性が、今も儀礼時に、家系に伝わるウドウドと呼ぶガラスやセラミック製の珠を通した首飾りをつける。ヤップでは位の高い男性が、これも今でも儀礼時には、ガウと呼ぶウミギクガイのビーズにマッコウクジラの歯をつけた首飾りをつける。ヤップの成人女性は、マファウと呼ぶオオハマボウの繊維を黒く染めて4カ所ほど縛っただけの、長さ1メートルほどの紐を首にかけ、胸と背中に垂らしていた。これは首飾りというよりも、パラオの女性の帯と同じく成人女性の印であった。
　腕輪は、イモガイやべっ甲などを材料にして、主に手首につける。珍しい例として、パラオの男性はジュゴンの第一椎骨の腕輪を珍重した。これは腕輪にするにはサイズが小さいので、人の助けを借りて無理をしながら手を通したようだ（第24章写真1）。また足首にも飾りをつける。今でも踊りのときなどには、手首、足首にヤシの若葉やオオハマボウの繊維をきれいに縛りつける。植物だけとはいえ、舞踏に合わせて飾りは動き、色彩は爽やかで香しく、出る音は涼しげで歯切れがよく、全体的に華々しい印象を与える(写真3)。

手工芸品のうち織物は、かつてカロリン諸島各地で織られていたが、文字どおり舶来で安価な綿布が流通するにつれ、1900年代までにはマリアナ諸島、パラオ、ヤップではすたれ、ポーンペイでは1920年代ですでに失われつつあるといった状態に至った。今なお織り続けているのは中央カロリン諸島である。

機織りは成人女性の仕事で、材料としてバナナとオオハマボウの繊維を使うが、綿糸でも織る。織機は後帯機(地機)を使い、布の長さはいずれも2メートル以内である。ポーンペイやコスラエでは帯やフンドシ、飾り紐にする幅の狭い布を織り、中央カロリンでは30~60センチメートルほどの幅の広い布を織る。そしてさまざまな文様を織り上げる。特にコスラエでは精巧な文様が織られた。そのためコスラエの整経台には、文様に応じて色が異なる経糸《たていと》を正確に合わせるためのゲージまで用意されていた。

なお、中央カロリンで今も盛んに織物が織られているのは、それが単に衣服に使用されるからだけではない。第24章でも触れているように、腰布は女性の労働の成果で、地域社会での貴重品となっていて、さまざまな機会に使用されているからである。

編み物としては、パンダナスやオオハマボウの繊維を材料に、バスケットやうちわ、マットなどをよく編む。なかでもマーシャル諸島が盛んで、伝統的に男女ともに編み物製の腰巻きをつけていた。

(小林繁樹)

24

衣文化

★腰蓑《こしみの》、腰巻き、フンドシ★

今日では、おおむね誰もが洋服を着ている。日常生活の場では男性は下着にトランクスやブリーフをつけ、ショートパンツかパンツ（ズボン）をはき、Tシャツを着、ビーチサンダル（ゴムぞうり）といった姿が多い。女性はショーツにスカートをはき、特に若い世代はブラジャーをつけ、シャツやブラウスを着たり、ラフなワンピースを着、ビーチサンダルをはくことが多い。子どもはもっとラフになるし、裸足も多く見かける。日本の感覚からすると、夏の海水浴場周辺の雰囲気といったところだろうか。洋服は外来の衣服であり、17～19世紀にかけてのキリスト教の布教活動の影響が大きい。

ミクロネシアの、もともとの衣服は腰蓑《こしみの》、腰巻き、フンドシであった。今なお、カロリン諸島の島じまでは、男性はフンドシ、女性は腰巻き姿で暮らしている。ヤップの空港や中心地コロニアでは、ウルシーをはじめ、遠くは中央カロリン諸島からやって来た、フンドシや腰巻きだけの、いわば半裸体の男女が普段どおりの暮らしのなかで行き来している。洋装に変わってしまったところでも、祭りや儀式のときには誇りを持って伝統的な衣服を着用する。

写真1　フンドシ姿で並んだパラオの首長たち（1927年）。左端の男性はジュゴンの骨製腕輪をしている［出所：印東編『東京大学総合研究博物館所蔵ミクロネシア古写真資料カタログ』1999年］

衣服は、はじめはごく簡単に陰部を隠すだけのものが、徐々に垂れ緒が長くなり、また腰回りに及んで腰蓑や腰巻きとなり、あるいは活動しやすいように垂れ緒を前方から両股の間を通してとめて、フンドシとなったのではないかとされている。フンドシは垂れ緒の代わりに樹皮布を用いたり、繊維を編んだり織った布に変わり、綿布へ引き継がれていく。１９００年代前半の日本による委任統治時代には、フンドシは男性専用の衣服となっていた（写真1）。パラオではパンノキなどの樹皮布を用いてきたが、綿布が普及してからは、長さ1・5メートル、幅20センチメートル内外の帯を4、5センチメートル幅にたたんで腰に巻き、背後で結んで、その一端を股間を通して前に出し、陰部を包んで内側から帯に通し、少し広げて前に垂らした。１９１５年当時の写真を見ると、男性はほぼ全員がフンドシ姿で、裸足である。

ほぼ同時期、多くが離島のウルシーあたりからもたらされる、バナナなどを素材にした織布バギィをヤップでは用いていたようだ。スーと呼ばれるフンドシは、長さ1・5メートル、幅30センチメートル余りの織布で、よく赤色や黄色に染めてある。13歳までの男子は赤色のフンドシを1枚だけ身につけ、19歳まではその上に青色のフンドシを重ね、35歳までの者はそれに日陰干しして白くさせたオオハマボウの繊維ガールを重ねる。老人は黄色の織布に赤色に染めたガールを使う。しかし１９３５年頃には日本製綿布が出回り、フンドシには綿布が使われ、今日に至っている。現在では、フンドシは青年に至るまでに年かさに応じて1枚から3枚ほど重ねる。赤、白、青の色が好まれている。成人すると、1枚のフンドシの上に折りたたんだバギィを腰帯として巻き、前で飾り結びをする。そしてガールをつける。ガールは股の間を大きく通して、前は垂れ下がり、後ろは大きく輪の形をとって固定される。新しく多めのガールを身につけると、見事で立派である。特に立ち姿の舞踏時にはシフと呼ぶ、主に若いココヤシの葉で作った、さがりのような腰蓑状のスカートをバギィの上に巻きつける。

中央カロリン諸島でも男性はフンドシであるが、マーシャル諸島では、男性は体の前後だけに垂れ緒があるパンダナス製の腰蓑で、儀礼時には首長が上等な編物をフンドシ状にして使っていたらしい。ポーンペイでは男女とも、垂れ緒が腰の周りを取り囲むオオハマボウ製などの腰蓑を巻きつけていたようだ。

パラオやヤップでは、腰蓑は女性の衣服に限られている。パラオの腰蓑はマーシャル諸島と同じく前後2枚からなり、前の腰蓑を先にとめ、後ろの腰蓑を後からとめる。1915年当時の写真では、腰蓑の垂れ緒の長さは膝下あたりまでで、すねはまる見えであり、前の腰蓑は小さい房を並べて縫い合わせてあって、美しい造りとなっている（写真2右）。

ヤップの腰蓑オンは、ポーンペイのように垂れ緒が腰の周りを取り囲むもので、成人女性は垂れ緒の長さが異なる3枚を、短いものから順番に、前から回して背後で結びとめる。オンは足首に届くほど長く、またかさばっている。ヤップではその社会制度の複雑さから、女性はいくつもの腰蓑を用意しなければならなかった。日常の暮らしでは、ビンロウヤシやココヤシ、バナナの葉で作った、枯れていない緑色の腰蓑を身につけた。作業用には、枯れたバナナの葉で作った褐色の腰蓑を使った。し

写真2 右 パラオの腰蓑をつけた女性たち（1915年）。右側の女性はウドウド（121頁）を首につけている［出所：印東編『東京大学総合研究博物館所蔵ミクロネシア古写真資料カタログ』1999年］
同左 色鮮やかな舞踏用の腰蓑姿の女性（ヤップ、1983年）

かも老人用のタロイモ田に入るときや、夫用の田、女性や子どもたち用の田に入るときは、それぞれ専用の腰蓑に替えた。そして舞踊用には、白さが目立つオオハマボウの繊維で、外側には赤、黄、紺などに染めた部分を配色した、あでやかな腰蓑を用意した（写真2左）。この腰蓑作りには2週間ほどかかる。

マーシャル諸島の女性は編み物でできた腰巻きイルを使っていた。パンダナスやオオハマボウの、幅0・5〜2、3ミリメートルほどの繊維を編んだ編み物を2枚、前を先に腰に巻き、2枚目を後ろから前に持ってきて、帯でとめたものであった。ギルバート諸島では、女性は腰蓑、男性は編み物であった。

ところで、ミクロネシアではカロリン諸島にかつて機織り技術があり、中央カロリン諸島では、今なお織物が織り続けられている。ここでは綿布が入るまでは男性はフンドシに使い、女性は今も腰巻きに使っている。たとえばエラート環礁では、幼女は、歩き始めるとシダ科植物で作った腰蓑シッフで陰部だけを覆う。5、6歳になるとこれを前後につけ、10歳を過ぎる頃、腰全体を包むヨンゴヨンという腰蓑になる。そして月経を迎えて成人と認められたときに、初めて腰布トエルをまとう。トエルは長さ1・6メートル、幅50センチメートルほどで、バナナとオオハマボウの繊維で織るが、現在では綿糸からでも織る。後ろから前に回し、左腰のところで折って長さを調節して、両端のふさが中央に来るようにする。そしてべっ甲と貝をビーズのように加工して作った帯を巻き、前側の腰布をそれにはさみこむ。したがって背中側の腰布は帯でとめられず、腰布と帯は別々のようになる。

腰布は成人女性だけが後帯機で織り、さまざまな文様を織り上げる。完成に3日から1週間ほどかかる、女性による労働の成果で、腰巻きのほか、この地域社会の重要で貴重な品物となっている。死者の埋葬や航海時の必携品として、また罪の償いとしてや、知識の伝授や病気治療の謝礼にも使われる。さらに島嶼間の交易では重要な交換品で（第47章）、ヤップの男性用の織布バギィは、こうしてはるか彼方からもたらされる貴重品なのである。

ミクロネシアでは、一般に上半身には衣服をつけなかったが、ソンソル（現ソンソロール）やポーンペイでは女性が、チュークではむしろ男性が、貫頭衣《かんとうい》風の衣服を使っていたことがあったようだ。

また、腰巻きや腰蓑などをとめるために、装飾をほどこした帯が男女を問わずよく使われるが、なかでもパラオの女性の帯は特徴的である。腰蓑をとめるのとはまったく関わりなく、成人の証としてへそのすぐ上で飾り帯を締めるのである。

（小林繁樹）

25

家・集会所・カヌーハウス

★人びとが集まった公共施設★

近代化が進むなか、家屋の有様も変貌していく。地域の中心地では官公庁や病院、学校、教会、商店、港湾施設といった都市的機能を持つ施設が、コンクリートや鉄材、製材、ガラス製品などで建築されていき、固有の民族家屋もそれらにならって、まずは材料から、次第に構造や配置、家屋内の使い方までもが変化していく。基礎や床をコンクリート製にし、あるいは高床にし、角材とベニヤ板で柱と壁を築き、トタン板で屋根を覆う。コンクリートブロック壁の家も増えてきている。道路が整備され、電気が通ってテレビが導入されると夜も遅くなり、家族が一緒に過ごす時間も長くなるなど、暮らし方も変化する。独自の文化に支えられた大型公共施設は、今日ほとんどが朽ち果て、あるいは近代的材料に置き換わってしまっている。最近では、伝統的な材料だけで建築されている家屋を探すのはむしろ困難になってきている。

しかしこの章では、今から200～300年前に西欧社会に知られ出した頃の家屋から、近代化の影響を取り除いた、いわば伝統的な姿を扱うことにしたい。

ミクロネシアの家屋は自然環境や生産様式、社会的事情など

写真1　男子集会所ファルー（ヤップ、1983年）

を反映して多様である。集落形態を見れば、たとえば火山島であるパラオのバベルダオブ島では、村は海岸から川にそった小高い丘にかけてあり、丘の上に村落会議用の集会所バイが2、3棟建てられていた。そこから海岸に延びる石畳の道の両側に住宅ブライが墓所とともに複数の地区に分かれて、大きい集落では100〜150戸ほど建ち並ぶ。海岸部には主食となるタロイモ田が作られ、ココヤシが栽培される。漁労活動の場となる海へ続く海岸には、波止場と男性年齢集団が起居する男子集会所バイが二分組織原理にしたがって二つずつ、それに戦闘用カヌーを収納する大型の舟屋も建てられていた。

同じ火山島であるヤップ島の村ビナウも、天然資源が有効に利用できるように海岸から内陸部がその領域として確保されていた。そして海岸部には漁労活動を支える男子集会所ファルーが、基本的には二つ以上ある地区ごとに建てられ、海岸線近くに続く道にそって複数の住宅タフナッグが娘用の小屋や炊事小屋タアン、

写真2　集会所ペバイの屋根のふき替え作業（ヤップ、1983年）

舟小屋スパルなどとともに建てられていた。また、集落には一つ以上の集会所ペバイと舞踏場マラルが築かれ、ココヤシが栽培される。集落周辺の湿地にはタロイモ田が作られ、山腹部にはヤムイモ畑が広がり、有用樹が植えられ、村はずれに女性だけが使用する月経小屋ダパルがあった。

一方、サンゴ島の場合、たとえば海抜3メートルほどしかない砂地質の島である中央カロリン諸島のプルスク島では、集落は波が穏やかで、通行や漁労活動が容易な西海岸にそって帯状に形成されている。砂浜から50メートルほど入ったココヤシ林のなかの海岸寄りには、原則的に11の母系出自集団ごとに、それぞれ主に男性が使うカヌーハウス（カヌー小屋）ウトが建つ。そして内陸寄りに、複数の住居イムが共同の炊事小屋モロハウをコの字形にとり囲むように建ち並ぶ。島の内陸には淡水湖があり、その周辺や各地にある湿地にはタロイモ田が作られ、パンノキなどの生える森が広がる。そして月経小屋兼産屋があった。

家屋のなかでまず目を引くものは、集会所や男子集会所、カヌーハウス（カヌー小屋）である。これら公共施設は海岸や集落のなか、あるいは丘の上に堂々と建つ。ここで戦争や政治、首長の葬儀や集会所の落成時などに行われる儀礼的交換や宗教儀礼、来客の接待、公共施設の建築や修理、改築計画、

写真3　ファルーのなかでくつろぐ男性たち（ヤップ、1983年）

殺人や傷害事件の解決といった多種の重要案件が検討され、決定され、実施に移される。母系原理が優越するミクロネシアにあって、男子集会所やカヌーハウスは概して男性中心の施設となっているが、特にヤップは父系社会なので、男子集会所ファルーへ女性が入ることはできない。一方、小島に多いウトとかウートと呼ばれるカヌーハウスはより多様に機能している。カヌー収納や建造の場、漁労活動の基地となるほか、未婚男性の寝所、男性の作業場であり、また団らんと休息の場、来客の接待や宿泊、病人の看護も行われる。そして男女が同席する祭りや舞踏会も開かれ、女性が独占的に使用することもある。

民族文化の知識体系である世界観との関連で見れば、たとえばチュークでは世界観が人体の隠喩と形象という経験世界との相互作用において存在しているので、家屋は対座している二人からなる人体として、さらには箱という四角形とその中心という形象で理解されている。

また、家屋に関する考え方で独特な例としてはヤップのものが挙げられる。ヤップでは性と年齢の区分が厳しく、住宅内も浄タボグルと不浄トオール（タアイ）の部分に分けられ、それが付属家屋の配置や田畑の方向にまで及んでいる。したがって、たとえば男性老人は家の定まった居住部分で暮らし、特定の田畑で収穫され、特定の炊事小屋で特定の人、普通は老妻によって調理された食べ物を食べることになる。男性上位の社会ではあるが、この規制は自らにも厳しく、男性は自炊する手間を省かないし、また祭宴で分配される多量の食べ物は、誰が調理したのか不明なので食べることができなく、すべて家族やほかの人に分配されることになる。

ミクロネシアの家屋は建築的に見ても一様ではない。一般に住宅と炊事屋といった付属屋が別々に建てられる分棟型であり、高床式が多い簡素な造りの付属屋は別にして、床の造りで見ると概して土間形式である。しかしパラオは石や木材で基礎を築き、その上に土台を渡して床を張る高床式であり、ヤップでは石積みの基壇をもうけ、その上に床を張る。床の平面形は方形が多いが、ヤップでは六角形、チュークでは八角形となる。屋根は切妻か入母屋で、パラオは合掌構造、ヤップやポーンペイでは中柱構造、チュークでは真束《しんづか》構造といった具合である。なかでも特筆すべきはパラオのバイ、ヤップのペバイやファルー、キリバスのマネアバといった公共施設の壮大さである。これらは驚くほど大規模な建造物で、加えて彩色された絵や精緻な彫刻がほどこされていたり、ヤシ縄で固定した部分が美しく装飾されているなど、見事な造りで人を圧倒する。

（小林繁樹）

26

歌と踊り

★伝統の創造と継承★

広大な太平洋に点在するミクロネシアの島じまの音楽文化は、各島の地理的な位置関係や相互交流、諸外国との接触や植民地統治の影響などもあって、類似性を示しつつもそれぞれローカルな特徴を備えている。地域全体をとおして、伝統的な音楽や踊りの中心は歌である。21世紀初頭まで用いられている楽器類として、ホラガイ（吹奏）、踊りの伴奏用の砂時計形太鼓や空き缶（打奏、いずれもマーシャル）があるが、かつてパラオ、ヤップなどに存在した笛などの伝承は断絶している。この点で、大編成の打楽器合奏を行うソサエティ諸島（ポリネシア）や多様な楽器を持つパプアニューギニア（メラネシア）などとは異なる。ただし、踊りにしばしば身体打奏（ボディ・パーカッション）を伴う点では、サモア（ポリネシア）などと共通する。

歌の内容は、歴史・政治に関わるものから日常生活（特に恋愛）に関わるものまで、多岐にわたる。伝統的な歌には各歌個別の旋律がなく、創作者ないし歌い手は3～5音からなる旋律型に歌詞をあてはめて歌唱し、聞き手は詞やその節回しによって歌や歌唱力を評価する。従来の社会や風習に密着している伝統的な歌は、多くの島じまで継承の危機に直面し、新たな摸索も始まっている。パラオでは、伝統的な歌を文化イベントで競演し、マーシャルではNPO法人が若い世代への継承を促している。

諸外国による植民地統治支配が始まった19世紀半ばには、西洋の賛美歌や民俗音楽、また日本統治時代には日本の唱歌や流行歌が広まった。ナウルやアンガウルの燐鉱石採掘所、コロールの木工徒弟養成所などでは、ミクロネシア人同士が交流した。そして、日本の流行歌の替え歌やその旋律の一部を借用したり、日本語を取り入れたりした歌の創作が行われ、地域全体に普及した。日本語混じりの歌は、ヤップでは「テンプラウタ」と総称され娯楽的とされるが、パラオでは伝統文化の一部と見なされている。

写真1　ヤップの女性座踊り（ヤップ、2011年）

踊りの多くは、1〜2列横隊の数人〜数十人の踊り手たちが、短い旋律型の繰り返しからなる歌をうたいながら同一の動作で踊ることを基本とし、棒、木片、板、櫂などを伴う踊りもある。動きの早いものでは歌唱専業者を配置する場合もあるが、古い語や言い回しが多く含まれて意味を理解できないものもある。中央〜西カロリンに分布する棒踊りの歌詞は、他島起源とされる。伝統的な踊りでは、性別ごとにジャンルが決まっているものも多く（写真1）、男女混合で踊るものでも動作はジェンダーによって規定される。

写真2　教会でのクリスマスの踊り（マーシャル、2005年）

1920年代までに東カロリンから西カロリン、マリアナ諸島へと広がった行進踊りは、諸外国の踊りや動作を取り入れ、新しい様式の歌と組み合わせたもので、開始部分などに「レフト、ライト」などの掛け声と行進の動作が入る。現在に至るまでに、各島の美意識などを反映し、多様な展開を見せている。

伝統的な踊りは、元来、共同体の政治・社会・宗教的脈絡のもとで演じられてきたが、21世紀初頭には国家や州の文化振興・観光事業、学校やキリスト教会の行事などさまざまな場で披露されている（写真2）。とりわけ、1972年から4年に一度開催されている太平洋芸術祭には、ミクロネシアのグループも参加し、踊りや歌をはじめとする文化交流をしている（写真3）。

一方、若者を中心に人びとの日常的な娯楽となっているのが、「汎ミクロネシアポップス」とも呼べる歌中心の音楽である。これは、土着化した賛美歌、日本の流行歌、ハワイアン音楽、ロック、レゲエ、ヒップホップなどのリズムや音色などを取り入れつつ1960年代頃から徐々に発展したもので、後拍にやや重みのあるビート感や重低音指向に特徴がある。伴奏楽器としては、ウク

写真３　グアムの踊り（太平洋芸術祭　ソロモン諸島開催、2012年）

レレ、アコースティック・ギター、エレキ・ギター、ドラムセット、キーボード、シンセサイザーが用いられる。
これらは、ライヴ演奏やラジオ放送のほか、市販ないし手製のカセットテープ、コンパクトディスク（ＣＤ）などで流布している。レストランやホテルと契約する演奏家もいるが、専業での生計は難しく、グループの解散やメンバーの入れ替わりも激しい。１９９０年代には公用語・英語による歌の創作も活発になり、２０００年頃からポーンペイやチュークなどでは、複数の現地語による歌を合わせて収録したカセットやＣＤも流布している。このように、ミクロネシアの人びとは限られた楽器を用いながらも、島じまと周辺地域との音楽的要素を混ぜ合わせながらヴァリエーション豊かな歌や踊りを生み出してきている。

（小西潤子）

Ⅳ

現代社会

27

独立国家への道

★ミクロネシアの独立とは★

太平洋戦争後、ミクロネシアの人びとも多くの関係者も、ミクロネシアは日本統治時代の政治行政区画を継承し、一つの国家として独立を迎えるであろうと予測した。しかし今、この地はアメリカのコモンウェルスとして属領化された北マリアナ諸島自治領、チューク、ヤップ、ポーンペイ、コスラエからなるミクロネシア連邦、マーシャル諸島共和国、パラオ共和国の四つの政治単位から構成されている。これは、この地域を軍事・戦略的有用性という視点から利用したアメリカの分断政策の結果であることは、多くの関係者の認めるところである。はたしてそれは、国連憲章の目的とする信託統治の理念であったろうか。遺憾ながら国連憲章には、信託統治の理想と統治国（この場合、アメリカ）の利害保証（第13章）という矛盾的規定が並立している。それがミクロネシアの分裂という結果を導いた遠因であるといわねばならない。

ミクロネシアの独立に関しては、二つの論点がある。一つは、なぜここに四つの政治単位が生じたかである。もう一つは、自由連合とは、独立なのか否かという論点である。

最初の論点は、独立の経緯から考察する必要がある。当初、

第27章

独立国家への道

ミクロネシア最初の国会議場（ミクロネシア連邦・ポーンペイ、1982年）

ミクロネシアは一つの国家として成立することが前提であった。ミクロネシアが初めて独自の公的制度を創出したのは、1965年の上下二院からなるミクロネシア議会発足である。それは、ミクロネシアにとって希望にあふれた民族意識高揚のときであった。それ以前には、マリアナ、トラック、ヤップ、パラオ、ポーンペイ、マーシャルの各地にアメリカの行政組織が置かれ、アメリカの高等弁務官が行政の最高責任者として任命されていた。

ミクロネシアの「将来の政治的地位」に関する公的な交渉が始まったのは70年からである。当初ミクロネシア側では、アメリカとの自由連合を結成するにせよ、ミクロネシア側が主権を確保し、アメリカ以外の国家とも自由な外交交渉が可能である政体を要求した。これに対し、アメリカは、主権を伴わない自治領の制定を提案した。その内容はおおむね現在の北マリアナ諸島自治領の政体に該当する。

政治的亀裂はミクロネシア住民の側から発生した。コンパクト・グラント（第28章）の配分をめぐる確執が主たる原因である。トラック、ヤップ、ポナペの軍事的利用度は、核艦船の寄港地を予定されているパラオ、核実験場とミサイル迎撃基地のあるマーシャル、軍事基地グアムに近接する北マリアナに比して低い。したがって、マーシャル(1986年自由連合)とパラオ(94年自由連合)は、独自の国家形成を行うことにより、より有利なコンパクト・グラントの配分を確保する道を選んだ。北マリアナはコモンウェルス(86年)となることにより、アメリカの直接保護と市民権獲得の道を選んだ。ミクロネシア連邦は、ヤップ、トラック、ポナペ、コスラエを糾合《きゅうごう》して86年、自由連合国となった。この場合の自由連合は、軍事権と軍事に関わる外交権をアメリカに委ね、他の権限はそれぞれのミクロネシア側が保持することとした。かくてミクロネシアの四つの政治単位の成立は、アメリカの分断政策の結果ともいえるが、基本的には、この地の弱体な経済問題に起因すると判断される。

さらに、ミクロネシアの人びとの価値観にも触れておかねばならない。ミクロネシアの統一を強く呼びかけてきたのは、その中部に位置するトラック、ポナペの住民であった。この両島は、地理的にも近接し親近感を共有する。しかし、パラオ、マリアナ、マーシャルの島じまはそれぞれはるかな遠距離に位置し、文化的にも近縁性が少なく、「ミクロネシア人」という民族的共感に薄い。やや深刻な利害の対立があれば、容易に分離する要因を当初からはらんでいたといえるであろう。アメリカが鋭く衝《つ》いたのは、ミクロネシア世界のこの弱点であった。

次の論点は、はたしてミクロネシアの自由連合は独立国家の成立と認識しえるか否かという点である。これは、国家の独立とは何か、という概念から判断されねばならない。17世紀、H・グロチウスの国際法提示以来、国家とは当該政治単位において、対内的最終意思決定権および対外的意思表明権を有することを条件としてきた。具体的事項として換言するならば、それは、最高裁判権(国内)および外交権(国際)を指す。ミクロネシアの場合、内政に関しては完全自治を実現しているので問題はない。しかし、軍事権、外交権の一部を保有しないことは、独立国家の条件としては議論を伴うところである。おそらく、古典的国家論の解釈からするならば、独立とは見なされないであろう。しかしながら、北マリアナを除き、ミクロネシア諸国は、多くの外国と条約締結など外交交渉を持ち、90年代には、それぞれ国際社会最大の権威的組織である国際連合の加盟国となった。このような事情からするならば、独立概念については、現代国際社会の実際に応じ、現実的な解釈をほどこさねばならないかもしれない。つまり、ミクロネシア諸国を独立国家と見なさないことのほうが非現実的というべきであろう。以上は、云うまでもなく、法・政治的独立論の展開であって、経済・財政的な側面からする独立論を含むものではない。

現代世界には、ニュージーランドとクック諸島およびニウエなど、ほかにも自由連合国が存在する。これらとも比較しつつ、国際的認識という視点から自由連合の独立性を考察する必要がある。また、それぞれの国家的主権を抑制することによって成立したEU（ヨーロッパ連合）のような事例がある。現代世界においては、従来になく相互依存性が強まっていることは誰もが知るところである。したがって、これらを参照事例としつつ、現代世界における独立とは何かという理解を確定するほかない。

（高橋康昌）

※トラックとポナペは独立以後チューク、ポーンペイと呼称を変更したため、それ以前はトラック、ポナペ、以後はチューク、ポーンペイと記述した。なおパラオの場合、米国表記は Palau, 現地表記は Belau のため、パラオ、ベラウの両表記が一般的に使用されている。

28

自立と経済

★島嶼国が抱える困難な課題★

自立とは何か、という論題はミクロネシアに限らずオセアニア問題に関わるすべての人たちの間で長く論じられてきた難問の一つである。法的には独立国家であっても、その経済・財政的内容がきわめて貧困であり、他国の援助なしでは独立を維持しえない国家がこの地域には少なからず存在するからである。もとより、極論をいえば現代世界において多少なりとも他国に依存しない国家はありえない。したがって、自立とは先進国から無償援助を受け取っている国家が、その援助を受け取らずに経済生活を営むことができる段階、という程度の概念で理解しておくほかない。

ミクロネシア諸国の経済自立という、地域国際社会の課題が浮上したのは、決して新しいことではない。むしろ、この地域の政治的独立の主張が進行した70年代以来、常に大きな課題とされてきた。そして、ミクロネシアにとっての経済的自立は、はるかに遠い未来的課題であることを指摘しておこう。

ミクロネシア（元国連信託統治地域）においては、経済的独立という課題はまったく解決されないまま、政治的独立だけが先行することとなった。この問題は、ミクロネシア諸国の特殊な事情ではなく、実はオセアニア島嶼国では、今なお全体に共通する困難な課題として立ちはだかっている。

ミクロネシアにはサンゴ礁島が多く、土地生産力はきわめて低い。この地では、熱帯果樹およびヤムイモ、タロイモ、キャッサバなど根茎芋類が主要な生産物であり（第6章）、これらは日常生活用食物として消費され、通商的商品価値は低い。しかしながら、この地の住民の衣食住にわたる日常生活物資の大半は先進諸国からの輸入商品である。この落差がミクロネシアの矛盾の原点である。

ミクロネシアの経済実態は、比類なく複雑である。ミクロネシア地域では、アメリカとの自由連合協定によって巨額の財政援助金が供与されているため、かえってこれに依拠し、経済自立への指向性が低減するというパラドックスを生じている。ミクロネシアにおいては、第2次世界大戦終了後、アメリカの信託統治下において、自らの生産力をはるかに超える巨額の経済援助を受け続けてきたため、見るべき産業を形成することはなかった。1980年代後半～90年代はじめにかけて、ミクロネシアの島じまは次々に政治的には独立したが、なお、アメリカとの自由連合関係（実際には軍事基地の提供）を結び、その経済的保護下に身を置いた。経済的保護という意味は、軍事基地提供の対価としてのコンパクト・グラント（自由連合協定援助金）の受け取りを指す。

ミクロネシア連邦とマーシャル諸島の場合、この援助金は、GDPの約40％、政府予算の約50％を占めている。パラオに関しては、GDPの2倍、政府予算の4倍という驚くべき数値となっている。

本来、コンパクト・グラントは、単に財政補強策というにとどまらず、1986年に始まる自由連合条約期間に、これらの支援によって財政の自立とそれによる地場産業の活性化、経済自立を目当てとしたものであった。しかしながら、それらのほとんどは失敗に終わった。原因はさまざまに論じることができよう。アメリカは、過大な援助を行うことにより、自立的経済の形成を積極的に妨げてきたとする有力な指摘もある。そのような側面は否定できないが、同時に、ミクロネシアの人びと自身もまた、自らの生産を創出する自助努力を放棄してきたことは事実であった。

本来、ミクロネシアの地理環境は経済的には必ずしも有利ではない。日本統治時代、この地に農業（とりわけ砂糖生産）、漁業が繁栄した時期もあったが、それは、大量の日本人が生産者としてそこに住み着き、大消費地であった日本と経済的に直結していたからであった。その結びつきを失い、日本人が去った後、ミクロネシア地域では生産のインセンティブ自体が成立しなかったと判断される。これに替えてアメリカからの経済支援は、衣食住はもとより、生活のあらゆる分野にアメリカ的消費生活様式を導入した。したがってコンパクト・グラントが、なぜミクロネシア諸国の財政・経済の自立を促進する方向へ用いられなかったのかという問いは、むしろ、経済学的視点からよりも、政治的あるいは歴史・文化論的角度から論じたほうが適切かもしれない。

日本統治時代の農場跡（パラオ・バベルダオブ島、2000年）

こうした事態に対して、地域国際融資機関であるアジア開発銀行（ADB）は、繰り返し警告を発し、各国政府の自助努力と財政政策的配慮を要求しているが、前記等諸般の事情からして事態は必ずしも改善されているとはいえない。しかし、困難な状況にはあるが、この矛盾を解決する方途が完全に閉ざされているわけではない。ミクロネシアでは、それぞれの地域にささやかではあるが産業特性を指摘することができる。たとえば、パラオは太平洋諸島のなかでも稀に見る美しい海洋観光景観に恵まれ、アジアの大人口地域にも近接している。また、その主島バベルダオブは、日本統治時代にも農業開発が盛んに行われた良質の土壌からなる。これらの分野に産業投資を行うことにより、さらなる外貨獲得と食料の自足的供給を可能にする余地がある。中部太平洋はカツオ・マグロ漁場としても知られている。ポーンペイ、チュークは降雨量も多く、カツオ・マグロ漁業振興の可能性がある。また、いずれも小規模ながら火山島のため、熱帯農業開発の可能性もないわけではない。マーシャル諸島は農業開発の可能性は乏しいが、漁業はハワイにアクセスする有利な地理的条件を備えている。また、ポリネシア、ハワイ、ミクロネシアを結ぶ航空路の要衝でもある。

最後に指摘しておかねばならないことは、これらの産業開発を市場的に保証する枠組みの設置である。当初は、相当期間、ミクロネシアの生産物を一般的通商特恵を超えて恩恵的に対応するシステムを関係諸国が許容する必要がある。むしろ今後のミクロネシアへの経済支援は、現金給与ではなく、こうした産業奨励措置に切り替えていくことが適切であると判断される。重要な事例としては、EUによるロメ協定、あるいはオーストラリア、ニュージーランドによる貿易特恵（SPARTECA）が注目される。

（高橋康昌）

29

観光立国の光と影

★「楽園」が抱える課題★

白い砂浜、紺碧の海、澄みわたる大空、ヤシの木陰で語り合う島人。ミクロネシアの島じまには「楽園」イメージをかきたてる要素がある。そのため現代における「楽園」を求めて、数多くの観光客がミクロネシアを訪れる。

ミクロネシアで最初に国際観光に力を入れたのはグアムであった。1960年代以降に国際観光地として発展したが、その原動力になったのは日本人観光客だった。日本人の海外旅行自由化は64年に実施され、その後の高度経済成長で海外旅行者が急増した。その際に日本から約3時間半で飛んでいけるグアム島はお手軽な国際観光地として人気を博した。私は74年に初めてミクロネシアを訪れたが、伊丹空港からのグアム行きの飛行機は新婚カップルで満杯だった。70～80年代にグアムは日本人の新婚旅行のメッカになった。

2012年にグアムを訪れた外国人観光客は127万人。その内訳は、日本人90万人、韓国人16万人、台湾人5万人が御三家。現在では新婚旅行よりも、家族旅行やグループ旅行が増えている。ハワイ観光と比べてみると、12年にハワイを訪れた外国人観光客は784万人、内訳は米国本土から490万人、日

写真1　観光客を歓迎する女性の踊り。離島クルーズ船が到来した際に、浜辺で歓迎の踊りを行う（サタワル島、1979年）

本人145万人、カナダ人50万人が御三家。グアム観光局は2020年に200万人の観光客受け入れをめざして観光戦略を練っている。

ミクロネシアの島嶼国家は小規模で資源が乏しいうえに、植民地時代に産業振興がなされなかったために財政基盤が脆弱である。その結果、先進諸国の経済援助に頼らざるをえない状況にある。農業や漁業の振興が図られているが、資金の不足、空間的な隔絶性、熟練労働力の不足などで農業立国や漁業立国の実現は容易ではない。そのために1980年代以降は美しい自然を売り物にして観光立国に力を入れる島嶼国家が増えた。

サイパン島は、1978年に米国の自治領（北マリアナ連邦）となってから、急速に開発が進み、観光地化した。私は74年に初めてサイパンを訪れたが、当時は日本からの直行便がなく、グアム経由で訪れた。古い空港は貧弱で、米軍のバラック兵舎のようなターミナルで入国手続きをすませた。

まさに「地の果て」に来たような寂寥感に襲われた。その後、サイパンでは80年代に外国資本による観光開発が行われるとともに、立派な国際空港が完成し、国際観光地として発展した。その結果、97年には45万人の日本人が訪れたが、その後にサイパンを訪れる日本人が減少し、2012年の統計では15万人に激減。日本人観光客の大幅減少は「サイパンの悲劇」と称されるほど、大きなダメージを与えた。日本人に代わって、韓国人や台湾人やロシア人や中国人がサイパンを訪れているが、90年代半ば頃の賑わいを取り戻せないままである。

「サイパンの悲劇」の直接的原因は、外国資本に過度に依存した観光開発であった。ホテルやレストランのほとんどが日本系と米国系であり、従業員の多くはフィリピンからの出稼ぎの人たちであったために、地元の人びとにとって益するところは少なかった。急激に観光地化したため地元の若者を教育して従業員として雇用するよりも、接客業に慣れたフィリピン人を雇い入れるほうが手っ取り早かったからだ。観光地づくりにおいても、サイパンの伝統文化が活かされることなく、「無国籍的リゾート」づくりが行われた。外国の民間企業による観光開発では、利潤追求という経済合理性にもとづくために、そのような観光開発しか望めない。その結果「ネオ・コロニアリズム（新・植民地主義）」と批判されるような観光開発が展開されたわけである。

1994年に独立を達成したパラオ共和国（人口約2万人）は「サイパンの悲劇」を反面教師にしながら地元主導の「持続可能な観光立国」を推進している。95年に5万3000人であった外国人観光客は、2013年には10万1000人に増加。その内訳は、日本人約3万5000人、台湾人約2万5000人、韓国人約1万7000人で御三家。パラオは世界でも最も魅力的なダイビング観光地の一つとして評判を得ており、12年には「ロックアイランド・南ラグーン」が世界遺産（複合遺産）として登録された（第53章）。経済成長センターである東南アジアに隣接する優位性があるために、今後とも観光分野での発展が期待されている。パラオは政府と民間企業が連携して持続可能な観光開発を志向しており、外国資本単独による観光開発事業を認めていない。そのためサイパンのような急激な観光開発は生じておらず、ホテル客室数が限定されているので、現時点ではまだ政府によるコントロールが可能な範囲内で観光が持続的に発展している。

写真2 観光客向けに演じられる造船儀礼。キリスト教に改宗しているために造船儀礼は行われなくなっているが、離島クルーズ船が到来した際に特別に演じられた（サタワル島、1979年）

パラオの今後の課題は、新しいホテルの建設（地元企業との国際共同事業）、ダイビングだけではない観光アトラクションの創出（滞在日数の増加）、日本、台湾、韓国だけではない新たな観光客誘致（東南アジア諸国からの誘客）、若者に対する観光専門職教育などがある。観光産業はリーディング産業であるが不安定な面（食材等の輸入が不可欠で諸物価の高騰を生じさせる面）があり、今後は農業、漁業、水産養殖業などの積極的な振興によって観光産業への過度依存を脱する産業振興策が求められている。

ミクロネシア連邦は１９８６年に事実上の独立を達成

したが、97年の外国人観光客は約1万7000人（うち日本人約4100人）、2011年は1万2625人（うち日本人2467人）。12年に首都ポーンペイの国際空港拡張工事が日本のODA（政府開発援助）で完成し、交通インフラが整備されたが、観光資源の未開発、宿泊施設の不足、観光人材の不足などの課題の克服が必要である。

その他、マーシャル諸島共和国、キリバス共和国、ナウル共和国などは交通アクセスが容易ではないために観光振興よりも、むしろ他分野の産業振興を優先することが望ましい状況にある。

ミクロネシアの島嶼国家の未来は決してバラ色ではない。世界の政治と経済の中心から隔絶した周縁地域にあり、観光立国を図る場合にも大きなハンディキャップを背負っている。島嶼国家主導で持続可能な観光立国を図ることは容易ではないため、日本は観光分野や博物館分野のODAを活用して、ミクロネシアにおける持続可能な観光立国推進に国際協力する必要がある。

（石森秀三）

30

出稼ぎする人びと

★押し寄せるグローバリゼーションの波★

ミクロネシアでは、19世紀中頃から、各国から出稼ぎに来た人びとが増加し始める。「植民地主義」がほかのオセアニア地域に遅れて、ミクロネシアにも到達したのである。19世紀末にはスペイン、ドイツ、イギリスがそれぞれカロリン諸島、マーシャル諸島、ギルバート諸島を分割、領有した。このような歴史的経緯のなかで、グアムには早くからフィリピンより移住が行われた。また、南洋群島時代には日本（内地）や沖縄などからの移住が見られ、現地人の人口を圧倒した。一方、第2次世界大戦後、非現地人が引き揚げたミクロネシアは、国連の戦略的信託統治領としてアメリカに統治され、ミクロネシア内での移動が見られた。教育を受けるため、職を得るために、パラオ、ヤップ、ポーンペイ、サイパンの間での相互移動が行われた。さらに、ミクロネシア信託統治政府がサイパンに置かれると、他地域からサイパンへの移動が見られた。

パラオでは、1972年以降に大規模な海外移住が始まった。すでに1970年には人口規模が1万数千人のパラオで、2500人以上のパラオ人が海外に居住していたと推定されている。それ以降も数百人規模で海外へ移動している。しかし、どの程度が帰国しているかを知ることは困難である。実際には、多くのパラオ人が移動と帰国を繰り返していると思われる。

パラオからの大規模な海外移住は、1970年代に始まった首都コロールへの人口集中と、それに伴うムラの崩壊と同時に進行している。首都への人口集中は、一つには首都以外で現金を得られる職業が教師と公務員に限定されるためと、教育施設が小学校までしかないためである。若者は首都にemployment（仕事）、entertainment（娯楽）、education（教育）という三つのeを求めて移動してくると指摘されている。首都からさらにほかのミクロネシア地域、ハワイ、アメリカ西海岸へと移動が続く場合も多い。

グアムの高校やグアム大学には、ミクロネシア各地から教育を受けるために若者がやって来る。さらにグアムでは、出稼ぎをしに来ているチュークやパラオの人もサイパン同様、多く見られる。

グアムに長期居住し、初代パラオ人協会の会長を務めた人物のライフ・ヒストリーを簡単に紹介する。1955年にパラオを離れたが、当時グアムには100人ほどのパラオ人がいた。目的は良い職を求めるため、あるいは高校で教育を受けるためであった。1970年代の後半に観光産業が成長し始め建築ブームが起きたため、多くのパラオ人が職に就くためにグアムに移動してきた。

1976年に、14の村ごとの会を統合してパラオ人会が設立され、彼が初代会長となった。その当時1600人ほどのパラオ人がグアムに住んでいた。彼は1962年にアメリカの市民権を取得したが、彼の妻（パラオ人）は、パラオでの選挙権を失いたくないと言って、アメリカの市民権はとっていない。

第30章
出稼ぎする人びと

1963年に、現在住んでいる土地を買っている。水も電気もないジャングルだったが、安かった。自分で測量し、開発したという。広い土地だったので、周囲のパラオ人にも買わないかと声をかけ、10人ほどのパラオ人が土地を買い、今もパラオ人コミュニティを形成している。不便な場所なので買わないと言った人びとは、後悔している。観光ブームが始まった70年代に入ってから土地の値段は急速に上がったので、今では土地を購入するのは大変だからである。

出稼ぎをめぐる現象で興味深いのは、パラオにおいて非パラオ人人口、特にフィリピン人労働者が90年代初期から急増している点である。パラオの場合、パラオ人の海外への移住と非パラオ人の海外からの移住という二つの現象に直面している。1990年に話を聞いたフィリピン人の若者は、月100ドルで住み込みのボーイとして働いていた。給与が安いため、首都コロールではボーイ、メイド、子守りとしてフィリピン人労働者を雇い入れる家庭が90年代になって急激に増加した。もちろん、電気、建築関係の仕事のような専門職の給与はその数倍である。パラオ唯一の火力発電所は、フィリピンからの労働者によって維持されている。さらに、フィリピン人、バングラデシュ人などの非パラオ人労働者は建設作業や農園労働などの肉体労働にも従事している。ほかのミクロネシア社会と同様に、パラオ人の多くは公務員となっており、公務員以外でもホワイトカラー指向になっているためである。逆に教員や看護婦などキャリアを持つパラオ人が、給与格差そのほかの理由で90年代になって多数サイパンへ移住した。この人たちにどうしたら戻ってもらえるのかが、大統領選挙の争点ともなったほどである。

ミクロネシアにおける人の移動と出稼ぎ現象の特徴は、その政治的地位と地理的位置に規定されていることである。グアムがアメリカのテリトリー、北マリアナ諸島自治領がアメリカのコモンウェルス（自治領）であり、ミクロネシア連邦、パラオ共和国がともにアメリカと自由連合協定を締結しているため、相互の移動、就労が容易なのである。一方、パラオの特徴は、海外へ移動した人口に匹敵する非パラオ人労働者が流入していることである。ミクロネシアは人口が少ないこともあり、海外からの送金が国家財政を支えるという構造にはなっていないが、パラオからフィリピンへの送金額はパラオの国家予算のかなりの割合を占める。国家予算は60～70億円程度であるが、低めに見積もっても、1億円以上は送金されているとの推測がある。

また、北マリアナ諸島自治領はミクロネシア各地に対して門戸を開放しており、移民を制限してこなかったが、90年代になってから社会保障費の増大が問題視され始めた。さらに、オセアニア社会ではごく普通の慣行である養子が、市民権を取得する手段となっていることも問題視されるようになっている。近年は、観光業が不振のため、米本土に移住するチャモロ系住民がめだつようになり、米軍再編にからんで、沖縄からの米軍を受け入れようとする動きもある。米市民権を取得するために、主として韓国や中国の妊婦を受け入れ、サイパンで出産させるという業種も90年代から存在する。

このように、現代のミクロネシアでは、移住、養子、出稼ぎ、送金、市民権、米軍再編という問題が相互にからみ合って、重要な政治課題となってきている。そもそも世界一周をはたしたマゼランがグアムに寄港して以来、ミクロネシアはグローバリゼーションと無縁ではないのである。（遠藤　央）

31

家族の軋轢と変貌

★小家族化と若者の自殺★

1960年代後半からのアメリカの信託統治政策は、ミクロネシアに急激な社会文化変容をもたらし、現地文化を無視した教育制度の拡大や、援助に依存する現金経済の拡大など、さまざまな社会的ゆがみをもたらした。1960年代には一握りにすぎなかった自殺者の急増は、このようなゆがみの表れの一つと見なされる。

1970年代から拡大し始めた年間自殺者数は1974年には20人を超え、1980年のカロリン諸島、マーシャル諸島では年間40人に達した。正確な自殺率を推計することは困難ではあるが、チュークに関する推計では、16～25歳の年齢集団の自殺率は200パーミルを超えており、これは世界で最も高い自殺率に相当する。

ミクロネシアの自殺の特徴は自殺者が15～30歳までの男性ということである。そして自殺者とその家族の間の衝突がほとんどの自殺の原因となることである。このため若者と家族の不安定な関係が自殺の増加に関係していると見なされ、コミュニティをも含めて、家族の機能の弱体化がその原因であると指摘されている。

ミクロネシア*の年間自殺者数

年	自殺者数	年	自殺者数	年	自殺者数
1960	6	1970	13	1980	41
1961	1	1971	11	1981	37
1962	2	1972	17	1982	26
1963	3	1973	13	1983	32
1964	3	1974	21	1984	31
1965	4	1975	34	1985	28
1966	4	1976	19	1986	32
1967	5	1977	24	1987	43
1968	4	1978	31		
1969	9	1979	38		

*国連信託統治領のみ
［出所：Hezel (1989) Suicide and the Micronesian Family, *The Contemporary Pacific* 1(1-2) より筆者作成］

ミクロネシアの自殺の個別的な原因は非常に些細なことにある。ある若者は父親から5ドルもらえなかったからといって首をつっている。あるいは腹をすかせて家に帰ったときに食べ物がなかったからといって首をつるのである。人びとは事業や受験に失敗したからといって自殺することはない。ミクロネシアの人びとは、何かを成し遂げることではなく、日々の暮らしのなかで大切な人びとと良好な関係を維持することで自己を評価するからである。

精神医学の専門家は、自殺をしばしば自己に向けられた回想的な怒りであると見なす。しかしチューク語における［*amwiinimwiin*］という表現は、このような見解に異を唱える。［*Amwiinimwiin*］とは、強い感情を直接的に表すことが文化的に不適切な場面で、他者を避けることで、感情を抑えることを意味する。この表現はミクロネシアの人びとが対立ではなく回避によって問題を解決することを示唆するのである。

ミクロネシアの自殺研究で著名なヘーゼル神父と文化人類学者ルビンシュタインは、自殺を家族に対する復讐、あるいは攻撃であると考えるべきではないと主張している。実際、自殺に失敗して生き残った者は家族への攻撃として自殺が解釈されることに驚き、これを否定するという。自殺は怒りとしての反応ではあるが、同時に自分からは修復しえない消すことのできない愛着の表れでもある。ミクロネシアの人びとは悲しみ、傷痕、抑圧という感情を直接表現するのではなく、これらの苦しみの状況を回避するために自殺するのである。

ヘーゼル神父の紹介している事例では、あるチュークの若者の自殺は、逃げ出した妻を連れ戻すことに両親が協力的でなかったことが原因であるかのように見えたという。しかし調査を進めると、若者自身が妻を追い出したことが明らかになった。若者は、ほかの問題を含めて、長期にわたる両親との軋轢《あつれき》を経験していた。自殺はしばしば長期にわたる家族間の軋轢を反映しているのである。自殺の夜、若者は家族の集会小屋のまだ乾いていなかったセメントの床に、最後の思い出として、足形と署名を残して自殺したという。

ミクロネシアの自殺は文化的にパターン化された軋轢状況に対する反応であり、対人関係の崩壊に対するミクロネシア的な解決策なのである。人が自殺するということ自体が、伝統的家族関係の中心性、年長の親族に向かって否定的感情を声にすることを禁ずる古い決まりの重要性、軋轢を避けるために他者を回避する方策など、伝統的な価値観と行動規範に従っていることを意味する。犠牲者は近代化の影響を受けているとしても、死ぬと決めることによって、ミクロネシアの基本的価値観を認めているのである。

自殺の蔓延《まんえん》は伝統的ミクロネシア家族の崩壊と関連している。しかし、家族変容のパターンはミクロネシアの家族の特徴を反映するものと考えられる。ミクロネシアのどの地域においても、伝統的家族構造では、両親と子どもの間には一定の距離が保たれてきた。親族関係にある複数の夫婦が同居し生計をともにする拡大家族の脈絡では、若い男子をしつけ、社会化するという責任は、両親以外の年長の親族にも分かち持たれるものであった。複数の夫婦からなる家族が夫婦二人だけの家族にとってかわられるという近年の変化においては、この責任が生物学的両親に集中する傾向がある。

旧来の拡大家族は子どもに複数の親族という支援者を選択肢として提供した。子どもが一人の親のもとでつらい目にあっても、彼らはすぐ軋轢を解消し、必要とされる支援を提供してくれるもう一人の親を見つけることができた。ヘーゼル神父は、今日の核家族では、父と母は子どもに対するいっそうの責任を負わざるをえなくなっていると指摘している。その結果、両親と子どもの間の緊張が増加しているのである。

ルビンシュタインは、若者の社会化過程に見られるより広範な人間関係の変化に注目している。かつて若い男子を教育訓練した若者小屋などの制度は公的学校教育制度の発達とともに失われた。年長の若者が都市部の学校に寄宿するため、年上の指導者が失われるなど、男子の成長過程が根本的に変わってしまったのだ。親族・村落レベルの社会構造の空洞化の結果、より広範な社会集団によって支えられていた若者は、お金と食物を両親のみに頼らざるをえなくなってしまったのである。

（柄木田康之）

32

フカヒレより観光資源

★資源保護へのチャレンジ★

パラオ共和国のレメンゲサウ大統領は、２０１４年2月に開催された国連海洋会議において、同国の排他的経済水域（ＥＥＺ）全域を「海洋保護区（サンクチュアリー）」に指定すると宣言した。ＥＥＺの8割以上の海域を完全禁漁とし、2割の海域をパラオの国内消費を対象とした「漁業制限区域」に定め、輸出向けの商業漁業は一切禁止とする計画だ。島嶼国にとって唯一の輸出資源とも言える外洋回遊魚（マグロやカツオを含む）の漁を一国が全国レベルで禁止するという計画は、これまでに類を見ない。

パラオのこの決断は、もともと輸出資源に乏しいオセアニア島嶼国にとって最も手軽に活用できる外洋の水産資源を、外貨獲得のためには利用しないという大きな方向転換である。パラオ国内での法整備が進んで実際に運用が始まるのか、さらには日本を含むマグロ輸入国や近隣のマグロ輸出国の理解が得られるか、その成否が注目されている。

ミクロネシア地域では、海洋資源を保護すること自体は新しいことではない。西洋的な環境保全の概念が導入される前から、沿岸部の海洋資源を保護し持続的に利用することは伝統的慣習のなかに存在していた。パラオでは、伝統首長が各「村」において特定魚種の禁漁期間や禁漁区域を定めることで、主要なタンパク源である魚が乱獲されずに長年人びとの暮らしを支えることに貢献してきた。しかしながら、「村」においても伝統首長の権限が以前と同様には機能しなくなり、慣習法を知らない外国人労働者や観光客が増えるなかで、伝統首長の権限は弱まってきた。もともと脆弱な島の生態系と生物多様性を維持し、資源を持続的に利用できるようにするには、国と州とが連携して近代的な行政システムのなかに組み入れて取り組む必要性が出てきたのである。

そこで、パラオでは、２００３年に沿岸部や陸上の資源を保護するために環境保護区ネットワーク法（Protected Area Network Act＝ＰＡＮ法）を制定した。保護区とは、例えばある海域において特定の魚種を一定期間禁漁にするといったものであるが、もともとは慣習法上の禁忌（タブー）として伝統首長に受け継がれてきた土着の実践知である。ＰＡＮ法の制定により、伝統的リーダーが受け継いできた伝統知識とコミュニティ実践を軸に、国、行政組織、市民が参画するＮＧＯが一体となり資源管理をする仕組みが整えられた。

写真1　ミクロネシア地域の環境保護のイニシアチブを取るレメンゲサウ大統領（2014年）［パラオ共和国大統領府提供］

沿岸部や陸上の資源保護を制度化する取り組みは、パラオのイニシアチブにより、やがてミクロネシア地域全体に波及する。2006年、グアム、北マリアナ諸島、マーシャル諸島、ミクロネシア連邦、パラオが一体となり、「ミクロネシア・チャレンジ（Micronesia Challenge）」と呼ばれる資源保護の枠組みを制定した。それぞれの国・領域の30％以上の沿岸海域と20％以上の森林域を2020年までに保護区とすることを決めたのだ。「ミクロネシア・チャレンジ」には国際機関、米国政府機関、NGOなどによるサポートチームが作られ、国際的な認知と協力体制が進んだ。

パラオによる外洋の資源保護の取り組みは、サメから始まる。サメは、多くの場合、マグロ漁の副産物として捕獲される。パラオでは延縄による漁獲の5分の1がサメであった（2012年）。サメは、ヒレが高級中華食材として高値で取引されるが、身の価値はそれほど高くない。そのため、高価なヒレを船上で切り取り、サメの身は海に捨てる「シャークフィニング」という行為がしばしば行われてきた。これは、生物多様性の維持と水産資源の持続的な利用という観点から問題視される行為である。またユニークな生態系を持つ海と島を見に来るダイバーや観光客に対しても、シャークフィニングを許していることは、観光立国としては好ましくないイメージにつながる。パラオではこうした状況に対応するために、2003年に、サメ漁を禁止する法律を制定した。そして2009年に、トリビオン大統領が、パラオをサメ保護区域としたことを世界に宣言したことから、一気に注目されるようになった。

2011年にはマーシャル諸島共和国でもサメ漁禁止が宣言され、グアムでもサメ漁とフカヒレの商取引が禁止された。2014年にチューク州がサメ漁を禁止したことでミクロネシア連邦でも全域

写真2　パラオの空港に掲げられたサメ保護区を周知する看板（2014年）

でサメ漁が禁止となった。ミクロネシアの広大な海域で、サメのサンクチュアリーが誕生しつつある。しかし、理念的にはサメの保護は浸透しつつあるが、実際にはマグロ漁を続けている限りサメは捕獲されてしまうという限界がある。その意味で、パラオがこれから進めようとしている「マグロ漁」禁止が実現しない限り、実際の効果は限定される。

ミクロネシア地域では、経済発展には観光関連産業が大きく貢献しているが、最も重要な観光資源は海と島の自然環境である。ダイバーがわざわざこの地域までやってくるのは豊かなサンゴ礁の生態系があるからにほかならない。仮にサメの乱獲により海洋生態系のバランスが失われれば、観光客が「見て楽しむ」対象の価値が低下することになる。それよりは、むしろサメやその他の海洋生物を保護し、パラオが環境保護を重視している国であるというメッセージを欧米やアジアのダイバーや成熟した観光客に向けることが観光発展に寄与するというのがパラオの戦略である。レメンゲサウ大統領は、「サメを1匹獲ればフカヒレ用に100ドルの利益を上げることができるかもしれないが、そのサメを生かしたまま保護しておけば、ダイバーや観光客がサメを繰り返し見に来てくれる。そのことがさらなる収入を生み出す」と、資源保護が観光による発展のために有益であることを力説する。環境保全と経済発展は矛盾しないというわけだ。

写真3 パラオの港に停泊するマグロ漁船。パラオで操業するマグロ漁船は150隻以上の登録がある（2014年）

しかし輸出向けの漁業活動を制限することに対しては、パラオと周辺国とでは温度差がある。アジア各国からの直行便が整備され、観光開発が安定的に進み、経済発展の未来像に自信を持って観光を据えることができるのはパラオの強みである。しかしながら、ミクロネシア連邦やマーシャル諸島にとっては、水産資源の活用はむしろこれからも欠かせないだろう。

それでもなお、植民地支配から脱却して自立する過程にある新しい国が、これまでの資源消費型の成長のパラダイムから脱却し、環境を持続的に利用する強い意志を世界に対して示したことには意義がある。パラオが環境保護国という強いイメージを発信することによって、手つかずの環境を持ちその保全を志向している観光地としての関心を高めることができれば、パラオの目論見は成功するかもしれない。海という資源しか持たない島嶼国が水産資源を活用せずに持続的な成長を遂げることができるかどうか、世界から注目されることになる。

（三田　貴）

V

日本とミクロネシア

33

日本統治時代の生活

★古写真から見た文化の変容★

ミクロネシアは、1914年から45年まで日本に統治された。当初は殖産を目的としたので、多くの日本人が移り住んだ。従事した産業はサトウキビ栽培やシンジュガイ養殖、燐鉱石採掘などで、日本人の人口が島民のそれを大きく上回った島もあった。ミクロネシアの人たちが労働提供という形で日本人あるいは日本文化と接触する機会が増え、島民の子どもたちの教育は公学校で行われ、日本語や日本文化を教える場ともなっていた。

当時、写真機は民間人の間ではほとんど普及していなかったが、非常に質の良いガラス乾板写真が東京大学総合研究博物館に保管されている。これは、東京帝国大学（現東京大学）が20世紀初頭にミクロネシアなどへ派遣した人類学調査団（長谷部言人、松村瞭、柴田常恵）が写したもので、島の人びとの人類学的な写真も多く残されている。このほか、海軍や教育省などの役人がミクロネシア各地を視察した際に撮影したものや、日本人が開業した写真館で撮影された写真など、かなりの数が残され、出版物にも写真が多く使われている。

当時の写真を見て気づくのは、島によって西洋化の進み具合がかなり異なっていたことである。1900年初頭には、マリアナ諸島やマーシャル諸島で西洋式の裾の長い洋服を着た女性が多く写されているが、ヤップでは伝統的な腰蓑《こしみの》しかつけていない。パラオでも腰蓑をつけた女性が多く写されている一方で、社会的地位の高いルバック（首長位）の女性たちは、長いワンピースを着て気難しい顔をして写真に収まっている。西洋文化をより早く取り入れることで、社会的地位の高さを誇示していたことがわかる。

南洋庁が発行した『南洋群島写真帖』のようなアルバム類も多い。それを見ていると、いくつもの立派な建造物が主要な島じまに作られていたのにまず驚く。たとえば、医院（病院）、法院（裁判所）、郵便局、観測所（気象観測）、無線電信所などで、目抜き通りは銀座通りと呼ばれ、電柱が両脇に立ち、自動車やトラック、自転車も走れば、水牛に引かせた車も通るような太い道になっている。島によっては産業試験場の広い農場で、パイナップルやコメの栽培などをしている様子が写されている。民間の南洋興発や南洋貿易などが作った施設は、サトウキビの製糖工場や燐鉱石の乾燥および積み出し用の大型施設、積出港まで延びるトロッコのレールなど、大規模なものだった。そのほか、カツオ節工場、コーヒーの栽培と乾燥、製氷、養蜂、タカセガイ養殖など、さまざまな業種の事業が興されている様子が写真に写されており、活気が感じられる。

写真1　ヤップ郵便局［出所：南洋庁『南洋群島写真帖』1932年］

商店などの軒には庇《ひさし》が突き出ており、アーケード状になった店が続いていた。これが、今でも島の老人が言う「日本統治時代は店屋がたくさん並んでいて、雨が降っても濡れずに歩けた」という状態を指すのだろう。

写真2　サイパン公学校でのミシン実習［出所：同］

島民たちの服装はまちまちで、腰蓑だけの女性が大半の教室に、シャツを着た者が混じっていたり、パラオの警官がフンドシと大きな帽子だけで長い銃剣のようなものを持って整列しているのに対し、マーシャルの警官は白いシャツにベルトをした白いズボンというキリリとしたいでたちで、島によってかなり西欧化の度合いが違っていたのがわかる。最も目を引くのが、チュークの伝統的な装身具で、男性が縦型の櫛を挿し、耳たぶにはピアスをしてべっ甲や貝、ココヤシの殻などを大量につけている。耳たぶはその重みで10センチメートルほども伸びて垂れ下がっている（第23章写真2）。

島民の子どもたちは全員が公学校へ通うことが義務づけられ、日本語以外は話すことを禁じられたという。まずカタカナを教えたと見え、世界地図をかけた黒板に「セカイノツヨイクニ」と書かれた写真がある。白い詰め襟の洋服を着た日本人教員が、ニホン、イギリス、アメリカ、フランス、イタリア、ロシヤと書いた答えを示して教えるのを、ヤップの女性たちが腰蓑姿で背筋を伸ばして聞いている。体育の時間にはきちんと整列した子どもたちが体操をし、運動会には騎馬合戦や組み体操などを楽しんでいる様子も写っている。

学校では、読み書き以外にもさまざまな技術を身につけさせる教育も行われていた。女子生徒には洋裁を教え、一人一台の足踏み式ミシンを使って実習しているのを和服を着た女性教員が監督している写真がある。現在でも、自分たちでレースをたっぷりとりつけたワンピースを簡単に縫い上げてしまうのは、日本統治時代の教育が引き継がれているためかもしれない。公学校などで優秀な成績を修めた男子生徒は、パラオ木工徒弟養成所への入学を許された。実習の様子を写した写真には、三角定規やT定規を使って設計図を書き、木材を組んで実際に家を建てる様子が写っている。

政府の建物にも負けず、大きく堂々と建っていたのは、キリスト教会である。スペイン、ドイツ統治時代からすでにミクロネシア各地で宣教活動を行っていたキリスト教は、そのまま布教が許されていた。主要な島じまには立派な石造りの教会が建ち、ヨーロッパ系のシスターも写っている。チュークやポーンペイにはカトリックとともにプロテスタントの教会も建ち、幼稚園やミッションスクールまで付属していた。

写真３　日本統治時代のパラオ・コロール市街［出所：同］

日本が１９３３年に国際連盟を脱退した後、１９４０年にはパラオに官幣大社南洋神社の社殿が完成し、日本から招いた神官たちによって鎮座式が行われた。神社は主要な島じまに建立され、島民たちも神社への参詣が強制された。

一枚の写真が持つ情報量には限りがあるが、写した人間が意図しないで写し込んだ部分に、驚くような情報が写っているものもある。日本の支配を受けた31年間は、ミクロネシアにおける文化変容への大きなステップであり、何気ない写真も貴重な歴史の証人となっている。

（印東道子）

34

日本統治時代の移民と産業

★南洋の「楽園」に見た夢と現実★

日本統治下ミクロネシア（以下、南洋群島）経済の中心的な担い手は、現地住民チャモロ、カロリニアンではなく、その人口を凌駕するほど大量に移住してきた日本人（なかでも沖縄出身者）であった。移民は南洋群島産業の展開、つまり糖業モノカルチュア経済の成立、多様な熱帯産業の発展、日中戦争開戦以後の戦時経済体制の構築、日米開戦前後から始まる兵站基地化を支えた。なかでも製糖業は、主にサイパン島、テニアン島（ロタ島、ポーンペイ島などではアルコール製造）で行われたが、南洋群島の移民や産業の発展は製糖業の発展と大きく関わった。

日本統治時代は、海軍統治期と委任統治機関南洋庁による統治期に二分でき、製糖業を中心とする産業の展開は、次のような統治方針のもとで行われた。それは南洋群島を、①さらなる南方、特に資源豊かな東南アジアに経済進出するための拠点とする、②対米軍戦略上の要地として活用する、③上の①②を実現するためにも南洋群島を日本の実質的な「植民地」にする、ことである。委任統治では南洋群島に日本の主権は及ばす、台湾や朝鮮のような領土としての「植民地」ではなかった。また委任統治では、現地住民の福祉や発展、統治国の防衛のための軍事施設の建設禁止、などを「文明の神聖なる使命」として遂行する義務があった。日本政府はその義務を十分認識したうえで、日本人に南洋群島の政治、経済を掌握させ、現地住民人口を凌駕する大量の日本人を移民させたので、南洋群島は日本の領土としての「植民地」さながらの実態をもった。日本は国際連盟脱退後も委任統治継続を認められたが、上記の三方針に基づく日本の利益を露骨に追求し始めた。

南洋群島への移民は海軍統治期から始まる。しかし大量かつ恒常的に移民が渡航したのは、南洋興発株式会社が設立（1921）されてからである。同社は製糖業に経験豊かな福島県会津出身の松江春次のもと、労働力は海軍統治時代の製糖会社が雇用した移民（出身地は八丈島、小笠原、朝鮮、沖縄、山形、山口など）を引き継ぎ、沖縄からさらに移民を導入、資本は朝鮮半島の国策会社東洋拓殖株式会社、製糖技術者や社員は台湾や内地の製糖会社等から招致し、政府の多大なバックアップを得て事業を進めた。1930年代初頭には、同社の納税により南洋庁財政は独立し、同社はさらに水産業や林業など経営を多角化させ、南洋群島各地、東南アジアや海南島にも進出して日本の経済的南進を実現させた。

南洋興発は、甘蔗栽培に慣れ、重労働に耐える低廉労働力として沖縄からの移民に大きく期待した。当時の沖縄は「ソテツ地獄」と呼ばれる困窮状態にあり、加えて北米で日本人移民の渡航制限が始まった時期にあり、南洋群島は格好の新たな移民先となった。さらに南洋群島はビザが不要で、沖縄から陸路、航路で1週間~10日程度の近さにあり、資金も南洋興発から借りられたことから、家族・親族、集落単位で移民も行われた。南洋興発では1930年代前半ごろまで、労働条件などをめぐり、

テニアン島での甘蔗の積み込み作業（絵葉書、発行年不明）［筆者所蔵］

八丈島や沖縄出身者などによるストライキが繰り返された。そこで松江の出身地である福島や争議が少ないとみた山形からも移民を導入したが、結局、沖縄からの移民に依存せざるをえなかった。

沖縄では、盆正月には欠かさず送金があり、「南洋（沖縄での南洋群島の呼称）では衣食住に困らず、学問がなくとも苦労しない」、「南洋は楽園」などの話が広まり、南洋群島への渡航者はますます増えた。他府県出身者は沖縄出身者から甘蔗栽培の技術を学んだり、共同作業や近所付き合いを通じた交流をもった一方、沖縄独自の風俗・習慣、言語、日雇い労働者の生活ぶりなどから沖縄出身者を差別したことも事実だった。南洋群島社会には「一等国民：内地人、二等国民：沖縄人、朝鮮人、三等国民：島民」なる暗黙の序列が存在したのである。

移民たちは一時的に出稼ぎに来たつもりでも、実際には定住の形態をとる者も増え、1930年代半ばからは政府も定住を促すようになった。日本人が増加するにつれ、飲食業者や商工業者も増え市街地も発展した。主要な島には料亭街（ほとんどが遊郭）が形成され、沖縄芝居の常設館、沖縄そばや、「辻風」の料亭もあった。邦人会、県人会など同郷者団体も作られ、沖縄県人会が最大規模であった。同郷者団体は、充分な教育を受けず、貧しく渡航してきた移民を、仕事の斡旋、行政手続きの代行、冠婚葬祭、親睦会などを通じて支え、沖縄出身者にはなおさら必要な存在であった。

役人や会社員の子どもは中等教育から内地の学校へ行く者も少なくなかったが、移民の子どもで進学できる者は、南洋庁立の実業学校、中学校、高等女学校、あるいは南洋興発の附属専習学校・補習学校に進学する者もいた。彼らのなかには卒業後、南洋庁や企業に就職した者もおり、親の世代よりは職業の選択肢は増えつつあった。

南洋群島で製糖業に次ぐ産業には水産業、パイナップル、タピオカなどの栽培・加工業、燐鉱石やマンガン鉱などの採鉱業、林業があった。沖縄からは漁師が漁船ごと移住し、鰹節製造では静岡や沖縄の職人が、また真珠の母貝採りでは和歌山のダイバーが活躍した。

１９３５年には拓務省の主導で「南洋群島開発十箇年計画」が発表され、国策会社南洋拓殖株式会社が設立された。同計画では、糖業モノカルチュア経済を先述の熱帯資源開発にテコ入れする形で再編しようとし、さらに東南アジアへの経済進出を行いうる企業の誘致、南洋庁が従来経営してきたパラオ諸島バベルダオブ島、ポーンペイ島の植民地区画移住地などに10年間で１４００戸の入植を予定した。これら移住地には、寒冷地に住む日本人の熱帯開拓能力を調査し訓練する目的で、北海道から移民を率先して受け入れた地域もあった。

日中戦争開始後、南洋群島でも内地同様に戦時経済体制の構築が始まる。南洋群島経済は軍需産業を中心に再編され、1930年代後半からは軍関連施設の建設、軍需資源開発に労働力が不足するようになった。そこで内地の刑務所の囚人や朝鮮半島から労務者を導入した。

太平洋戦争開戦前後から日本軍の進駐が始まり、日本の戦況が劣勢になり始める43年には、「絶対国防圏」が設定され、南洋群島が絶対死守すべき内と外に二分された。兵站基地化に拍車がかかり、大人、子どもを問わず軍作業や食糧増産への動員が始まり、労働力になりえない老幼婦女子（現地住民を除く）には引揚げが命じられた。引揚げでは、敵の魚雷に撃沈されたり、寄港を余儀なくされたフィリピンや台湾で戦争に巻き込まれた者もいた。南洋群島（一部地域を除く）では、残留した人びとに、未施行だった徴兵制も施行された。中国大陸から日本軍が続々と「転進」し始め、住民は住居や食糧の提供を余儀なくされた。南洋群島での戦争は、米軍の砲撃や爆撃、地上戦、飢餓など島によって犠牲の内容が異なるが、小さな島嶼ゆえに多大な被害を被った。チャモロやカロリニアンの島は、外来者である日米の戦場にされたのである。米軍占領下での暮らしを経て、現地住民以外の生存者は、46年までには若干の例外を除く全員が本籍地に強制引揚げとなった。戦争で荒廃した日本社会で「ヒキアゲシャ」「厄介者」という視線を浴びながら、引揚げ者は戦争で家財一切を失って「マイナス」からの出発となり、死を余儀なくされた身内や知人への思いを抱えながら暮らしてきた。忘れられない戦争体験があるからこそ、戦前の「南洋は楽園」の思いはますます強まった。かつての移民たちは、戦後70年を迎える今だからこそ、次の世代に自らの体験を語り伝えたいとの思いを深め、行動している。

（今泉裕美子）

35

日本観光に来たミクロネシアの人びと

★最高の名誉とされた参加者たち★

1982年2月、日本ミクロネシア協会が主催した日本・ミクロネシア子どもウィークの打ち合わせのため（ミクロネシアと日本の児童100名ずつの交換ツアー）、ポーンペイのコロニアに泊まっていたときのことだった。朝、ホテルの前が騒がしいので出てみると、たくさんの人が集まっている。何事かと聞いてみると、コロニアのナニケン（第二首長）に次ぐ高位の人物が亡くなり、本日葬儀があるという。20年以上もミクロネシアに通っていたので、婚礼や誕生祝いはよく見かけたが、葬儀に出合ったのは初めてだった。この貴重な機会をとらえようとカメラを持って見物していたら、白髪の上品な老人が「ニホンカラキタカネ」と上手な日本語で話しかけてきた。葬儀の進行係をしているリアンテル・エリアスさんだった。当時81歳で、日本統治時代には島民巡警をしていたという。日本統治時代の巡警はエリートだったので、おもしろい話が聞けるかといろいろ葬儀のしきたりや進行などの話をうかがっているうちに、びっくりする話を聞くことができた。

「ワタシ1934年ニ、ナンヨウカンコウダンデ、ニホンニイッタヨ」と言うのには驚いた。私は、それ以前から日本統治

写真1 エリアスさん夫妻。リアンテルさん（右）は南洋観光団で日本に来た一人（ポーンペイ、1982年）

時代には南洋観光団というシステムがあったと聞いており、参加者の話をぜひ聞きたいとサイパン、テニアン、ロタ、ヤップ、パラオ、チューク、ポーンペイなどを訪問するたびに探し回っていた。しかし、該当する人はまったく見つからないまま20年が過ぎていたのだ。

南洋観光団とは、正式には「南洋群島々民観光団」と呼ばれ、１９１５年（大正4年）に日本海軍が南洋群島を占領した翌年から毎年実施されていた。初期の頃は海軍の主催であったが、のちに南洋庁が引き継いだ。森山慶三郎が発行した『南洋群島教育史』（南洋群島教育会）や『日独戦史』（防衛庁フィルム）などによれば、「（ミクロネシア）島民に内地（日本本土）の実情を知らしめて社会教育に資する施策として、島民の門閥家、および有識者を選抜して観光団を組織し、親しく帝国の風物に接しめて、帰島のうえ、我が文化の情況を一般島民に伝えしめることは施政上も島民文化向上のうえにも効果が少なくない」と考えた日本海軍が、台湾でも一時行っていたこのイベントを南洋群島にも取り入れることとし、１９１５年５月２日付の臨時南洋防備隊司令部通達として発令した。

どのような人びとが日本へ観光団として選抜されたのかを見てみると、

①観光員はなるべく「酋長」、名望家など、実力あり、かつ、誠実なる者より選抜する。

②観光員の数は各民政区（サイパン、ヤップ、パラオ、チューク、ポーンペイ、コスラエ、ジャルート）３名

以内とし、各民政区において、1名の通訳を付する。
③旅程は、8月中旬頃に横須賀着のうえ、1カ月観光、9月中旬に、横須賀発の運送船便にて帰島。
④観光地は京浜地方を主とする。
⑤観光員、観光中の旅費（50円以内の見込）は自弁とし、自弁し難き者は情状により、各地区民政費より支弁する。

というものである。

費用については初期の頃はほとんど官費でまかなわれ、衣服なども支給されていた。毎回20～30名前後の参加者があり、1922年（大正11年）以後、1940年（昭和15年）までに合計25回実施され、延べ参加人数は600名を超えた。8回以後は南洋庁の補助金で運営され、自費参加も許可された。

次に観光団が来日してどんなところを見て回ったのか、第1回観光団の日程を例にとって紹介すると、よくもこれだけ連れ回したと思うくらい多くの名所を訪れていて、見事に修学旅行的である。また、軍の作った日程らしく、海軍省、麻布三連隊、世田谷区砲兵連隊、海軍参考館、水交社、追浜飛行場、軍艦朝日、海軍砲学校、海軍病院、軍艦海風・山風、騎兵連隊などが入っているのが目立つ。

第2回からは海軍航空隊、軍艦金剛、海軍省で海軍大臣との面談や、京都・大阪の見物なども加わって盛りだくさんであった。帰国は門司港からとなっていた。なかには健康診断などが2回入っており、あまりの過密スケジュールのため、南の島の人びとが疲労困憊して倒れないようにとの配慮もうかがえる。それでも第4回には旅行中に3名の死者を出している。この過密スケジュールもその一因であったものと思われる。日本の教会に埋葬されたとあるが、どこの教会であるかよくわからない。

第１回南洋観光団来日の日程

月／日	目的地および行動内容
7.28	南海丸が横須賀に到着
7.29	追浜飛行場、軍艦朝日を見物
7.30	海軍砲術学校にて明治天皇遙拝式へ参列、海軍病院を見物
7.31	海軍工廠、駆逐艦海風・山風を見物
8.1	横須賀を出発し東京駅に到着、宿舎となる麹町繁星館へ移動
8.2	二重橋前、日比谷公園、松本楼、築地本願寺を見物、札幌ビール会社にて昼食、上野公園、東宮御所を見物、富士見軒にて夕食
8.3	芝公園、愛宕山、三越呉服店、報知新聞社を見物
8.4	歩兵第三連隊を見物、築地水交社にて昼食
8.5	世田谷野砲連隊、戸山近衛騎兵連隊を見物、夕食後自由行動
8.6	小石川砲兵工廠、後楽園、遊就館、靖国神社を見物
8.7	上野駅を出発し日光に到着、日光ホテル、二荒山神社、東照宮、輪王寺、三代将軍廟を見物、日光を出発し上野駅に到着
8.8	上野にて博物館、動物園を見物、精養軒にて昼食、江戸記念博覧会、三越を見物
8.9	エビス麦酒会社を見物、帝国劇場にて観劇
8.10	帝国大学を見物、水交社にて昼食、海軍参考館を見物、浅草にて仲見世、活動写真を見物
8.11	休養および自由行動
8.12	東京を出発し横浜に到着、魚油会社、消防署を見物、横須賀へ移動
8.13	鎌倉にて大仏、長谷寺、由比ヶ浜、鶴岡八幡宮、建長寺を見物
8.14	南海丸で横須賀を出発

［出所：千住一「「観光」へのまなざし――日本統治下南洋群島における内地観光団をめぐって」(遠藤英樹、堀野正人編『「観光のまなざし」の転回――越境する観光学』春風社、2004年)］

ミクロネシアからの船旅は、三等船室の粗悪な環境で行われたと思われる。私も一度乗ったことがあるが、1万トン以下の船の三等客室はまさに地獄である。船倉にゴザを一枚敷いただけで仕切りもないところに何十人もがゴロ寝し、船酔いする者が続出する。多少元気な者は、暑さと悪臭に耐えかねてデッキに出ると、波しぶきでずぶ濡れになる。これが1週間も続くのでは、さすがの海洋の民ミクロネシアの人びともまいってしまっただろう。そのためであろうか、第4回以降は、スケジュールのなかに「便宜休養」すなわちフリータイムの日が入るようになる。

この企画は戦時体制となる1940年まで続き、これに参加すること

写真2　第3回南洋観光団として来日したチュークの人たち。前列詰め襟洋装は南洋貿易会社の社員、和服はチューク在住貿易商の田中鎮彦（1917年7月23日）［出所：田中鎮彦『中部加羅林島語案内』寳文館、1921年］

は、島で最高の名誉とされた。参加者は帰島後、報告会などに連日引き回され、前述のエリアスさんなどは帰ってからのほうが「クタビレタヨ」と言っていた。参加者の親類縁者は島の名士に仲間入りし、大いに誇りに思ったそうである。1918年（大正7年）に刊行された『臨時南洋群島防備隊現況概要』にも、「内地観光団のもようせる効果は実に偉大なるものにして、彼等は帝国の文明に一驚を喫し、帰島後、之を其の同輩に吹聴し、日常の施設を内地の支物に模倣する等、重々抱腹に値すると云えども、勤労の結果貯えたる資財を投じて自費観光団に参加するもの続々多きに見るに至る」と報告している。私の出会ったエリアスさんも「三越デミヤゲヲ買ッテネ」と誇らしげであった。

この観光団には女性の参加者も多く、第4回などは46名中19名が女性で、総計では28名が参加した。また、当時南洋貿易に携わっていた企業や新聞社などは（たとえば恒信社、南洋貿易会社、報知新聞など）、会社を挙げて応援し、食事を提供したり浴衣を支給したりした。日本の各新聞やラジオなども大々的に報道したので、観光団員は滞在中、日本でも人気を博したという。

ポーンペイで出会ったエリアスさんは2000年頃に亡くなられたと聞く。おそらく南洋観光団員の最後の生き証人だったと思われる。

（山口洋兒）

36

政府開発援助

★アメリカのコンパクト・グラントと日本のODA★

その地の人びとの生産力、あるいは生活の直接性や必要性をはるかに超える援助は、どれほど繰り返してもただ無意味に消費への欲望を膨張させるだけであって、その地の生産力や経済自立をもたらすものではないという状況を認識するうえで、ミクロネシアは適切なケースと考えられるかもしれない。

ミクロネシアへの政府開発援助（以下、ODAと略）は、主としてアメリカによるコンパクト・グラントと日本政府によるODAからなる。コンパクト・グラントが政府開発援助に属するか否かについては議論がある。なぜならば、コンパクト・グラントは、国連の信託統治理念（国連憲章第76条「信託統治地域の住民の政治的、経済的、社会的及び教育的進歩を促進すること」）に即したものではなく、アメリカの太平洋における軍事戦略的展開に要する土地利用代金として支払われているからである。つまり、ミクロネシアの信託統治が不当に長期間継続した理由は、戦後長く続いた冷戦によって、アメリカがこの地の軍事的利用を不可欠と考えたからである。それにもせよ、ミクロネシアにとって、巨額のコンパクト・グラントは、信託統治時代、それに続く独立時代ともに経済・財政上不可欠の資金であった。また、コンパクト・グラントのなかには開発援助資金という項目が含まれていることから、軽微とはいえ、開発援助の役割も担っていると考えてよい。また、日本のＯＤＡは開発援助資金として供与されているが、そこには戦後補償の意味も含まれている。

水産物冷蔵施設の贈呈式（マーシャル諸島・マジュロ、1999年）

ミクロネシア、特にパラオは、国連史上最後の信託統治地域であった。日本の旧委任統治地域ミクロネシアは、戦後、アメリカの国連信託統治に継承された。信託統治国アメリカは、第2次大戦終了後、その信託統治地であるミクロネシアに対して巨額の金銭的援助（コンパクト・グラント）を与えるのみであって、この地の産業育成をまったく行わなかった。これをZoo Policy（動物園政策）と関係者は呼んだ。その理由は、冷戦時代における対ソ、対中軍事基地としての利用価値および核実験、ミサイル実験場としての利用価値など、戦略的視点からのみミクロネシア支配が行われたからである。このため、ミクロネシア信託統治地域では、ついに見るべき産業を形成することはなかった。80年代後半～90年代はじめにかけて、これらは次々に政治的には独立したが、なお、アメリカとの自由連合関係（実際には軍事基地の提供にしかすぎないのだが）を結び、その経済的保護下に身を置いている。

ミクロネシア諸国へのコンパクト・グラント（1997年）

	人口	GDP (M＄)	援助金（M＄）＝コンパクト・グラント
ミクロネシア連邦	110,000	215	77.4
マーシャル諸島共和国	60,000	113	38.9
パラオ共和国	16,000	89	141.7

［出所：FAIR (1999), *Pacific Island Nations in the Age of Globalization*］

ちなみに、この時期の財政支援がどれほど大きな比重を持っていたかについて確認するため、1997年におけるミクロネシア三国のデータを紹介しておく（表）。コンパクト・グラントは、2003年に更新され、以後20年間にミクロネシア連邦、マーシャル諸島ともに、各35億ドルが供与されることとなった。パラオ共和国については、2010年以降15年間に2億5000万ドルが供与される。これを第2次コンパクト・グラントと称している。

本来、コンパクト・グラントは単に財政補強策というにとどまらず、1986年に始まる自由連合条約期間中に、財政の自立とそれによる地場産業の活性化、経済自立を目的とする費目も含まれていた。しかしながら、その費目もまた産業資金として使用されることはなく、消費費目として使用された。つまり、コンパクト・グラントは、結果的には、ミクロネシア諸国の人びとに欧米型消費生活への追随と奇形的な消費欲望を刺激し、自らの産業育成意思や労働意欲を喪失させることに役立ったものであり、自立的指向性を支援するものとはならなかった。やや断定的ではあるが、アメリカの意図もそれを指向していたと云えるであろう。

これに比して、日本のODAには相応に評価される内容がある。オセアニアの諸他の国ぐにに対する援助と比較するとき、ミクロネシアへの援助は、絶対額においても人口割りにおいても非常に高い金額となる。2002年の統計では、パラオ＝1522万ドル、ミクロネシア連邦＝1005万ドル、マーシャル諸島＝421万ドルとなっており、オセアニア諸国のなかでは上位を占めている。これ以降も日本のODAは継続されており、2012年までの累積では、ミクロネシア連邦へは約270億円、マーシャル諸島へは約180億円、パラオ共和国へは約260億円に達している。これは米国に次ぐ世界第2位に位置している。

その内訳は、水産振興費（港湾、漁船、冷蔵庫、技術専門家派遣）、食料増産計画、病院・保健施設、教育・文化振興、交通・道路、上水道計画、通信施設を中心としており、地場産業育成と人道支援（Basic Human Needs）の側面が強い。かつて日本支配の時代、この地ではサトウキビ栽培など熱帯農業とカツオ節・生節生産などが盛んに行われ、日本への輸出により貿易収支は黒字を計上していた時期もある。また、この地域では日本の海運会社や鉱物資源開発会社が設立され、産業発展の可能性が展望された時代がある。したがって、日本のODAは遠い未来的課題であるが、かつてのミクロネシアの産業回復のための初期段階と位置づけられるかもしれない。

日本にとってミクロネシアは、現在の経済産業実態からして、援助の見返りなどが一切期待しえない地域である。にもかかわらず、このような援助が行われる理由の一半は、第1次世界大戦から太平洋戦争に至る間、我が国がこの地を支配してきたという歴史的要因と、この地へのシンパシーがあることは否めない。いずれにせよ、ミクロネシア諸国に対する日本の援助は、いまだ所期の効果を実現しているとはいえないが、その政策的内実において、充分に評価されてよい。

（高橋康昌）

37

ミクロネシアとボランティア

★シニア海外ボランティアの活躍★

２０１４年初め、フェイスブックのメッセージで、ある訃報が送られてきた。ミクロネシア連邦ヤップ島で日本語教師のボランティアをされていたある男性のものだった。彼とヤップ島の関わりは長く、戦前にヤップで教師をされていた父親のもと幼少期をヤップ島で過ごし、定年退職した後にご本人もヤップ島に戻って教師となられた。１９９０年代初めから細々と日本語を教え始め、その後ヤップ高校で長く教鞭をとられることとなり、数年前からヤップ島北部に隠居されていたようだ。

日本のボランティアと言えば青年海外協力隊（以下協力隊）がその代名詞だったが、時代とともに変わってきていると言える。

ミクロネシアに初めて日本政府のボランティアが派遣されたのは、１９８９年７月のミクロネシア連邦だった。私の先輩隊員にあたる女性がポーンペイ州のミクロネシア短大に日本語教師として派遣された。私がヤップ島に派遣されたのはその約１年半後、ヤップ州の州立放送局に入って現地の人たちとともに番組を制作した。

ミクロネシア連邦を皮切りに１９９１年にマーシャル諸島共和国（以下マーシャル）、少し遅れて１９９７年にパラオ共和国

青年海外協力隊、シニア海外ボランティア派遣数（2014年8月31日現在）

国名	派遣中			帰国			累計		
	協力隊	シニア	計	協力隊	シニア	計	協力隊	シニア	計
ミクロネシア連邦	8(2)	16(6)	24(8)	324(156)	46(10)	370(166)	332(158)	62(16)	394(174)
マーシャル諸島共和国	9(5)	5(1)	14(6)	202(117)	22(10)	224(127)	211(122)	27(11)	238(133)
パラオ共和国	9(6)	8(2)	17(8)	161(91)	52(9)	213(100)	170(97)	60(11)	230(108)
合計	26(13)	29(9)	55(22)	687(364)	120(29)	807(393)	713(377)	149(38)	862(415)

（ ）内は女性隊員数［出所：JICA ボランティア http://www.jica.go.jp/volunteer/index.html］

（以下パラオ）にも続々と協力隊員が派遣され、当時各国にいた協力隊員は10～20人、農業、漁業、教育、スポーツ、医療、土木等の幅広い分野で活動していた。平均年齢は26～27歳、女性よりもまだ男性が多い時代でもあった。

2001年になると、3カ国へシニア海外ボランティア（以下シニア）も派遣されるようになる。協力隊への参加可能年齢が20～39歳まで（任期満了時に半数が26～30歳）であるのに対して、シニアは40～69歳（同61歳以上）。経験豊富な人材がミクロネシアにどんどん派遣されるようになった。

協力隊25年、シニア15年の歴史があるなかで、3カ国への派遣数を見ると上表のようになる。

協力隊の職種は、以前は農業、漁業、教育、スポーツ、医療、土木等の分野を網羅していたものだが、現在では小学校教育、観光教育、コンピューター技術等が主流になってきている。その代わりにシニアが技術系を網羅し、廃棄物処理、電気通信、水産資源開発、薬剤師、看護師、医療機器、統計、都市計画、情報、再生可能・省エネルギー等の幅広い分野で派遣されている。以前多かった日本語教師の協力隊員は、現在はマーシャルに1名のみ。私も当時の配属先の放送局で、以前からあった番組を引き継ぎラジオの日本語放送をしていたものだが、今はそれもなくなった。日本の委任統治時代をもつミクロネシアには、当時、日本語を話す高齢者も多く日本語熱も高かったが、戦後70年経った現在はその需要も減ってきているようだ。

活動形態も多様化してきている。以前はその配属先に限られる活動が多かったのに対して、現在では配属先だけではなく地域の各機関と連携するパターン、配属先から出て地域住民と直接的に関わったり、地域住民に啓発活動をするパターン、配属先が複数あり配属先相互の連携を促すことによって人材開発へ導くパターンなど様々である。これらは特にシニアの活動で顕著だが、協力隊でも同様の職種で連携する分科会などにより活動効果を上げている。シニアと協力隊の連携も見られている。

活動内容も高度化し、ＯＪＴ（On the Job Training＝日々の一つ一つの業務のなかで学んでいくスタイルの研修）だけではなく、研修会などの開催、マニュアルや教材の作成や改訂、商品化のみならず海外輸出を視野に入れるなど、特にシニアに要求される活動内容は専門的かつ高度で、これらをスムーズに進めるための高い語学力も期待されている。

隊員やシニアを取り巻く環境で最も変化したのは、フェイスブックで訃報が届くということからもわかるように、インターネットや携帯電話の普及である。私が派遣された当時はワープロが普及し始めたばかりで、報告書はまだ手書きがほとんどだった。最近では隊員もシニアもインターネットでホームページを作成したり、既存のブログやツイッター、フェイスブックなどのソーシャル・ネットワーク・サービスを利用して情報を公開している人も多い。なかには同職種の隊員やシニアのグループがブログで情報共有、公開し、遠隔地においても連携した活動をしている場合も見られる。インターネットや携帯電話の普及は、隊員やシニアの職種にも反映し、コンピューター・インストラクターやコンピューター技術の職種が増え、教育機関だけではなく病院や国会などを含むあらゆる省庁でネットワークの整備からコンピューターのメンテナンスや使用法の指導などもある。また通信インフラの保守・維持管理指導などという職種もあがっている。

このように取り巻く状況が変化しているなかで、隊員やシニアに普遍的な課題もある。配属先の理解不足、同僚が非協力的、ボランティア自身の技術力の不足、語学力不足、現地の文化や伝統に馴染めなかったり、配属先との人間関係が良くなかったりなどの理由で活動や生活が順調に進まなかったという報告がある。もちろんこれは一部の人に限られ、ボランティア全体を見ると、80％が活動の初期段階で活動目標について配属先と同意し、そのうち80％が「60％以上の達成度」を認めている。

ミクロネシアと他派遣地域の大きな違いは、その社会が小さいことである。配属先も住んでいる地域もその社会は狭く、何があってもその環境から距離を置くことが難しい。大国の首都ならば職場を一歩出れば個人の自由な時間となるが、ミクロネシアの小さな島じまの場合は、協力隊員やシニアの行動は常時監視されているようなところがあり、いろいろな噂が尾ひれを付けて広がりやすいなど、暮らしにくさがある。

そんななか、帰国した協力隊員のなかには、海外に留学した後にＪＩＣＡ専門家になってミクロネシアに戻ったり、ＪＩＣＡや大使館に勤務したり、ＮＧＯを立ち上げてミクロネシアの支援を始めたりする人がいる。シニアのなかには個人で再赴任して活動を継続している人もいる。ミクロネシアで育まれた日本の人材は確実にミクロネシアを含む世界に貢献し、影響を与え始めている。（八坂由美）

38

沖縄にやって来たチェチェメニ号

★失われた伝統航海術の復興★

今から40年前、沖縄国際海洋博覧会の会場に一艘のカヌーがやって来た。ミクロネシアのサタワル島から3000キロメートルの大海原を制覇したチェチェメニ号である。このカヌーは、船体の片側に腕木を張り出したシングル・アウトリガー・カヌーで、全長8メートルの船体に大三角帆を装備し、6ノットのスピードで帆走できる。チェチェメニ号には、ルイス・ルッパン船長と5人のサタワルの男たちが乗り込んでいた。1975年10月にサタワルを発ち、サイパン島での台風よけの20日を含め、47日間で沖縄に到達した。チェチェメニは「記憶する」というサタワル語である。ルッパンは祖先から受け継いだ航海術を駆使し、前人未到の沖縄へのカヌー航海を成功させたのである。チェチェメニ号は、現在、大阪の国立民族学博物館のオセアニア展示場にその雄姿を横たえている。

1970年代のオセアニアで、伝統的な航海術を伝える島は、中央カロリン諸島のサタワル島とその周辺の二、三の島じまだけであった。当時、サタワル島には、近代的な航海具や海図を使わず、先祖伝来の航海術に基づいてサイパン島など1000キロメートル離れた島へ航海できる「真の航海者」が10人近くいた。このなかで、国際的に注目される活躍をした航海者が二人いる。一人はルイス・ルッパンで、もう一人はハワイでポリネシアの航海を復活させたマウ・ピアイルクである。

サタワルの航海者にとって、幼年期から父親らとの航海で身体を海に慣らし、まずカヌーの操船を覚えることが航海術伝授の始まりになる。10歳を過ぎてからは航海者に師事して、数百もの星・星座の名称や出没位置、スターコンパスと島の方位、洋上での位置確認、海流・風・太陽・雲などの規則性を組み合わせた知識の体系である航海術を厳しく教え込まれる（第19章）。そして、20歳代にポと呼ばれる「航海術修得儀礼」で航海術の知識を試される。それに合格して、実際の航海で漂流せずにカヌーを目的地に到達させると「航海者」と見なされる。さらに深くて幅広い知識の蓄積と数多くの航海を成就する実績が要求され、「真の航海者」として認められるのは50歳を超える頃である。

ルッパンは、1970年に偉大な航海者の兄とともに2艘のカヌーで、サタワルからサイパン島への航海を復活させた。サイパン島には、サタワルや周辺の島じまからの移住者の子孫が数千人住んでいる。この祖先は、19世紀初頭に中央カロリンの島じまを襲った台風災害の避難者である。それ以降、双方の島の人びとは、カヌーで定期的に行き来していた。しかし、ドイツによる統治（1899年）以降、島の人びとの遠洋航海は禁止された。ルッパンは、70年ぶりにサイパンルートを「開けた」のである。そして、沖縄への航海後、88年にはサタワルから福岡へのカヌー航海も成功させている。翌年開催されるアジア太平洋博覧会の事前事業として宣伝役に抜擢されたのである。

一方、ピアイルクは、1975年にハワイの「ポリネシア航海協会」から招聘された。同協会は、アメリカ建国200年記念事業として76年に、ハワイ人の古代カヌーによる、ハワイ人の故郷タヒチへ

写真１　外洋航海に使用されたチェチェメニ号と同型のカヌー（サタワル島、1978年）

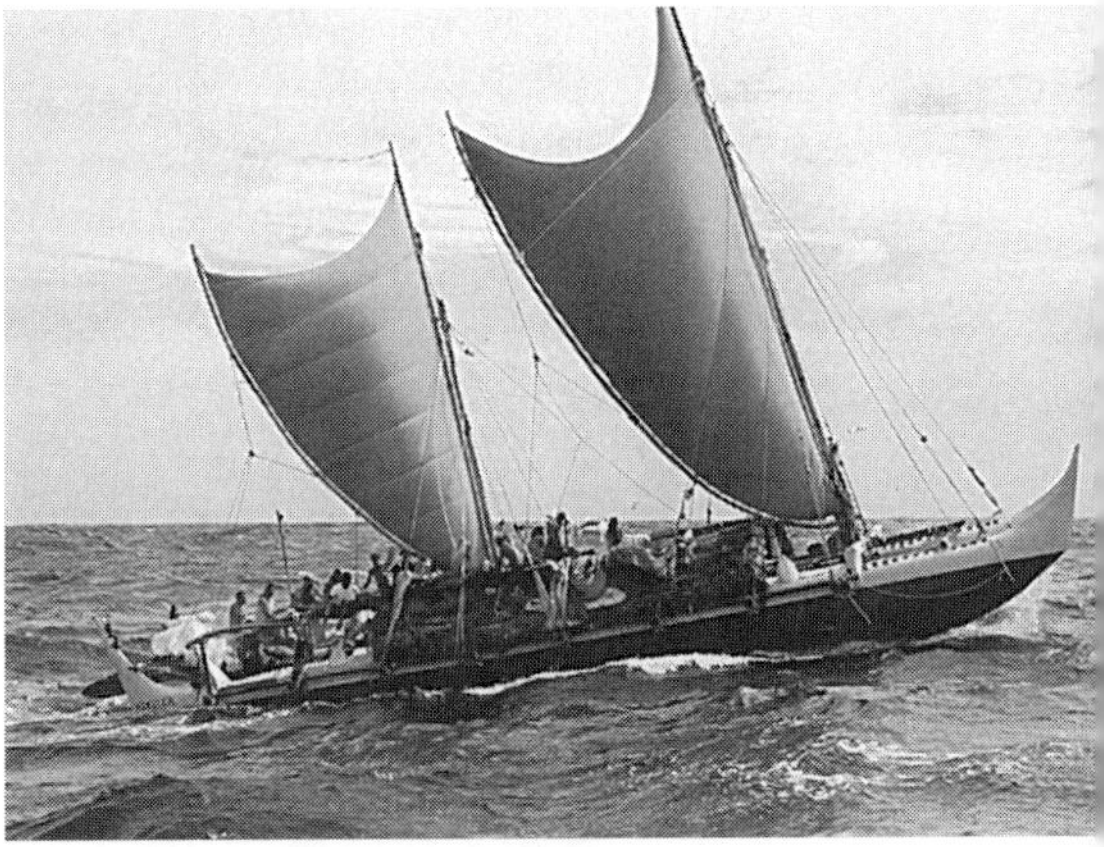

写真２　タヒチへ航海中のホクレア号
［出所：Finney (1979), *Hokule'a: The Way to Tahiti*］

の実験航海を計画しており、ホクレア号という伝統タイプのダブル・カヌー（双胴船）を建造していた。しかし、ハワイ人がタヒチから移住してきた当時の航海術、つまり伝統的航海術は、ハワイやポリネシアの島じまでは消滅してから久しく、それを今に伝える者はいなかった。

　ピアイルクは、ミクロネシアのあらゆる島じまへの航海術を熟知しているが、ハワイ、タヒチなどポリネシアの星・星座や天文・海象についてはまったくの素人である。彼はハワイのビショップ博物館のプラネタリウムにこもり、ポリネシアの島じまの星の出没時期や位置について観察する。タヒチまでの島の位置や海流についても学んだ。それらの知識に基づいて、彼はタヒチまでの航海の枠組みを編み出した。そして、ホクレア号の航海者・船長として１９７６年5月にハワイを出発し、タヒチまでの４５００キロメートルの航海を31日間で成功させた。しかし、ホクレア号の17人の乗り組み員（ハワイ、アメリカ、ニュージーランドなどからのヨットマン、航海研究家、海洋学者などの混成部隊）による航海中のトラブルに嫌気がさし、タヒチで下船している。この航海は、ミクロネシアの航海術がポリネシア海域にも適用できることを証明するとともに、500年ぶりにポリネシアの「失われた伝統的航海術」を復興させたのである。

ハワイ－タヒチ間の実験航海の成功は、伝統的航海術をはじめハワイの文化復興に対するハワイ人の関心をいっそう強め、ハワイ人の権利回復や「ハワイ独立」などの運動にも強い影響を与えた。ピアイルクの航海術を学び、ポリネシアの伝統的航海術の再構築を試みるハワイの若者も出てきた。ハワイだけでなく、タヒチ、トンガ、サモア、クックなどのポリネシアの島じまでも、伝統的なカヌーの復元と航海術への関心が高まり、92年のクック諸島で開催された第6回太平洋芸術祭には、それらの島じまから大型カヌーが航海して集まり、失われたカヌーと航海術を再現した。

ホクレア号はその後、ポリネシアへの航海を続けた。80年にはピアイルクとハワイ人航海者（ナイノア・トンプソン）が指揮したハワイ－タヒチ間の往復航海、85～87年には、トンプソンが航海者としてハワイ、タヒチ、クックからニュージーランドへ、そしてサモア、トンガを経てハワイへ帰還するという大航海を達成した。90年代には、マルケサスからラパ・ヌイ（イースター島）への往復航海も行った。さらに、2007年には、太平洋を横断し、沖縄、長崎、広島へも航海している。

ルッパンによって、サタワルの伝統的航海術を用いた日本への「海の道」が新たに開かれ、ピアイルクによって、失われてしまったポリネシアの航海術が今によみがえったのである。

（須藤健一）

39

ミクロネシアの日系人

★全体の約2割が日系人★

日系人というと、ハワイやブラジルの日系人がよく思い起こされる。では、日系人の定義は何だろうと考えてみると、人によってさまざまである。日本人の血をひく場合は当然である。しかし、その場合でも、何代目までを日系人というのか、『広辞苑』などでも明確ではない。

ミクロネシアに対し、これまで日本政府はかなりの額のODA（政府開発援助）を実施してきている。総額にすると、対中国などに比べれば少ないほうであるが、人口一人当たりとなると、対ミクロネシアはかなり上位になる（第36章）。この背景には、第2次世界大戦の被害が大きかった地域であるということのほかに、日系人が多いということも理由の一つに挙げられている。

2003年および2004年に、太平洋諸島地域研究所（現太平洋協会）の小林泉らが日系人の現地調査を実施した。その結果、興味深い点がいくつか見られたので、紹介しながらミクロネシアの日系人について見ていく。この調査では、日本人の血をひく人びとはすべて日系人と定義された。調査地域は主にミクロネシア連邦と北マリアナ連邦で、前者はヤップ州、チューク州、ポーンペイ州、コスラエ州とからなる。

表1　ミクロネシア連邦の推定日系人数

州名	人口	推定日系率（%）	算出日系人数（人）
ポーンペイ	32,920	15	4,938
チューク	53,285	35	18,650
ヤップ	10,404	0	0
コスラエ	7,282	10	728
全体	103,891	23	24,316

［出所：太平洋諸島地域研究所レポート「ミクロネシアの日系人」(3)(2004年版）に基づく］

日本人との混血が最も多く行われたのは、日本の統治時代（1914～1945年）の約30年間と推定される。ただし、後述するが、チュークの日系人のなかでも、森一族などの大ファミリーの発祥は明治期にさかのぼる。

調査は現地アンケート方式と、電話帳による日系ファミリーネームの確認をもって行われた。実際に現地日系人の話を聞くと、「彼もそうだ」「彼女もそうだ」となり、ほとんどが日系人になってしまう。ところが調査を開始すると、実はそうでもなかった。

アンケートをとるために電話での聞き取りなどを始めてみると、なぜ今、調査するのかを説明するのが大変で、なかには日系人にはなにがしかの特別援助金が出るのではないかとの誤解さえ生じたという。そのようななかで出た数字を表1に示す。

事前に行った聞き取りなどから推定していたように、日系人は人口の2割前後という数字が示された。さしたる産業のないミクロネシア連邦では、居住人口のほかに10％程度の出稼ぎ人口（主にアメリカ本土やグアム、ハワイ、サイパンなど）があるが、全人口の2割以上が日系人だというのはかなり多い。これは、ミクロネシアという地域の特殊性とも関係がありそうである。最大の理由は、日本人移民が多かったことと母系性社会であったことにある。生まれてきた子どもたちは母方のファミリーに属し、父が原住ミクロ

ミクロネシア連邦初代大統領トシオ・ナカヤマ氏
［共同通信社提供］

ネシアの人であろうと、日本人、中国人、朝鮮人のどれであろうと、みな同ファミリーとなり、一族となる。

特に母系性の強いミクロネシア連邦やパラオにおいては、日系人の比率が高い（パラオの調査では日系人比率は約10～15%と出ている）。これに対し、ミクロネシアでは例外的に父系性社会であるヤップにおいては、日系人を含む他国系人の率がほぼ皆無である。このことからも、母系性社会が大きな理由であることがわかるであろう。

次いで、ミクロネシアで活躍する日系人について見てみると、非常に目立つ存在である。まず第一に挙げられるのがミクロネシア連邦の初代大統領であるトシオ・ナカヤマ氏である。彼は、ミクロネシア連邦の島じまを軍事基地化しようとしたアメリカ軍部の圧力を根気よくはね返し、見事に独立を成し遂げたことで名高い。何回かお目にかかったが、一見穏やかなうちに信念を秘めた人物である。

パラオの元大統領クニオ・ナカムラ氏は、日本からのＯＤＡを利用して独立後のインフラ整備をするとともに、日本や東南アジアとの関係を確立することで、パラオ共和国の国際的地位を高めた。

マーシャルの初代大統領アマタ・カブア氏は、ビキニ環礁における水爆実験の補償問題に関して、アメリカとの交渉を解決に導いた。

さらに、前チューク州首長会議議長ススム・アイザワ氏は、終戦後、一時日本人の父親とともに横浜に帰国し、高校卒業後はプロ野球（高橋ユニオンズ）で一軍の投手としてスタルヒンや佐々木信也などとともにプレーし、活躍した人である。このように、ミクロネシア連邦の政治経済界で重要なポストを占める日系人は多い。大統領だけを見ても、次のようである（括弧内は任期期間）。

トシオ・ナカヤマ　初代ミクロネシア連邦大統領（１９７９～１９８７）
エマニュエル・マニー・モリ　現ミクロネシア連邦大統領（２００７～）
ハルオ・レメリク　初代パラオ大統領（１９８１～１９８７）
クニオ・ナカムラ　第５代パラオ大統領（１９９３～２００１）
アマタ・カブア　初代マーシャル諸島大統領（１９７９～１９９６）
ケーサイ・ノート　第３代マーシャル諸島大統領（２０００～２００８）

チューク州で有名な森小弁（明治20年代に南進論の田口卯吉に同行してチュークで貿易を始めた）を祖とする森ファミリーは、自分たちでも人数が数えられないくらい子孫が多く、１０００名以上はいるという。また表に名前は出てこないが、森らとともに明治期の南洋貿易を支えた白井ファミリー、中山ファミリーなども現在も勢力を誇り、一族の総数は５００～１０００名にのぼるという。

日本統治時代には共用語として使われた日本語も戦後は英語に変わり、日系人意識も消えつつある。しかし小林によると、ポーンペイで聞き取りに応じてくれた老婦人の日本語は、発音といい、敬語の使い方といい、現在の日本人でさえ使えない美しい日本語だったという。

次に、北マリアナ諸島自治領の日系人について見てみる。

表２　北マリアナ連邦の推定日系人数（2004年現在）

総人口（人）	マリアナ現地民	総外国人	日系人	日系人比率（%）
69,221	23,908	45,313	1,281	5

［出所：太平洋諸島地域研究所レポート「ミクロネシアの日系人」(3)(2004年版)に基づく］

北マリアナ諸島へ移住した日本人移民の数は、先住のチャモロやカナカの人びとよりはるかに多く、まるで日本人社会といえるほどのものを形成していた。日本人の役人や各種日系会社はかなりの数にのぼり、日本本土から赴任してくる者は妻帯者が多かった。また、多数の沖縄からの移民は家族ぐるみの場合が多かったため、混血の機会は少なかった。さらに距離的にも日本本土に近かったために、写真見合いなどによって、日本婦人も数多くサイパン、テニアン、ロタなどに嫁いできた。学校は日本人の通う国民学校と現地民が通う公民学校とにはっきり分かれており、原住のチャモロの女性が日本人に接触する機会はあまりなかったといえる。

北マリアナ諸島自治領の日系人は、前述のミクロネシア連邦に比べて圧倒的に少数である。日本人移民の現地社会への入り方の違いがその数字に表れているのであろう。その結果、北マリアナ諸島における日系人の割合は５～６％ぐらいであったと推定できる。

（山口洋兒／印東道子）

VI

グアム・北マリアナ諸島自治領

◉マリアナ諸島

グアム（Guam）

アメリカ合衆国の準州の一つ。ミクロネシア最大の島で、陸地面積は549km^2。人口は約16万人で、そのうち先住のチャモロ系は約40％で、フィリピン系が25％を占めている（2014年）。主都はハガニア（旧アガナ）。公用語は英語とチャモロ語。通貨は米ドル。

マリアナ諸島にはチャモロ語を話す人びとが同一文化圏を形成していたが、16世紀にスペインによって植民地化された。1898年の米西戦争後に勝利したアメリカにグアムの統治権が移り、1950年にはアメリカの準州となった。米国議会下院には議決権のない代表を1名送っているが、大統領選挙の参政権はもたない。現在でも島の3分の1は軍用地になっており、北部に空軍および海軍基地が置かれている。西側の海岸沿いを中心に観光開発が進み、多くの観光客を集めている。産業はもっぱら観光関連業で、米軍基地関係、官公庁、漁業、農業などが続く。

北マリアナ諸島自治領（Commonwealth of the Northern Mariana Islands）

グアムを除くマリアナ諸島14島からなり、総陸地面積は477km^2。人口約5万人（2014年）のうち9割がサイパン島に居住する。あとの1割はテニアン島とロタ島に住んでおり、これ以外の北部の島じまのほとんどは無人である。大きめのパガン島やアナタハン島などには日本統治時代に人が住んだこともあったが、火山の噴火が繰り返されたため、現在は無人化している。人口の4割弱が先住民の血をひくチャモロである。主都はススペ（サイパン島）。公用語は英語、チャモロ語、カロリン語、通貨は米ドル。

グアムとは違い、スペインからドイツ、そして日本の統治を経て第2次大戦後はアメリカによる信託統治が続いた。1980年代以降、ミクロネシアの他の地域は次々に独立したが、北マリアナ諸島はアメリカの自治領になることを選択した。自治権はもつが、外交・軍事はアメリカにゆだねることを意味する。主要産業は観光関連業。

40

チャモロ文化の源流

★ミクロネシア最古の文化★

マリアナ諸島の人びとはチャモロと呼ばれ、その言語（チャモロ語）はマリアナ諸島全域で話されていた。最南端のグアム島から北へ連なる15の島の大半は火山島で、北部には活発に活動する火山もある。緯度は他のミクロネシアの島じまより北（北緯13～21度）に位置し、大陸にも近いため、モンスーン気候の影響で雨季と乾季がはっきりしている。

現在、マリアナ諸島は政治的に二分されており、グアム島はアメリカの準州、北マリアナ諸島はアメリカ自治領となっているが（第43章）、本来はマリアナ諸島全域にチャモロ語を話し、同じ文化をもった人びとが居住していた。

マリアナ諸島に人間が住みはじめたのは紀元前1500年ごろで、ミクロネシアでは最も古い。初期の遺跡は、グアムやサイパン、テニアンなど、南部の大きめの島の海岸低地に分布しており、主として貝塚などが見つかっている。それ以降、約3000年の間にマリアナ諸島で育まれたのがチャモロ文化である。他のオセアニアと共通する文化要素も多いが、マリアナ独自に発達した文化も目立つ。

チャモロ文化について最初に記録を残したのは、かのマゼラ

19世紀初頭のチャモロ女性［出所：印東編『東京大学総合研究博物館所蔵ミクロネシア古写真資料カタログ』1999年］

ンであった。１５２１年にグアム島沖に停泊して上陸準備をしていたマゼランらの船は、２００隻を超える小さなカヌーに囲まれた。ヨーロッパ人たちはそのスピードの速さや方向を自在に変えて進む様子に大変驚いている。このカヌーは、三角形の帆とアウトリガー（船外浮き材）を備えたシングル・アウトリガーカヌーのことをさし、ミクロネシアの他の島じまのカヌーと同じ形式のものである（第19章）。当時のヨーロッパの大型帆船は方向転換をするのが容易ではなかったので、マゼランらが驚いたのは当然である。

チャモロの人びとはそもそもどこからやってきたのだろうか。

まず、チャモロ語について見てみると、オセアニア全域に分布するオーストロネシア諸語のうち、西部マラヨ・ポリネシア諸語に分類される。これは、パラオやフィリピン、マレーシア、インドネシアの一部にも分布する古い言語グループであり、チャモロ語はそこから数千年前に分岐したとされる。最も近い言語はフィリピン北部にたどれる（第8章）。

考古学的には、マリアナの先史文化はいくつかの文化期に分けられるが、大別すると二つの時期に区分される。最初の移住が行われた紀元前１５００年ごろから紀元後１０００年ごろまでの先ラッテ期と、それ以降のラッテ期である。ラッテという巨石遺跡がマリアナに出現するに伴って文化要素などが大きく変化したためである（第41章）。

先ラッテ期の遺跡からは、土器や貝斧、石斧、貝製装身具、釣り針など、豊富な物質文化が見つかるが、家畜やネズミはいなかった。これらのうち、特に土器から得られる情報や特徴が、チャモロの故地がどこであったかを探る手がかりを与えてくれる。

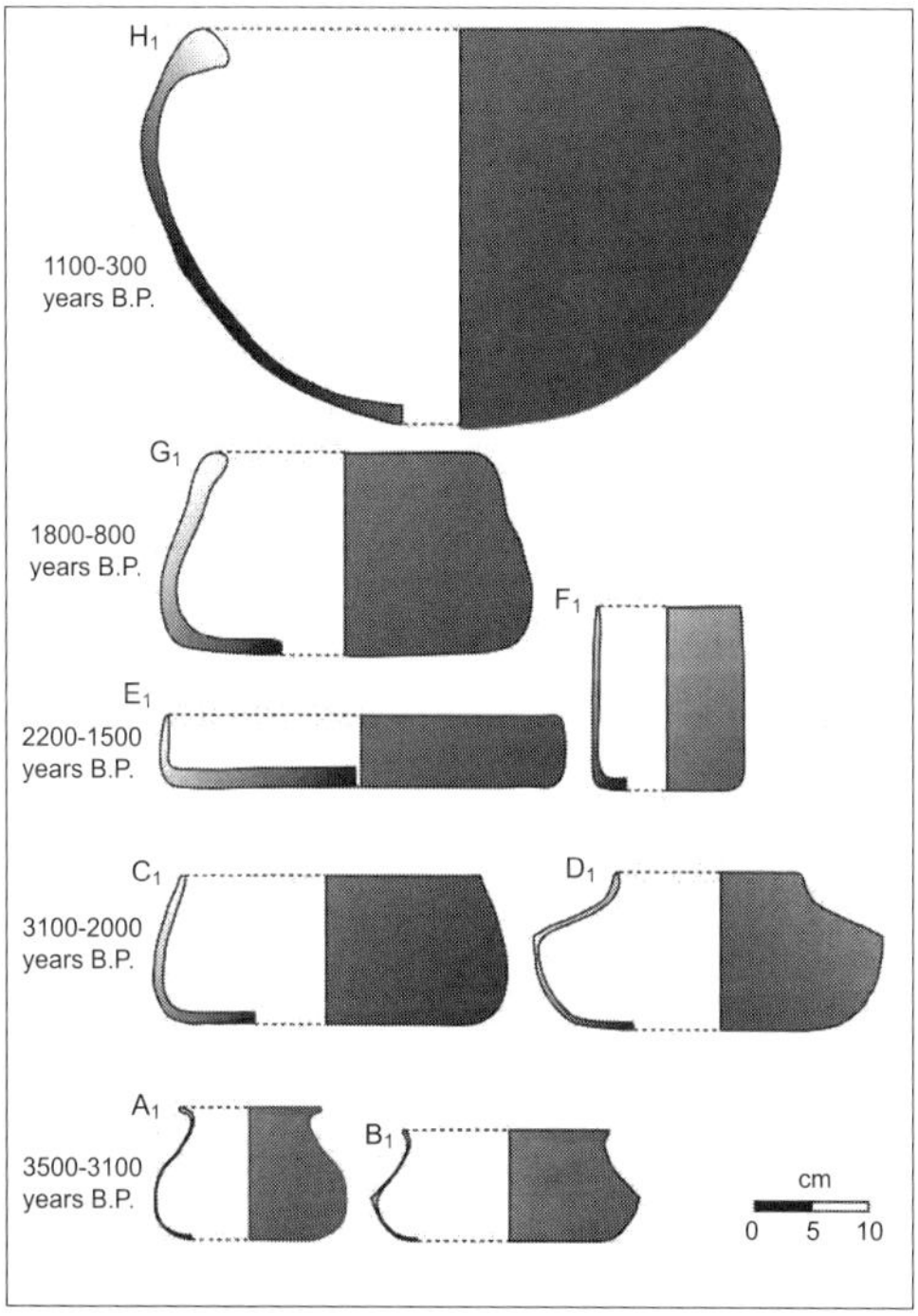

マリアナ先史時代の土器。左側の B.P. は今から何年前に作られたかを示す［出所：Carson (2012), Evolution of an Austronesian landscape. *J. Austronesian Studies* 3］

最も古いマリアナの土器は、オセアニア最古の土器とされてきたメラネシアのラピタ土器よりもさらに数百年古い。その特徴は非常に薄手で（1〜2ミリのものもある）、赤色スリップ（化粧粘土）がかかっているため赤いものが多い。器形は小型の壺や鉢などで、ラピタ土器に類似した肩の部分をもつものもある。土器上部に刺突や沈線が施された文様土器も含まれるが、出土する土器片の1％ほどと少ない。表面の仕上げに関しては、同時期に台湾からフィリピンに分布していた赤色土器に類似しており、文様の特徴はフィリピン北部の土器やラピタ土器に通じる。石灰を文様にすり込んで目立つようにしたものも見つかっている。

その後、土器の形状は平底で非常に厚手の鍋に変化し、さらにラッテ期のやや大型の壺へと変化する。ラッテ期には、大型の石臼や人骨製槍先、スリングストーン（投弾）、特殊な漁労用石錘（おもり）などマリアナ諸島に特徴的なものの他、シャコガイ製貝斧や貝製装身具類など、広くミクロネシアに見られる文化要素も含まれている。漁具よりも貝斧など、陸上で使用する道具類の増加が目立ち、ネズミもラッテ期からマリアナにやってきたことが出土する骨からわかる。

以上、言語や土器文様、稲作などの文化要素から判断すると、チャモロ文化とフィリピンとの歴史的な関係性を示す証拠は多い。しかし、フィリピンには見られない物資文化も含まれることから、フィリピン以外の地域との関係も考えなくてはならないであろう。特に、近年のミトコンドリアDNA分析からは、チャモロに特有の遺伝子型が見つかり、少人数の集団が拡散してきたあと、孤立した状態で居住していたことが明らかになったと同時に、インドネシア島嶼部に見られる遺伝子型も見つかったことから、フィリピンより南のウォーレシア地域との関連性も指摘されている。

実際に、フィリピンからマリアナへ移動することは可能だったのだろうか？　両地域は2500キロメートルも離れているうえ、海流は東から西へと流れ、風向きも東から西へ吹いている。すでにマリアナ諸島の存在を知り、周到に準備した人たちが航海したとしても、強く太い黒潮を横切り、風上へ向けて数日間航海するには高い航海技術が必要とされる。それだけの技術を紀元前1500年のフィリピンの人がもっていた可能性は低いであろう。

さらに、季節ごとの気象条件をコンピューターに入れてシミュレーションをした研究結果からは、台湾からもフィリピン北部からも航海しても到達できた可能性はなく、ましてや漂着した可能性はゼロであることが示されている。インドネシア島嶼部周辺がより高い可能性をもつと考えられる。ただし、現在とは異なる気象条件が出現し、海流や風向きに変化が生じた可能性も考えられる。いずれにしても、最初にマリアナへ移住した人びとは少人数で、家畜はおろか、ネズミすら連れて渡ることができなかったことを考えると、決して楽な渡海ではなかったことを示している。

マリアナ諸島には、スペイン統治時代以降、フィリピンから多くの移民が移住し、日本時代にはチャモロの人口を上回る日本人が暮らした結果、混血が非常に進み、現在は純血のチャモロはいないと言われている。アメリカ領になっているグアムではチャモロ人口は4割弱であるが（2012年センサス）、北マリアナではさらに少ない2割ほどで、フィリピンや中国からの移民のほうが多いのが現状である。

（印東道子）

41

巨石遺跡ラッテの謎

★稲作文化と共にあらわれる★

マリアナ諸島にはラッテという奇妙な形をした石柱列が、グアムやサイパン、テニアン、ロタなどに残されている。マリアナ以外には類似した遺構は見つからないので、ラッテはマリアナ諸島固有の構築物と言える。ヨーロッパ人が来島しはじめた16世紀には、まだラッテが使われていたという記述もあるが、その用途も含めて確実なことはよくわかっていない。その後、戦争を含めた様々な変化のなかで、ラッテ遺構の多くは一部、あるいは全体が破壊されたが、今でもその痕跡は多く残されている。ラッテのユニークな形はチャモロ文化の象徴として使われ、北マリアナ諸島自治領の旗にもそのモチーフを見ることができる。

ラッテとは、サンゴ石灰岩を切り出して作った石柱（ハリギ）の上に、半円球状の戴石（タサ）を平らな面を上にして載せたものを指す。ハリギの高さは小さなものでは1メートルに満たないものもあるが、大きなものでは3メートルを超すものまである。ハリギの上に載せるタサはハリギの太さより大きな直径をもち、最大幅をもつ部分が最上部に来る構造になっている。

ラッテ遺構は、2本で1対のラッテが等間隔に並んで構成される。その数は3対（6本）から7対（14本）で、4対～5対が最も多い。ラッテが整然と並んだ配置から、長方形の構築物であったことは一目瞭然である。タサの上部がほぼ同じ高さに揃うため、その上に床、あるいは梁《はり》を載せたと考えられる。ラッテ遺構の多くは海岸線に平行して並び、複数のラッテ遺構が近隣に分布していることが多い。

ラッテがマリアナ諸島で作られたのは10世紀～16世紀にかけてで、ラッテ出現を境に、マリアナ諸島の先史文化は先ラッテ期から大きく変化した。これは、ラッテの建造とともに大きな社会文化的な変化が起こったためである。

ラッテ期以前は、海岸沿いの平地が居住の中心であったが、ラッテ期には川に沿って内陸にまで居住域が広がった。ただし、人口規模から考えるとラッテの数は少なすぎるので、木造家屋で生活していた人びとの存在も指摘されている。ラッテに居住した人との間には社会的な差異が存在した可能性があるということである。

ラッテ期の重要な特徴は、オセアニアで唯一稲作を行っていたことである。稲作に関連する単語がチャモロ語には多く復元され、ラッテ遺構から発掘された14世紀の土器片には稲（*Oriza sativa L.*）の圧痕も見つかっている。さらに、ラッテ遺構からは必ずといってよいほど大きな石臼がともに見つかる。これは、収穫した稲を脱穀するために使ったもので、ラッテ遺構と米との関係性を強く示している。

ラッテは居住に使われたと考えられ、床下にあたる部分からは、複数の埋葬人骨が見つかることが多い。他方で、タサをハリギの上に載せたアンバランスな構造は、ネズミが床上に登れないようにす

写真1　ロタ島に残された未完成のラッテ。手前がタサで奥がハリギ（2002年）

るためのネズミ返しであろうと古くから指摘されてきた。ハリギを垂直に登っても、タサの球面下部を仰向けに登ることは不可能で、あきらめて引き返すかそこから落下する。フィリピンでも、丸い板を柱と床下の間にはさむようにしてネズミの進入を防ぐ工夫をしており、同じ目的で作られたと考えてよい。つまり、ラッテ上にネズミから守りたいもの、すなわち米を置いていたと考えると、ラッテは単なる住居であるだけでなく貯蔵機能も持っていたと考えられる。

　これほど大きなラッテはどうやって作られたのだろうか？　素材のサンゴ石灰岩は、隆起した古い造礁サンゴを切り出したものである。グアム北端のタラギ海岸には、ハリギやタサが切り出された後の長方形の窪みが残されている。類例はポリネシアのトンガタプ島（トンガ）の海岸にも見られ、巨大な王族の墓を構築するためのサンゴ石灰岩製建材を切り取った四角い窪みがいくつも並んでいる。

海岸ではないが、どのようにハリギとタサを切り出したのかがよくわかる遺跡がロタ島に残されている。隆起したロタ島は、広く地表がサンゴ石灰岩で覆われているため、内陸でも石灰岩が切り出せたのである。現在、ラッテストーン公園として保存されているアス・ニーヴァスには、周囲を削り下げ、運び出すばかりにほぼ完成したタサとハリギが16個も残されている（写真1）。サイズを測ると、タサの直径は約2メートル、ハリギの高さは約6メートルもある。これらが完成して地上に建てられていたなら7・6メートルもの巨大なラッテになり、マリアナで最大のラッテになっていたであろう。

現存する最も大きなラッテ（完成して建てられたもの）は、テニアンにある「タガ・ハウス」である。これは6対のラッテが並んだもので、高さは約6・8メートルある。1742年に来島したイギリス海軍のアンソンは、12本のラッテがみな直立して、タサがハリギの上に載った様子を描いている。ところがその後、1818年にフランス人アラゴが来島したときには、7本以外は倒れており、現在は1本が直立しているのみである（写真2）。かつてタガ・ハウスの周辺には、合わせて17基の

写真2　テニアン島タガ遺跡のラッテ（1997年）
［鎌田洋輔撮影］

ラッテ遺跡の復元図
［出所：Morgan (1988), *Prehistoric Architecture in Micronesia*］

ラッテ遺構が海岸線にそって並んでいたが、日本統治時代にその多くが倒され、耕作地にするため除去された。テニアンで唯一、破壊をまぬがれたのがタガ・ハウスである。

サンゴ石灰岩は多孔質なので火山岩よりは軽いが、それでも直径が1メートルもあればかなり重い。特に、大きなタサをハリギの上に載せるにはそれなりの人数が必要である。ロタで最大級のラッテが作られていたことから、比較的平等だったと考えられているチャモロ社会に権力の集中、あるいは労働力を指揮する力を持った存在が出現しはじめていた可能性も考慮すべきであろう。

残念なことに、すべてのタサがハリギの上に載った形で残っているラッテはないが、グアムにあるラッテ公園で、タサをハリギの上に載せて復元したラッテを見ることができる。同一のラッテ遺構に使われていたラッテではないため太さなど、統一感に欠けるのが残念であるが、実際のラッテがどのようなものであったかを見ることができる。

（印東道子）

42

色濃く残るスペインの影響

★キリスト教文化と新大陸起源の動植物★

マリアナ諸島を歩いていて目につくのが、高い鐘楼をもつ堂々としたカトリック教会である（写真1）。青空を背景にステンドグラスがはめ込まれた白壁の建物は、厳かな雰囲気を持ちながらも南国の風景にとけ込んでいる。現在でも島の8割を超す人びとがクリスチャンであり、村ごとに建つ教会はコミュニティ活動の中心にもなっている。オセアニアの他の島じまにも教会はあるが、マリアナ諸島の教会は特に立派で数も多い。これは、スペインから受けた影響が他の島じまとは比べものにならないほど長く深かったことと関係がある。

マリアナ諸島とスペインの関係は、1521年にマゼランがグアムに上陸したことに始まり、密接な関係が19世紀末まで続いた。マゼラン以降、ヨーロッパ各国は競って新しい島じまを「発見」する大航海時代から、互いに領有宣言争いをして植民地化する時代へとオセアニアへの関心を持ち続けた。しかし多くの場合、本国から遠く鉱物資源などを持つ島もほとんどなかったことから、名ばかりの関係が続いた。

ところがスペインの場合は、その時々でマリアナ諸島を多様に位置づけ、密接に関わってきた。ガレオン交易の中継地とし

写真１　グアム島セントジョセフ教会（2006年）

てはじまり、宣教師によるキリスト教布教の中心地、植民地、そして負債のための売却資産として最後はドイツに売却した。

16世紀初頭のヨーロッパは、東南アジアからいかに安く大量に香辛料を入手するかで競い合っていた。ポルトガルがアフリカ南端の喜望峰を通るルートを押さえたため、スペインは大西洋を横断してアジアへ達する航路を探していた。それがコロンブスによるアメリカ大陸、そしてマゼランによる太平洋の「発見」につながり、スペインは西回りでアジアからの物資を運ぶルートを確立したのであった。マリアナ諸島は、ミクロネシアで唯一、この動きのなかに巻き込まれた。

スペインが交易の拠点を築いたのはフィリピンで、そこにはモルッカ諸島の香辛料、中国・東南アジアの磁器、象牙、漆器、絹製品、インドの綿などが集まっていた。これらをメキシコから運んできた銀と交換し、太平洋を越えてメキシコのアカプルコへと運んだのがガレオン交易で、１５６５〜１８１５年まで２５０年間も行われた。太平洋を横断するこの航海は、偏西風に逆らって東へと航海するため、通常、３カ月〜半年もかかった。メキシコからの復路に位置するグアム島は、水や燃料を補給する唯一の中継地として重要な役割を果たし、様々な形でスペイン人やスペイン文化が入ってくることになった。

ガレオン船が入港するウマタック村には、スペイン兵や役人、宣教師などが居住し、ウマタック湾を見下ろす場所に築かれたソレダット砦は、今も見ることができる。マリアナ諸島には陸上動物がほとんどいなかったため、使役用に馬や水牛が持ち込まれ、食用に豚や鹿、鶏などが持ち込まれた。今日グアムやロタで見られる野生の鹿や豚、鶏は、これらが野生化したものである。

写真2　ロタ島で使われたメキシコ製メタテ石（1974年）

また、鉄をはじめとする様々な物資がマリアナ諸島にもたらされ、伝統文化は大きく変容した。たとえば、土器は鉄鍋へ、貝製釣り針は鉄製釣り針へと置き換わり、マシェテと呼ばれる大型の山刀は、現在でも島の人びとの生活に欠かせない道具となっている。

新大陸原産のタバコやサツマイモ、トウモロコシ、キャッサバなどの植物も海を渡って持ち込まれ、チャモロ文化に組み込まれていった。トウモロコシは、粉に挽いてトルティージャを作るため、メキシコで使用されていた特殊なすり石とともに海を渡ったようで、今でもこれらの道具がロタ島などに残されている（写真2）。

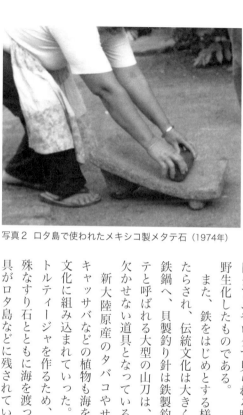

しかし、もっとも大きくチャモロ社会や文化に影響を及ぼしたのは、キリスト教であった。ガレオン船はメキシコから銀のみならず宣教師も運んだことで知られるが、マリアナ諸島に本格的な布教を行ったのはサン・ヴィトレスであった。スペイン王フェリペ4世の支援を受けて1668年に来島したサン・ヴィトレスは、半年の間に7000人以上に洗礼を施すなど、順調に宣教活動を進めた。彼がハガニアに建てたグアム最初の教会は、現在もハガニア大聖堂バシリカとして再建されている。しかし、次第にキリスト教の教義とチャモロ社会の伝統文化と相容れない部分がぶつかりはじめ、各地で宣教師たちが殺され、サン・ヴィトレスもわずか4年後に殺されてしまう。その後、20年にわたるチャモロ・スペイン戦争が行われ、チャモロ人口は天然痘の流行もあって激減した。その結果、チャモロの大多数がキリスト教を受け入れ、カトリック人口は今日に至るまで多い。

マリアナ諸島にキリスト教布教の礎を築いたサン・ヴィトレスは、現在でもチャモロにとって大きな存在でありつづけている。もっとも身近にサン・ヴィトレスの存在を示すものがマリアナ諸島という名前である。それまでは、マゼランが命名した「ラドロネス（泥棒の意）諸島」が使われてきたが、島民が素直にキリスト教を受け入れて洗礼を受けたことに感動したサン・ヴィトレスは、「マリアナ諸島」と命名し直したのである。この名前は、彼の宣教活動を経済的に支援し続けたスペイン女王マリアナ・デ・アウストリアに由来している。

教会文化で現在もコミュニティと深く関わって続いているのは、各地で行われるフィエスタである。スペインでも行われるカトリックの行事であるが、マリアナではよりコミュニティの祭りという性格が強い。毎年一回、各村の教会に祭られている守護神（キリスト教の聖人が多い）像をみこしのように担

写真３　グアムで今も続けられているフィエスタ（1999年）［高山勝撮影］

いで集落内を回ったあとは、村人も来訪者もともに食事して守護神を祝福する（写真３）。

１８９８年、米西戦争に敗北したスペインは、グアム島とフィリピンをアメリカに割譲し、マリアナ諸島とカロリン諸島はドイツに売却した。これによって、スペインは植民地を手放したことになるが、チャモロの人びとにとっては宗主国が変わっただけで、依然として植民地であることに変わりはないうえ、グアムと他の諸島とは政治的に分割されてしまったのである（第43章）。

スペインは去ったけれど、今でもスペインとの関係なくして考えられないものが随所に見られ、スペインがマリアナ諸島の歴史に及ぼした影響の強さを物語っている。

（印東道子）

43

分断されたマリアナ諸島

★終わらない「植民地支配」★

マリアナ諸島はファラリョン・デ・パハロス島（ウラカス島）からグアム島まで南北に連なる15の島から構成される。現在、政治的には、ロタ島以北の北マリアナ諸島と、「南マリアナ」であるグアム島に分けられている。これらは、もともとはチャモロの人びとが暮らす島じまであったが、植民地化と脱植民地化の過程により分断が生じ、それが固定化されて現在に至る。北マリアナとグアムとで統治形態の枠組みは異なるものの、どちらも米国の統治システムに組み入れられ植民地支配が事実上継続しているという点では共通している。

マリアナ諸島には、他のミクロネシアの島じまと同様に、近代的な概念としての国家は存在しなかったが、スペインが植民地支配を行うことにより植民地領域が設定された。スペインは1565年以降マリアナ諸島を統治し、米西戦争で敗退したために1898年にグアムとフィリピンを米国に割譲した。北マリアナ諸島を含めミクロネシアのほかの島じまはそのままスペイン領として残ったが、スペインは1899年に、北マリアナ諸島とカロリン諸島、マーシャル諸島をドイツに売却した。チャモロの人びとの意思とは無関係なところで、グアムは米国の統治下に入り、この時から、今日に至る分断が構造化されることとなる。

第1次世界大戦が始まると、日英同盟に基づき、日本は英国の敵国であるドイツが統治するミクロネシアを占領した。日本による北マリアナの統治は第2次世界大戦中に米国が北マリアナ諸島に上陸し占領するまで続いた。米領となっていたグアムは1941年に日本が占領し、一旦は日本の統治下に置かれたが、1944年に米軍が奪還した。

写真1　独自の憲法を起草した北マリアナ諸島憲法会議のメンバー（1976年）［The NMI Museum of History and Culture 提供］

北マリアナ諸島は、1947年より国連太平洋諸島信託統治領（TTPI）として、カロリン諸島、マーシャル諸島とともに一つの植民地領土として米国によって統治された。グアムは1950年のOrganic Act（自治を定めた基本法）制定により米国の未編入領土として、連邦政治への参加に関しては一定の制約を受けながらも、米国とほぼ同様の社会が構築され現在に至っている。

1960年代になると、北マリアナでは、グアムとの再統合を目指した議論や住民投票が行われ、グアムと再統合して米国市民になることを望む住民が大多数を占めた。しかし、1969年にグアムで実施された住民投票では再統合を望まない人が投票者の過半数を占め、両地域の再統合の可能性はこの段階で遠のいた。

北マリアナはTTPIの一地区としてミクロネシア議会（政治的地位獲得のための交渉母体として機能した）に参加していたが、この枠組みから分離して、コモンウェルス（自治領）として独自の政治的枠組みを構築するための準備を進めた。1975年に自治領創設のための米国との盟約（Covenant）承認のための住民投票で78％以上の賛成を得て、1976年に盟約が調印された。これを受け、独自の憲法を制定した後、1978年に自治政府が発足した。

コモンウェルスは、TTPIの残りの地区（後の、マーシャル諸島共和国、ミクロネシア連邦、パラオ共和国）が後に選択した自由連合国とは異なり、米国の「領土」という性格がより強い。自由連合国は防衛権を米国に譲渡しているものの、外交権を持ち、国連に加盟し投票権も行使できるが、北マリアナにはそれらの権利はない。自治という面では周辺の自由連合国より低い。その代わり、北マリアナの市民はグアムと同様に米国の市民権を持つ。

北マリアナ諸島自治領が創設される際に、米連邦が定める「最低賃金」と「出入国管理権」は適用除外し、これらを北マリアナ諸島政府が独自に運用できる措置が取られたことで、北マリアナはグアムと比べるとより大きな「自治能力」を持つ領土となった。島嶼国という、本来は経済発展には不利な条件を抱える北マリアナで、これらを武器に安価な労働力をアジアから導入することで国際的な競争力を発揮し、観光産業および縫製産業が発展したのであった。

観光産業は90年代半ばまでは好調であったが、アジア通貨危機、米国におけるテロなどが北マリアナへの観光客数にも影響を与えた。縫製産業では、アジアからの安い労働力を集約させたうえ、衣料品製造の最終工程をサイパンで行い「米国製」のタグを付け、米国へ数量制限なく自由に製品を移出できたために繁栄し、ピーク時の１９９９年には年間約40億円の収入を北マリアナ政府にもたらした。しかしながら、サイパンの縫製工場が有利に事業展開できた背景には劣悪な環境下で労働者が搾取されてきた実態があることが明らかになり、米国本土の縫製産業労働者を不当に失業に追い込んだと問題視され、入国管理の強化などの対策が検討されることになった。あわせて、２００５年に米国がＷＴＯ加盟国からの繊維製品輸入割当量撤廃をしたことにより、衣料品をより安価に大量生産できる中国との競争に敗退し、サイパンの縫製工場の存在意義が消失した。そのため縫製工場は次々にサイパンから撤退し、２００９年には完全に消滅した。

写真２ 閉鎖され放置された縫製工場（サイパン島サン・アントニオ地区、2014年）

　北マリアナがコモンウェルスになる際に設けられた特例措置の一つであった最低賃金の適用除外については、２００７年から半年ごとに50セントずつ引き上げ、２０１５年には米本土並みの時給7・25ドルにすることで段階的に終了させる措置が取られている。もう一つの出入国管理権は「連邦化(Federalization)」され、２００９年11月より米国移民局にその権限が移管されたので、北マリアナで安価な労働力を新規に採用することは難しくなった。

縫製産業が崩壊したいま、北マリアナの経済は観光業に頼っている。移民法の連邦化で、中国とロシアからの観光客が北マリアナを訪れることができなくなると北マリアナ経済が深刻な打撃を受けることが懸念されたが、両国からの観光目的での入国には例外措置が取られたため、観光業の崩壊は免れている。

皮肉なことに、経済開発に関わる制度としては、北マリアナとグアムでは大差はなくなった。その意味では「分断」がだいぶ解消されたとも言えるが、グアムは米軍基地のプレゼンスが高いことやアジア主要都市からの直行便の数が豊富であることなど、両地域の格差は依然として存在する。グアムには年間100万人以上の観光客がアジア諸国などから継続的に訪問し、その発展の度合いは北マリアナと比べると差が明らかである。北マリアナの経済基盤はグアムと比べても脆弱であることから、その未来への懸念は深まる。

こうして北マリアナは自治領としての独自性を失い、米国にさらに従属した形で存在することになった。北マリアナとグアムは、双方とも米国との強いつながりを持ちながらも別の政治的枠組みで区切られ、その分断が解消される見込みは薄い。グアムには米軍の主要な基地が存在し、北マリアナ北部の島は軍事演習に使われている。サイパンの沖合には海上事前集積船（米軍が民間に委託した軍事用備蓄船。米本土から離れた場所で停泊・待機し、有事の際に米軍が迅速に展開するために活用される）が常に数隻待機している。このようにマリアナ諸島の両地域では事実上の植民地支配が継続し、それが終了することは当面はない。

（三田　貴）

44

戦跡と慰霊の島

★テニアン、サイパン★

テニアン、サイパンは北マリアナ諸島の中心をなす島じまで、ほぼ南北に連なっている。両島はグアムと同じく日本人にとっても人気のある観光地でもあり、その名前を知っている方も多いであろう。このうちより北に位置するサイパン島は、東岸は断崖絶壁で形成される一方、西岸は砂浜の沿岸が広がり、発達したサンゴのラグーンが形成されている。北マリアナ諸島でも最大の市街地として知られ、多くのリゾートホテルが並び、観光客であふれるガラパンもこの西岸にある。今では観光地として有名なガラパンであるが、この街がかつて日本による委任統治時代に南洋庁サイパン支庁の所在地となったことで、「南洋の東京」としても知られる近代的都市として誕生したことを知る人は多くないかもしれない。

同じくテニアン島の発展も、かつての日本統治時代がその幕開けとなっており、両島は歴史的にも日本と深いかかわりを持ってきた。とくに両島が知られるのは、太平洋戦争末期に両島が経験した戦争の悲劇とその痕跡が今も色濃く残されているところにある。

両島には約3500年前から人が住んできた。アジア起源の

写真1　日本統治時代のテニアンの街並み（絵葉書、発行年不明）

オーストロネシア語集団（チャモロ人）が最初に移住し、長らく自給自足の生活を行ってきた。その後、マリアナ諸島は1521年に最初の世界一周航海を試みたマゼランらよって「再発見」され、16世紀以降のスペインによる統治、1899年からはドイツによる統治を経て、1914年に勃発した第1次世界大戦を契機に連合国側についた日本が占領し、大戦後の1920年に正式に日本の委任統治領となった。

日本人による両島への移住もこれを機に開始され、日本人街が形成されていったのである。その中心地が、南洋庁サイパン支庁が設置されたガラパン地区であった。当時の産業の中心はサトウキビ栽培で、準国策会社の南洋興発株式会社は、サイパン、テニアン、ロタに製糖所を建設し、北マリアナ諸島は製糖産地としても発展した。またその初代社長となった松江春次は「シュガーキング」とも呼ばれ、1934年にはサイパンにある彩帆《さいぱん》公園（現在は砂糖王公園）に銅像が建立されており、現在も太平洋戦争時に受けた銃弾痕とともに残っている。

南洋興発の成功に伴い、日本からの移住者も激増し、ガラパンには学校や病院などの公共施設のほか、銀行や新聞社、映画館といった商業施設も建設された。最盛期の民間日本人の人口はサイパン島だけで約2万5000人に達した。現在の北マリアナ諸島歴史文化博物館は、この日本統治時代に南洋庁サイパン医院として建設された建物を再利用したもので、当時の面影をしのばせている（写真2）。一方、テニアン島でも南洋興発による開発の成功や鰹節生産の成功により、約1万5000人の民間日本人が居住するまでに発展した。しかし、両島における日本人街の発展は1940年に始まった太平洋戦争におけるアメリカ軍の進撃、そして最終的な日本の敗戦により突如、悲劇とともにその終わりをむかえるである。

写真2　北マリアナ諸島歴史文化博物館（サイパン、2005年）［印東道子撮影］

北マリアナ諸島はアメリカ軍の新型爆撃機B－29を展開するうえで、日本本土を攻撃圏内に収められる位置にあったことから、両軍にとって重要な戦略地点となった。このため日本側は約3万人の陸軍と約1万5000人の海軍を配置した。一方、ついにマリアナ諸島まで到達したアメリカ軍は1944年6月、サイパンへの進攻を開始する。同11日にはアメリカ軍艦載機による空襲、つい

写真３　バンザイクリフに多数ある慰霊塔の一つ（2005年）［印東道子撮影］

で13日には戦艦や巡洋艦らによる砲弾攻撃が行われ、日本軍の基地は半壊し、航空機の多くが失われた。さらに同15日の夜までに、その圧倒的な火力を武器に約２万人の海兵隊が上陸に成功する。上陸した海兵隊はサイパン南部にあるアスリート飛行場へ進撃し、日本軍は同16日夜から17日にかけて総攻撃を開始したが壊滅し、空港も占領されてしまう。

同19日より開始されたマリアナ沖海戦でも大敗を喫した日本軍は、陸海軍ともに戦力が激減し、その後も決死の抵抗を続けるもサイパン北部へと追い込まれ、７月７日に残存部隊約３０００名によるバンザイ突撃とも呼ばれる総攻撃を行い、全滅する。その２日後の７月９日、アメリカ軍はサイパン島の占領を宣言した。このサイパンでの戦いで陸海軍合わせて約３万人以上の日本兵、そして約５０００人以上の米兵が戦死した。

同じくこれまでサイパンで日本人街を発展させてきた多くの民間人も戦争の被害者となった。敗戦の色が濃くなってきた１９４４年２月には兵員増強の輸送船を利用して、女性や子ども、老人の帰国が計画されたが、３月に出航した帰国船「亜米利加丸」はアメリカの潜水艦に撃沈され、約５００名の民間人が死亡するなど、本土への帰国も厳しいものとなっていた。その結果、6月の戦闘開始段階での在留民間人はサイパンだけで約2万人いたとされ、その半数以上が砲撃弾に巻き込まれるか、日本軍と同じくサイパン北部へと追いつめられた末に、バンザイクリフやスーサイドクリフと呼ばれる北部の断崖絶壁から飛び降りて自決するという悲劇が起った。また民間人の犠牲者は日本人のみでなく、現地のチャモロ人や韓国人も含まれていたことは忘れてはならない。バンザイクリフには現在、平和記念公園として多数の慰霊碑や寺院が建立されており（写真3）、戦後60周年目の2005年には天皇・皇后両陛下による慰霊訪問が行われた。

テニアン島でも1944年の7月24日からアメリカ軍の上陸作戦が開始され、陸海軍合わせて約8500人の日本軍が反撃、抵抗を試みたが壊滅し、8月3日まではアメリカ軍の占領下となった。この戦いでの日本軍の戦死者は約8000人と言われ、民間人のなかにも戦闘に巻き込まれたり、自決により死亡した者が数千人に及んだとも言われている。

アメリカ軍による占領後、サイパンのアスリート空港やテニアンのハゴイ空港は拡張され、B－29の発着基地として利用された。広島、長崎に原爆を落としたB－29はハゴイ空港より発進しており、原爆ピットと呼ばれる記念碑が建てられている。両島は今や一大観光地として人気を博しているが、日本ともつながりの深い歴史を持ち、また戦争による悲劇を経験し、今に伝える島じまであることも忘れてはならない。

（小野林太郎）

Ⅶ

ミクロネシア連邦

◉ミクロネシア連邦（Federated States of Micronesia）

ポーンペイ（旧ポナペ）、コスラエ（旧クサイエ）、チューク（旧トラック）、ヤップの４州から構成される連邦国家。国名の頭文字をとってFSMと略称される。総陸地面積は702km^{2}であるが、経済水域は約300万km^{2}と広い。

４州とも主島は火山島であるが、離島のほとんどは低平なサンゴ島からなっている。最も広い海域を持つのがヤップ州で、ウルシーやファイス、ウォレアイ、サタワルなどの西に広がる中央カロリン諸島も含む。人口約10万人のほとんどは原住のカロリン人。首都はポーンペイ州のパリキール。公用語はヤップ語、チューク語、ポーンペイ語、コスラエ語、英語。GDPは3.5億ドル（2013年）。通貨は米ドル。

ヤップやポーンペイには伝統的階層社会が発達し、石貨（ヤップ）やナン・マドール（パラオ）など、ユニークな巨石文化が見られる。16世紀以降、スペイン、ドイツ、日本による統治を経験し、第２次世界大戦後はアメリカが信託統治した。日本時代には８万人を超える日本人移民が居住し、サトウキビなどの熱帯農業、鉱業、漁業などで活発な経済活動を行った。1978年にミクロネシア憲法が起草され、これを信任しなかったパラオとマーシャル諸島を除く４地域でミクロネシア連邦を構成し、連邦国となった。1986年に米国との間に自由連合盟約を結んで独立し、国防と安全保障の権限を米国に委ねている。1991年には国際連合にも加盟し、初代大統領は日系のトシオ・ナカヤマ氏。

産業は水産業、観光業、農業、外国漁船からの漁業権収入などであるが、歳入のほとんどをアメリカからの財政援助によっている。

ミクロネシア連邦の国旗

45

世界最大の貨幣

★石で作ったヤップのお金★

ヤップは「アイランド・オブ・ストーンマネー（石貨の島）」と呼ばれているように、今日においてもなお文字どおり石のお金が使われている島である。石畳の路傍や集会所など、島の各所に直径が1メートルを超すドーナツ状の石のお金が立てかけてあり、懐かしい思い出にも似た独特な情景を形作っている。もちろん現在は普通の貨幣としてアメリカ・ドルが使われていて、給与や賃金、コプラの売り上げなどはドルで支払われ、銀行もあり、商店ではドルで買い物をする。しかし社会関係を築き維持する儀礼的交換の場では、今もドルではなく石貨といった伝統的な貨幣が使われる。

ミクロネシアのなかでは、以前から特にパラオとヤップが貨幣を使う地域として知られていた。そうした貨幣として、ヤップでは石貨のほかにいくつかの種類がある。パラオ産のシロチョウガイを最高の価値とする各種の真珠母貝貨ヤール、中央カロリン諸島産で、ガウと呼ぶ赤色のウミギクガイを円盤状に削り出し、それを数珠状に連ねた貝貨ガウ、ヤップの離島産で、バナナやオオハマボウの繊維をビンロウヤシの皮で俵状に梱包した俵貨ブル、パラオ産のオオシャコガイの蝶番《ちょうつがい》部を杵状に

写真1　住宅の前に並べた石貨（ヤップ、1983年）

研磨して、木製で臼状の台に取りつけた杵貨ギイ、パラオの貨幣ウドウドと同じ玉質である玉貨ツルアなどである。これらのうち、現在でもよく登場するのが石貨と真珠母貝貨であり、石貨とシロチョウガイの貝貨はほぼ同価値とされている。

さて、石貨はフェと呼ばれ、白色や淡褐色をしたパラオ産の結晶質石灰岩（ヤップ語はライ。天然炭酸カルシウム、霰石）が主な材料となっている。大理石の一種とあって、研磨された面は透明な結晶も含まれ美しい。中央に穴をあけた円盤形をし、普通は直径60センチメートルから1メートル余りほどだが、最大は直径3・7メートル、重さ5トンほど、小は直径20センチメートルと大小さまざまである。

石貨の由来や歴史は不明瞭である。伝説によると、昔、航海者アナグマンがパラオの鍾乳洞で美しい石を見つけ、部下に命じて切り出させた。最初は魚の形を、次いで三日月形にしたが納得できず、最後に満月形にしてようやく満足し、運搬用に真ん中に穴をあけ、これをヤップに持ち帰った。したがって石貨の形は丸く、石材を意味するライという語は、クジラを意味するライから来ているという。

かつて、18世紀頃～19世紀半ば頃までは、ヤップ島民が首長の命令を受けて集団でカヌーに乗り込み、500キロメートル離れたパラオに航海した。そして人里離れ、しかも険しい石灰岩地域で、数カ月～1年かけて、鉄器が導入されるまでは貝斧と火を使うだけで石貨を採掘した。はじめはパラオの本島から離れたペリリュー島の小島で、それからマラカルやコロール、バベルダオブ島のアイライ付近に移った。しかし次第にパラオ側が友好的でなくなり、水汲みや道作りといった下働きをすることで採掘許可を得た。石貨は荒削りした後、タケ製のイカダに組み込んでカヌーで曳航したり、運び帰ったりした。条件が良ければ5日間の航海であった。採掘した石貨はヤップで磨き、整形した。無事、持ち帰った石貨のうち、大型と小型の4割が村と首長のものとなり、残りが分配された。この石貨遠征は危険を伴い、多くの者が命を落した。そのため、石貨には志半ばで落命した者の名前がよくつけられ、その物語が受け継がれている。石貨の価値は所有した首長の社会的地位、採掘時の困難さ、大きさ、形や色、表面の処理の仕方、ヤップ社会内でやりとりされた経緯などで判断される。

写真2　大型の石貨は西洋人の助けを得て運び込まれた（ヤップ、1983年）［印東道子撮影］

　1860年代から西欧人が石貨作りに関わり始め、特に1870年代に至って、アメリカ人オキーフが帆船を使ってヤップに数千個の石貨を持ち込み、コプラやナマコを買いつけたので、価値の低い粗悪品が急激に増えた。大型の石貨もこの時期に運ばれた。日本の貿易会社も盛んにこの商売に従事したという。20世紀に入って、ドイツ政府がカヌーでの航海を禁止してから遠征は衰退した。1931年に採掘され、1932年にヤップにもたらされたものが、ヤップ島民の手による最後の石貨のようである。

石貨の数ははっきりしない。日本統治時代の1929年時点で1万3281個あったようだが、第2次世界大戦時の作戦や戦後の台風と洪水などで破壊され、あるいは不明となり、現在では半数ほどになったのではないかとされている。小、中の石貨は中央に棒やタケを通して、2人や4人ほどで担いで運ぶが、大きい石貨は所有権だけが移行して、石貨はそのままにしておかれる。

牛島巌（1987）によれば、石貨を含む貨幣、つまり貴重品マチャーフは、

①婿側（男側）と嫁側（女側）との数多くの通過儀礼時に行われる儀礼的交換
②集会所や男子集会所の落成式、首長の追善供養などで、村落間や親族間で大規模に行う競争的交換
③賠償や謝罪、上層階級への上進、戦争や殺人、調停の依頼など
④神や霊への捧げ物
⑤カヌーや家屋建築の謝金。文身（入れ墨）、祈禱、医療、埋葬などの労務に対する謝金。他村の舞踊をする権利金。魚やイモなどの交換の手段。カヌー、ブタ、ヤシ酒の購買の手段

などに使われる。

たとえば求婚や結婚の際、婿側は婚出した姉妹側が用意してくれる真珠母貝貨ヤール、ヤシの実、魚からなる男財を嫁側に贈る。すると嫁側は、自分の実家で兄弟が用意してくれる石貨やタロイモの女財で返礼する。交換が大きくなると、婿側と嫁側が親族を動員して財の調達を競うこととなる。石

貨を表すフェという語は交換の口上のなかでは使われず、謙譲していうときにはタネモン、誇らしげにいうときにはライという。ある例では、婿側がヤールを3枚と魚などを持参し、嫁側が石貨3枚と、魚に対する返礼として小さい石貨を10枚ほどとタロイモを贈った。

死者の追善供養で大規模なものになると、大量のヤムイモが集積、再分配され、ヤムイモの提供者には石貨とヤールが返礼される。死者の子どもたちが主催者となり、妻の実家や婚出した姉妹たちが競ってヤムイモの栽培に励む。収穫されると主催者宅に集積され、関係する屋敷ごとに分配されていく。そしてイモを受け取った者は石貨やヤールで返礼をする。しかし死者供養の食べ物は不浄なので、男たちは食べることができない。ヤムイモ10籠分で石貨1枚、パラオ産シロチョウガイの貝貨4～6枚、ヤップ産クロチョウガイの貝貨10組ほどという。しかし、これも競争的となると返礼の量が増加する。

集会所の落成、首長の追善供養や新任などでは、村同士の大規模な交換ミテミテが行われ、いっそう競争的色彩をおびる。ここではまず石貨や貝貨の交換が行われる。招待された者が持参した石貨などを贈物として差し出すと、同等かそれ以上の価値のある石貨などで返礼をする。ヤップの男性は相手に負けないように、できるだけ気前の良さを示すことで社会的名声を得ることに努める。

ところで、日本でも大ぶりのヤップの石貨を見ることができる。東京では日比谷公園、愛知では野外民族博物館リトルワールド、大阪では国立民族学博物館、福岡では百道中央公園などで展示されている。

（小林繁樹）

46

星座と航海術

★「星座コンパス」の多様な応用★

ミクロネシアにおける航海術のなかで、最もよく知られているのがカロリン諸島一帯で用いられてきた知識であろう。すでに19～20世紀前半にドイツの民族学者によって記載され、1953年のW・H・グッドイナフの論文や1960年代に相次ぐ米国の研究者による実地調査から、星や星座が出現・没入する方位をもとにした伝統的な「星座コンパス」が航海術のなかで活用されていることが明らかとなった。

「星座コンパス」では、円周上に32の方位が配列されている（図1）。それぞれの方位には、15の星と星座（一般にフー：fuu）が対応する。このなかには、北極星、こぐま座ベータ星、おおぐま座アルファ星、カシオペア座アルファ星、こと座、おうし座、わし座のアルファ星、ベータ星、ガンマー星、オリオン座、からす座、さそり座、さそり座アルファ星、南十字座が含まれる。北極星は不動であり、ほかの星や星座は出現と没入の二つの方位を占める。南十字座は例外であり、南十字座が出現・没入する二つの方位のほか、南十字座の南中時（真南）、ケンタウルス座が出現・没入する二つの方位の計五つの方位が含まれる。32の方位には名称があり、星座の出現はターン、没入はトゥプンと呼ばれる。たとえばわし座アルファ星（現地語でマイナップ）の出現と没入する方位は、それぞれターン・マイナップ、トゥプン・マイナップと称される。また、南十字座はプープと呼ばれ、海のモンガラカワハギと形が菱形で類似している。この魚もプープと呼ばれる。南十字座の近くにあるケンタウルス座は「プープの食べる餌」（アナン・プープ）と称される。

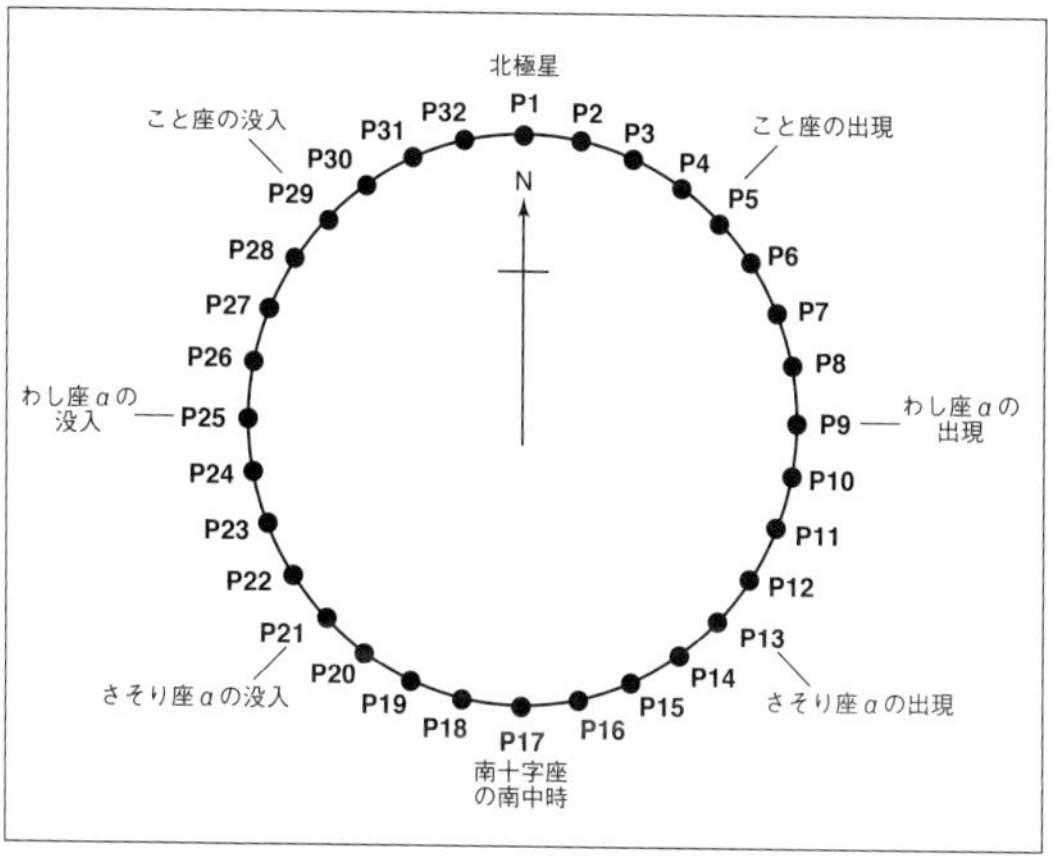

図1 カロリン諸島における星座コンパス。1～32は星・星座の位置を示す。1は北極星、15から19は南十字座の方位を、そのほかは13の星・星座の出没方位を表わす。たとえば、9はわし座アルファ星の出現方位を、25はその没入方位を示す［出所：筆者作成］

このコンパスはカロリン諸島における航海術の知識の根幹となる。実際に星座コンパスを用いて航海術の知識を学ぶ際には、熟練の航海者に弟子入りをし、ヤシ酒やココヤシ繊維製のロープなどを謝礼として差し出す。かつては、ポーと呼ばれる公開儀礼がカヌー小屋において行われ、年少者に航海術の知識についてさまざまな質問をしてそれに答えさせる試練が課された。

日常的な学習は、カヌー小屋でヤシ酒を酌み交わしながら行われた。タコノキ（パンダナス）の葉製マットの上で、星に見立てた32個のサンゴ礫と、星座コンパスを用いて説明するために補助線の役割を果たすタコノキの葉を裂いたも

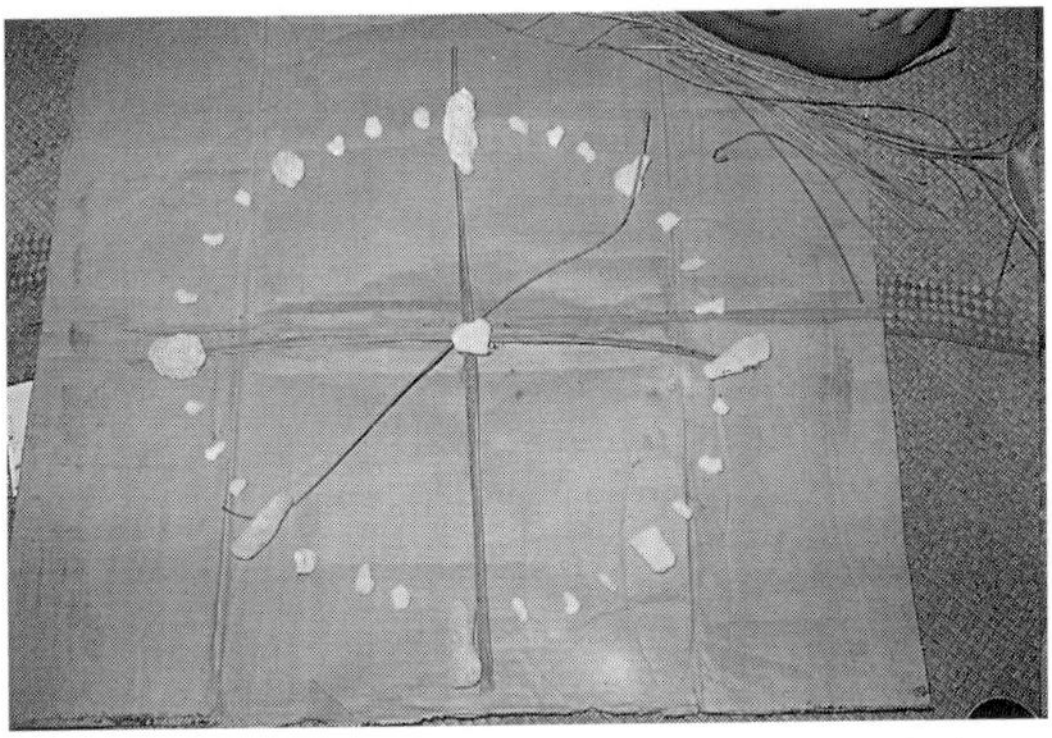

写真1　カロリン諸島の航海術習得のさいに用いられる星座コンパス。星や星座はサンゴ礫、星・星座を結ぶ線をタコノキの葉を裂いたものを使う。タコノキの葉で編んだマットの上で航海術が伝授される。円の中央部はカヌーを表わす（カロリン諸島・サタワル島、1980年）

のを十数本準備する。星座コンパスは円形をしており、円の周囲に星に見立てたサンゴ礫が等間隔に並べられる（写真1）。

天体のなかから任意に選んだ星や星座の出現・没入位置が、互いに等間隔になるとは考えにくい。実際の磁気コンパスによって測定されたコンパス方位とのズレがないのは北極星であり、最大の誤差があるのはオリオン座の場合（21・5度）である。10度以内の誤差に対応する星が約7割に達しているが、実際の航海のさいにこの程度のズレがあってもさして重大な問題はないものと考えられている。

航海術の基本的な知識としては次の五つがある。①星座コンパス上の32の方位を記憶するパーフー（星を数えるの意味で、パーは「数える」）、②星座コンパス上で相対する二つの方位をセットとして暗記するアロウム、③カヌーの船首、船尾、浮き材側と荷台側の四つの方位をセットで記憶するアマス、④ある島から見てどの方位になんという島があるのかを島ごとに網羅したウォー・ファヌー、⑤ある島から航海中、特定の方位に出現する鳥や魚などの生物とその特徴を島ごとに網羅したプコフである。プコフには架空の存在や「逆立ちしているオニカマス」のように実在性の希薄なものも含むが、ウォー・ファヌーは実在する島やサンゴ礁の方位関係を示すものである。ポーンペイ島の事例には、ウジェラン環礁、ロンゲラップ環礁、ロンゲリック環礁、ジャルート環礁などが示されており、マーシャル諸島の海図（第19章）とカロリン諸島のウォー・ファヌーにおける知識の接点があり、興味深い。

実際の航海では出発する島と目的の島だけの方位・位置関係が想定されるのではない。カロリン諸島の航海術で用いられる独自の知識がエタック航法である［*yetàk*］。これは航海の進路上、両側もしくは片側にある第三の島（エタック島）を想定し、その島の位置する方位がカヌーの進行とともに動く（変化する）ことを参照するものである。エタック島の方位が一つ変わるさいの距離は1エタックとされる。出発した島がちょうど見えなくなる距離はエタキニ・ケンナ、さらに進んでその島に属するとされる海鳥や魚が発見されるエタキニ・マーン（マーンは動物をあらわす総称）までは島の領域に相当する。エタキニ・ケンナまでは約10マイル（18・5キロメートル）と試算されている。エタキニ・マーンまでの距離は約20マイル（37・0キロメートル）とされる。あ

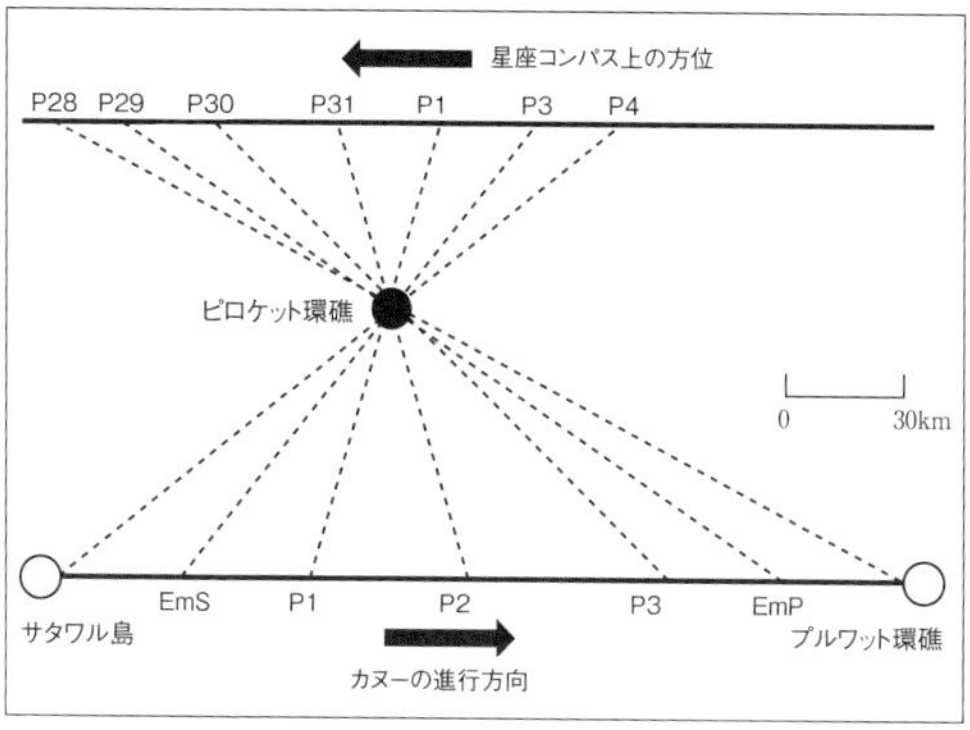

図2　カロリン諸島におけるエタック航法を示す模式図。サタワル島からプルワット環礁に向かうさい、ピケロット環礁がエタック島として利用される。P28～P3は星座コンパス上の方位。EmS：サタワル島のエタキニ・マーン、EmP：プルワット環礁のエタキニ・マーン［出所：筆者作成］

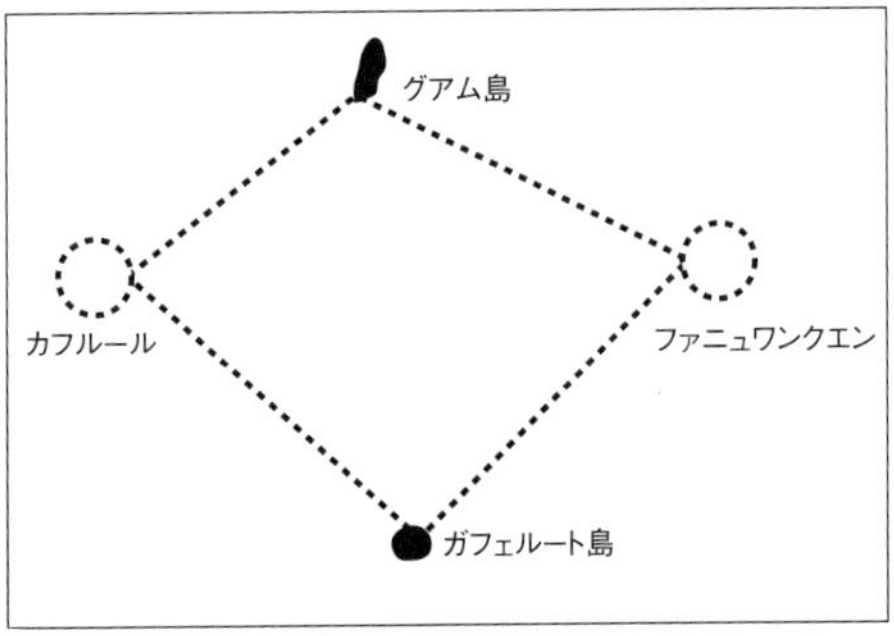

図3　プープナパナプの知識における架空の島と実在の島の位置関係。カフルール（Kaferhur）はカミの住む島、ファニュワンクエン（Fanuwankuen）は「トカゲの棲む島」の意味［出所：筆者作成］

る島のエタキニ・マーンと目的とする島のエタキニ・マーンの間はまさに海と空だけの世界であり、プウォーン、すなわち「なにもない、空の」と呼ばれる。島嶼間の距離が大きいほど、エタックの数は大きくなる。タヒチ－ハワイ間の実験航海を行ったホクレア号で船長を務めたピアイルクはサタワル島出身であり、エタック航法を応用したことで知られる。エタック航法は推測航法にほかならないが、昼夜を問わず目には見えないエタック島を想定しながらカヌーを進めるさいに、エタック島とカヌーの方位関係はつねに変化する（図2）。

　このほかにも、カロリン諸島の航海術の知識にはさまざまな秘儀的なものがある。その一例として、プープナパナプ（大きなモンガラカワハギの意味）を挙げよう。これは海上に巨大なモンガラカワハギを想定し、魚の頭部、背びれ、腹びれ、尾部の4点にそれぞれ特定の島を位置づけ、カヌーの移動とともに移動するモンガラカワハギの四つの点にあてはまる島を想起して航海を進めるものである。移動するカヌーを取り囲むようにかならず一尾のモンガラカワハギがいるとする発想は、境界のない海洋空間における位置認識にとって重要な意味をもつ（図3）。

　カヌーで遭難することは死を意味し、星座コンパスの北東、南東、南西、北西には世界を出ていく出口があると考えられている。32ある方位を互いに結んでできる線の束は網のようなものであり、航

第46章

星座と航海術

海中に遭遇する魚や海鳥はまさにその網目にかかる存在なのだとも考えられている。前述したプコフの知識はその前提となるものである。もしもプコフの知識に登場する海鳥や魚が死ぬとか捕獲されたらどうなるのかという問いにたいして、「入れ替わる」という返答があった。つまり、時間がたっても別の個体に置き換わると認識されており、人びとに取り海洋の生物は不変性をもっている。

茫漠とした海洋空間を推測だけで航海するにしろ、閉鎖（かこまれた）空間内にカヌーを位置づける発想は航海の不安を払拭するはたらきをもつ。星座コンパスそのものはナン［*nang*］、つまり人びとが航海する「世界」とみなされている。しかも、北東、北西、南東、南西の方位は航海のさいに遭難する可能性のある危険な場所とみなされており、それらの方位からナンの外に出ることは死を意味した。星座コンパスは航海者にとって世界そのものであることが以上のことから明らかとなる。（秋道智彌）

47

助け合う島じま

★サウェイ交易ネットワーク★

ミクロネシア・カロリン諸島のヤップ島からチューク諸島にかけて、24のサンゴ礁島がある。ヤップ本島は海底山脈が隆起した火山起源の島であるが、ヤップ東方の中央カロリンの島じまはいずれも海抜が低く、資源に乏しい環礁や隆起サンゴ礁島である。中央カロリンの島じまは伝統的航海術に優れ、近隣の島じまとの間でさまざまな物資や情報をやりとりするネットワークを築き上げてきた。このなかで特に重要なものが、ヤップ本島のガギル地区と東方に位置する離島間のサウェイと呼ばれる交易ネットワークである。東部離島の人びとが貢物を届ける航海は今日見ることはできないが、ヤップ本島を頂点とし、東に進むにつれて島じまの地位が下がっていく序列は、今日でも人びとの生活に意味を持っている。

サウェイ交易ネットワークは、ヤップ本島の伝統的三大首長の一人であるガギル地区ガチャパル村の首長を頂点とし、ウルシー環礁・ファイス島を通り、ウォレアイ環礁から東方の離島（現在はチューク州に入る離島）までを結んでいた（図上）。ヤップ島と離島の関係は対等なものではなく、ヤップ島が離島を支配し、離島がヤップ島に「朝貢」するという政治的序列を伴うも

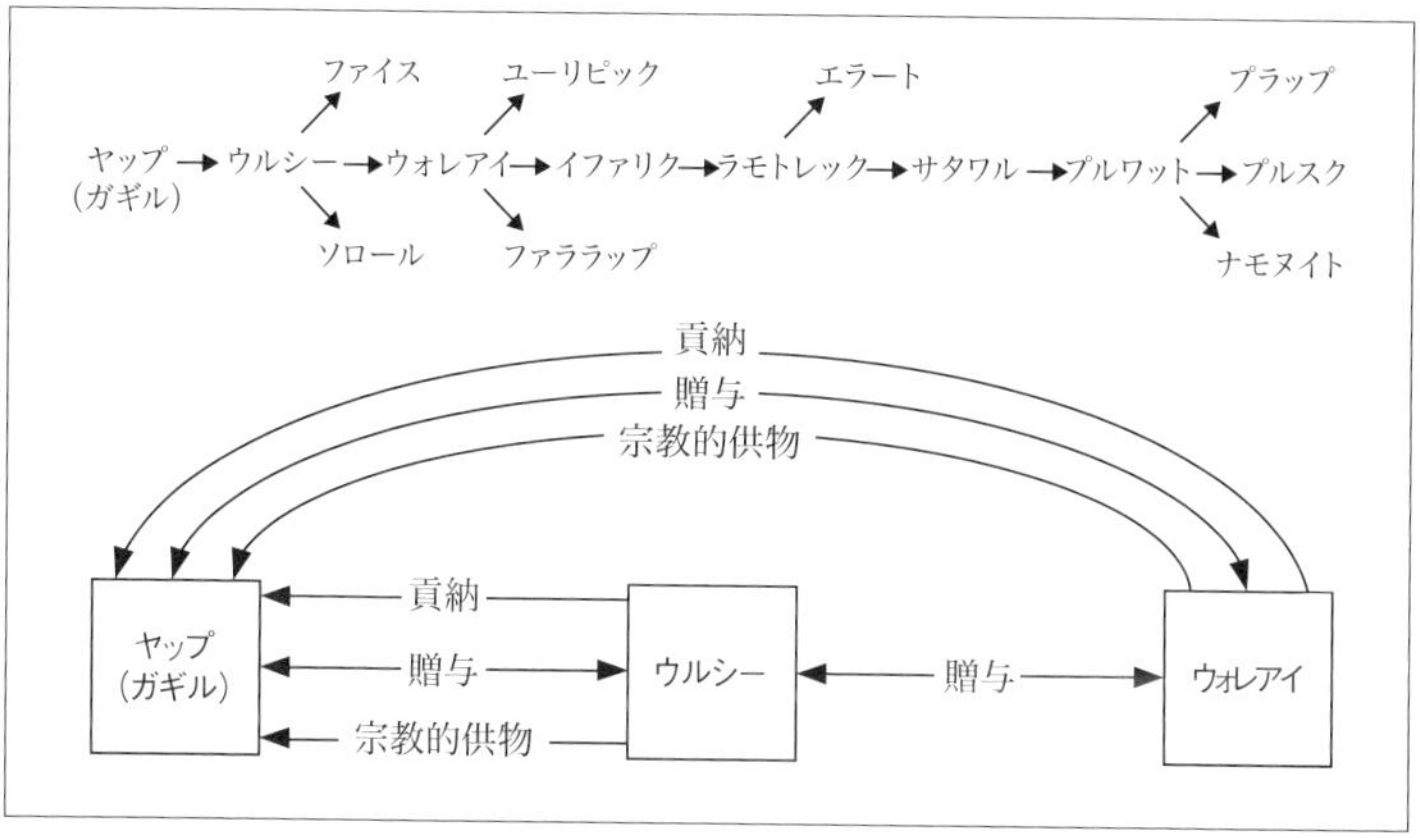

サウェイ交易ネットワーク
［出所：Lessa (1950), Ulithi and the outer native world. *American Anthropologist* 52 より作成］

のであった。植民地化以前から初期の日本統治時代まで、東部離島の島じまは二、三年に一度、定期的に船団を組んで航海し、ヤップ本島のガギル地区を訪れたという。東部離島の村は腰布、ヤシ・ロープなどのさまざまな貢物をガギル地区の交易パートナーに贈った。これに対しヤップ側は、離島では手に入らない土器、赤土、タケ、ウコンなど、さまざまな物資を与えた。この交易がサウェイと呼ばれるが、交易パートナー自体もまたサウェイと呼ばれている。

交易パートナー間の関係は、ヤップ本島の屋敷地、ウルシー環礁・ファイス島の屋敷地、そしてウォレアイ以東の離島の村という三層の序列を貫く関係である（図下）。ヤップ本島のガギル地区ガチャパル・オネヤン村の屋敷地の一つが、ウルシー環礁・ファイス島の屋敷地の一つの上位に立ち、さらにウルシー・ファイスの屋敷地の一つが、ウォレアイ以東の離島の村の一つの上位に立つという上下関係のある交換関係が存在する。ヤップ島の人びとは、ヤップ本島の屋敷地と離島の屋敷地の関係を、その間で土地が相続される「父－子」の関係と見なしている。また離島の起源神話では、離島の首長の親族集団はしばしばヤップ起源であると語られる。ヤップ側は自らが離島の土地の究極的統制権を有すると見なし、これが離島からヤップ側への貢物によって表現される。過去においては、離島がヤップに従わないとき、ヤップは呪術によって離島に台風を送ったと見なされていた。

サウェイ交易におけるヤップ島と離島の序列の起源にはさまざまな議論がある。その一つは、資源の限られた離島がヤップ島の資源を入手するための対価として島じまの序列が生まれたというものである。資源の限られた東部離島の間では、島じまの間でお互いに物資を補助し合うさまざまな慣行が存在する。この相互補助のネットワークがヤップに拡大し、序列が生まれたと考えるのである。ヤップ側は離島に与えるさまざまな物資と交換に、離島の腰布やヤシ縄などの貴重品を入手する。離島からの貴重品は、ヤップ島内では、ライバル関係にある首長間の政治的やりとりに利用される。離島がガギル地区にもたらす貢物は、今日でも、ヤップ本島内の同盟関係にそって交換される伝統財の重要な構成要素である。この意味で、ガギル地区にとっての離島との関係は、ヤップ本島のほかの首長に対抗するうえでの、きわめて重要な社会的資源となっている。

今日、カヌー航海を伴うサウェイ交易は見ることはできない。しかし、サウェイ交易の交換関係は重要性を失っていない。ヤップ州の州都コロニアには、近親者の出産・病気につきそって短期的に滞在する離島出身者が大変多く見られる。彼らは自らの蓄え、コロニアでの短期の賃金労働、病院からの食品の給付、近親・同郷関係にある公務員からの援助などによって生計を立てている。しかしこれだけでは充分ではない。職に就いているヤップ在住離島出身者にとっても、短期滞在中に寄宿する訪問者を扶養しなくてはならず、その数は並ではない。このためコロニアに滞在する離島出身者は、さまざまな機会にガギル地区のサウェイ関係者の屋敷地を訪れ、食物を得ている。そればかりではなく急増する離島出身者に、サウェイ関係者は居住地や埋葬地を提供することもある。これに対して離島の人びとは離島の腰布、ヤシ縄などを贈っているのである。

ヤップ州政府には州憲法で定められた伝統的首長会議が存在する。このうち、離島の伝統的首長の会議はタモル会議と呼ばれる。タモル会議は年2回、連絡船で離島の首長をヤップ島のコロニアに集めて開催される。この会議は、離島の首長からガギル地区の関係のある首長に、それぞれ腰布などの伝統財を贈与する重要な機会である。タモル会議の期間中、離島の首長たちはガギル地区を一団となって訪れる。ガギル地区への訪問はタモル会議の公式な行事ではないが、このような訪問はタモル会議が開かれるたびに繰り返されている。また、離島の首長たちはヤップ島でのさまざまな問題を、ガギル地区の首長の手助けで解決しようとしている。

ヤップ島に住む離島の人びとにとって、ガギル地区との関係は、食物の調達、政治的保護などの点で、今日でも日常生活の重要な安全弁となっている。このような保護に対し、離島出身者はガギル地区が儀礼交換に必要とする腰布など離島の貴重品を提供している。このように、本島と離島の関係は階層を伴って再生産され続けており、タモル会議のガギル地区への訪問もこの序列の一部を再生産しているのである。

（柄木田康之）

48

南海のヴェニス

★ナン・マドール遺跡★

ミクロネシア連邦ポーンペイ島に所在するナン・マドール遺跡は、しばしば「南海のヴェニス」と形容される。しかしこの巨石遺跡を建造した古代ポーンペイ島民がこの言葉を耳にしたなら、「ヴェニスこそヨーロッパのナン・マドールだ」と主張するに違いない。

ナン・マドール遺跡は、柱状玄武岩やサンゴ礁起源の石灰岩を用いて築かれた大小95もの人工島により構成される巨石文化の遺跡で、さしわたし1500メートル×800メートルの範囲に広がっている。口承伝承や考古学的な研究成果によると、西暦500年頃に最初の人工島の建造が始まり、西暦1500年頃にはポーンペイ全島を支配したシャウテレウル王朝の首都として最盛期を迎えたが、西暦1600年頃に隣のコスラエ島から来たと伝えられる英雄イショケレケルによってシャウテレウル王朝は打倒され、その後、この遺跡は「呪われた都」として放棄されたといわれている。

ポーンペイ島に今なお残る口承伝承では、ナン・マドールの人工島にはそれぞれ名前とそれにまつわる伝承が伝えられている。例えば人工島のなかでも最も大規模なナン・タワスは王墓

写真1　ナン・マドール遺跡の人工島群（ミクロネシア連邦・ポーンペイ島、2011年）

であり、現在でも二重の周壁に囲まれた石室を見ることができる。またパーンカティラにはシャウテレウル王朝の宮廷があり、ナン・サプウェ神を祀るナン・キエイル・マーウ寺院があった。またタウは祭祀の島であり、島にある「ウツボ穴」と呼ばれる穴にはウツボが棲んでいて、ウミガメの肉を捧げる祭祀がおこなわれたと伝えられている。

　オセアニア地域には、ラパヌイ（イースター島）のモアイやハワイのヘイアウ、マリアナ諸島のラッテ・ストーンのように、さまざまな巨石遺跡が残されているが、そのなかでもナン・マドール遺跡はもっとも大規模で壮麗なものの一つである。そのため、ミクロネシア連邦政府はかねてよりこの遺跡をユネスコ世界遺産に登録したいと切望していた。しかしそれは容易に進められるものではなかった。その理由の一つは、遺跡のあるマタレニウム地区の住民たちが、遺跡が世界遺産になるのを必ずしも歓迎しなかったからである。

ナン・マドール遺跡はシャウテレウル王朝滅亡後に放棄されたが、今なお地域住民にとっては「聖地」とみなされている。そのためみだりに遺跡に立ち入るのは良くないと信じられており、とりわけ遺跡のなかで大声を出したり、日が落ちてから遺跡に立ち入ったりすることは、災いを招くとして戒められている。近年、外国のテレビ番組のクルーたちが遺跡のなかにキャンプをして夜中に大騒ぎしたところ、クルーの何人かが発狂してしまったという。このエピソードの真偽のほどは不明だが、そうした話が今でもリアリティをもって現地では信じられているのである。そうした「聖地」が世界遺産になることで、外国から無作法な観光客が大挙して訪れ、遺跡を汚すのではないかと心配する地域住民も多い。

一方で、遺跡は地域住民にとって現金収入源の一つでもある。まだ遺跡に訪れる観光客の数はそれほど多い訳ではないが、そこから得られる「入場料」は、現金収入の乏しいマタレニウム地区の住民にとって大事な収入源である。しかし遺跡が世界遺産になることで、政府が直接遺跡を管理するようになり、遺跡が地域住民の手から取りあげられるのではないか、というのも地域住民が懸念するところであった。

このような問題の背景には、遺跡の所有権をめぐる複雑な事情がある。法律上、山地や沿岸部といった村落の外側の空間は国有地とされており、そのため遺跡の範囲の大部分は国有地とされている。そのため政府は、遺跡の所有権は政府にあると主張してきた。しかし伝統的慣習では、遺跡は地域住民の権利のおよぶ範囲とみなされており、地域住民もまた遺跡の所有権を主張しているのである。

ポーンペイ島では今でも伝統的首長（ナンマルキ）の権威が強く、とりわけマタレニウム地区のナンマルキは、シャウテレウル王朝を倒したイショケレケルの末裔とみなされており、ポーンペイ島のナンマルキのなかでも最も権威があると信じられている。そのため、たとえ連邦政府であったとしても、地域住民の代表者でもあるナンマルキの意向をないがしろにして物事を進めるというのは事実上、不可能なのである。

写真2　2011年11月に開催された現地ワークショップ。一段高い特別席から専門家（筆者）の報告を聞いているのがマタレニウム地区のナンマルキ［城野誠治撮影］

そこでミクロネシア連邦政府は、ユネスコを通じて日本の文化遺産国際協力コンソーシアムに、ナン・マドール遺跡の保存と活用についての国際支援を要請し、それを受けて2011年11月に現地ワークショップが開催された。ここには専門家や政府関係者ではなく、マタレニウム地区のナンマルキをはじめとする地域住民の代表者や土地所有者など、遺跡に関わるほとんどすべての利害関係者（ステークホールダー）が参加することとなったのである。

ワークショップでは、専門家から世界遺産の仕組みやそれを通じた遺産の保存・活用についての報告がなされ、とりわけ遺産を守るためには地域住民の協力が不可欠であることが強調された。また必ずしも世界遺産に登録されることで遺跡の所有権が政府に取りあげられるようなことはなく、むしろオーストラリアのウルルやニュージーランドのトンガリロ国

写真3　現地ワークショップにおける、伝統的な飲み物シャカウ（カヴァ）を捧げる儀礼。後ろでナンマルキが様子を眺めている（2011年）

立公園のように、地域住民が世界遺産のマネジメントに積極的な役割を果たしている例も多いことが説明された。そうした専門家からの意見を受けて、政府関係者および地域住民との間で活発な意見交換がおこなわれた。そして最終的には、これまでのわだかまりを乗り越え、すべての利害関係者が遺跡を守っていくために協力するという合意書が交わされた。

もちろんこれですべての問題が解決したわけではなく、遺跡の所有権の問題などまだまだ解決すべき課題は残されているものの、世界遺産登録へのプロセスに地域住民が参加するようになったことは大きな意義があるだろう。未だに多くの国や地域では、地域住民とは関係のないレベルでこのプロセスが進められ、地域に混乱と不信を引き起こしている事例は枚挙にいとまがないといわれている。ミクロネシア連邦ナン・マドール遺跡の事例は、人口10万人あまりの小さな国での出来事かもしれないが、世界遺産を主導するユネスコの理念が「文化の広い普及と正義・自由・平和のための人類の教育」（ユネスコ憲章・前文より抜粋）であるなら、その理念を体現する、世界に示す手本になりうるのである。

（石村　智）

Ⅷ

パラオ共和国

◉パラオ共和国（Republic of Palau）

主島のバベルダオブを中心に、北のカヤンゲル環礁、南のロックアイランド群（隆起サンゴ島）やペリリュー、アンガウル、そしてトビやヘレンリーフなど南西離島の島じまからなる。陸地総面積458km²の７割はバベルダオブ島が占める。人口約２万人で、その７割が原住のパラオ人である。首都はマルキョク。公用語はパラオ語と英語。GDPは２億ドル（2013年）。通貨は米ドル。

パラオには3000年前ごろに人が住みはじめた。パラオ語の起源は古く、南西離島の人びとが話す言葉（ミクロネシア諸語）とは大きく違う。18世紀後半にイギリスのアンテロープ号がパラオで座礁して以降、その存在がヨーロッパに広く知られるようになった。19世紀後半以降、スペイン、ドイツの植民地となり、1919年からは日本の委任統治領となった。コロールに南洋庁が設置され、ミクロネシア統治の中心となったが、第２次世界大戦後はアメリカの信託統治下におかれた。1978年に形成されたミクロネシア連邦には加わらず、1981年に非核条項を含む憲法を発布して自治政府を発足させた。その後、アメリカとの自由連合協定承認に向けて国民投票が繰り返され、1994年に独立、国際連合にも加盟した。1993年からは日系のクニオ・ナカムラ氏が大統領を２期務めた。

歳入のほとんどをアメリカからの無償援助に頼るが、漁業と観光業に力を入れている。特にロックアイランド周辺は魚種が豊富で世界的にダイバーの人気が高い。

パラオ共和国の国旗

49

女性と社会

★パラオに見る女性社会の構図★

オセアニアにはトロブリアンド諸島などいくつかの母系社会があるが、ミクロネシアではチュークやパラオがその例として挙げられる。母系社会では、女性と男性の関係が父系社会のそれとは異なっていると考えられている。母系社会は「母権的」、すなわち女性に権力がある社会と思われやすいが、パラオではどうであろうか。

パラオで生まれサイパンで育ち、グアム大学を卒業して間もないパラオ人女性は、次のように語った。「母系社会では男性に比べて女性の地位が高いとよく言われるが、女性がやるのは食料の調達やその配分などという特定の役割だけではないか。決して女性が恵まれているわけではない」。しかし、女性たち自身がしばしば「パラオでは女性は強い」と言うのもまた事実なのである。

パラオの各ムラは、理念的には10の氏族からなり、クロバック（チーフ会議）と呼ばれる各氏族のタイトル保持者たち（男性）の集まりがムラの伝統的な政治をつかさどる。そのなかで第一位氏族のタイトル保持者が「チーフ」と呼びならわされている。しかしながら、各氏族のタイトル保持者を選ぶのは、それぞれの氏族の「強い」数名の年長女性たちなのである。女性たちがチーフを指名したり、交代させたりする「権力」を持つ例は、北米先住民のイロクォイ連合でも見られたというが、母系社会すべてにあてはまるわけではない。むしろ、男性が権力を持つとされる場合がほとんどである。

それでは、女性たちの力の源泉である「強さ」とは何であろうか。パラオ社会では父方にも帰属できるけれど、そうした人びとウレッエルは母方に帰属する人びとオッエルよりも「弱い」と見なされる。たとえば、氏族のなかでも代々母系のラインをたどれる最有力の系の最年長女性、長姉、長姉の長女など、直系に近くて年齢が高ければ、理論的には「強く」なるのである。これは、次の判例を見ると、よく理解できるだろう。

①パラオの慣習では、オッエル、ウレッエル、養子の順に強く、一番弱いのは「流れ着いたり」「床を通ったり」「ほかの方法で」(玄関から正式にではなく、横から家へ入れてもらった場合。つまり無関係の者が何かの縁で成員として認めてもらった場合のこと)成員になった者である。

②パラオの慣習では、父親や父方を通した成員は「弱い」。

③パラオの慣習では、男性タイトル保持者は、その氏族の年長の女性成員オウロートによって指名され、さらにその指名はチーフ会議で同意されなければならない。

④パラオの慣習では、もしオウロートとチーフ会議が望めば、「弱い」成員もタイトル保持者となることができる。

アメリカのある人類学者は、パラオの社会的・政治的地位の要素として、性、年齢、財を挙げ、男性が優位だとしている。その根拠として挙げているのが、氏族の財をどのように使用するかを決定するのは年長男性だからだと述べている。そして、男性が若いときは年長女性に対して優位とはいえないが、60歳くらいになれば、相手の女性が年上でも男性のほうが優位になってくるという。一方、権力は循環的だと主張する者もいる。つまり、上位者が下位者の意向を無視して一方的に決定することはできないし、男性たちと女性たちの話し合いが必要だというのである。

オセアニア、東南アジアの社会では、男女の分業が明確に分離されている場合が多い。パラオも例外ではない。タロイモの栽培は女性の役割であり、舟で魚を獲ってくるのは男性の仕事である。この点では、父系であろうが、母系であろうが、ほかのオセアニア社会と同じなのである。

現代のパラオ社会で、男女関係の不均衡が目立つ領域の一つは「政治」の世界である。議員になるのはほとんどが男性である。これはパラオだけではなく、ほかのミクロネシア社会でも同様である。しかし、1992年12月に憲法を制定し、自治を行うようになって以来、初の女性知事がアンガウル州に誕生している。3人の男性候補者と選挙を戦って勝利をおさめたのである。もっとも、勝因はアンガウルの第1位の男性チーフが支持したためと報じられた。この女性知事は1994年12月に再選され、さらに2年間の任期を務めることになった。

また、1992年の総選挙では副大統領に立候補した女性が、男性3人を相手に予備選挙で2位となり、1位となった男性候補者と本選挙に臨んだが、総投票数9300票余のなか、300票余の差で惜しくも敗れたということがあった。彼女の選挙キャンペーンのスローガンが「Why not !」、つまりなぜ女性ではいけないのか、いいではないか、というものであったのは興味深い。この女性は、その後見事に副大統領に当選した。

また、1994年には「第1回パラオ女性会議」が開催された。これは、最高位のタイトルを持つ2人の女性を代表として、パラオの女性の役割を議論するという催しであった。ミクロネシアや太平洋のほかの国ぐにで開催されているこの種の会議の存在を知った、パラオのさまざまな分野で活発に活動している女性たちが、常々その必要性を感じていたため、開催へ努力した結果であるという。そこでの決議は、女性の負担の軽減化を求めている。この会議はその後、毎年開催されているが、「男性が文化を作り、また変えるのであって、女性の役割は文化を保持することだ。変えることではない」という男性側からの反応が見られたりもし、必ずしも男女の協同がスムーズにはいっていない。

また、パラオでは1980年代中頃から、フィリピンから来ているメイドに子どもの世話をさせ、夫婦共働きをする家庭が増加している。これに対して、あるパラオ人女性は次のようにコメントしている。「今のパラオは家族が壊れていると思う。古いシステムが悪いわけではないが、新しい家族システムへの移行がうまくいっていない。親は子どもに注意を払わず、外国人のメイドを雇って子どもの世話をさせている。そのために、子どもにパラオの文化を伝えられない。もちろん、パラオのやり方が一番良いというわけではない。世界はどんどん変わっているのだから、パラオのやり方と西洋流のやり方の両方を子どもに教え、適切なほうを選べばよいのだと思う」。

このように、パラオの社会と女性の関係は急速に変化しつつある。パラオは伝統社会ではなく現代社会であり、われわれと同様に「同時代」を経験しているのである。

（遠藤　央）

50

人びとをつなぐバイ（集会所）

★伝統と現在★

パラオの村は、基本的には10の氏族からなり、それぞれの氏族を代表する10名の伝統的チーフ（男性）が存在する。彼らがつどい、政治的な決定をする場がバイ（集会所）である。アバイと表記されることもあるが、ア・バイであり、アは名詞の前につく非内容語でとくに意味はない。

第2次世界大戦中に激戦地となったアンガウル島やペリリュー島のみならず、本島であるバベルダオブ島も空襲にあったため、多くのバイは失われてしまい、90年代初頭には本島南部のアイライと当時の首都コロールにあるパラオ国立博物館の敷地内に一棟ずつ再建されたのみであった。

憲法を制定し、国連の信託統治領から無事に共和国として独立をはたしたパラオでは、大統領、副大統領、上院議員、下院議員や州知事などを国民の直接選挙で選ぶようになった。チーフやバイは意味を失ったかのようにみえるかもしれない。しかし、植民地化、近代化のなかで多くの儀礼が消滅したにもかかわらず、チーフが死亡すると、チーフのタイトルを遺体から分離する儀礼が依然としてとりおこなわれている。そして、そのタイトルをめぐって、複数の男性とその男性を応援する年長女性たちのあらそいがみられるのである。

パラオの伝統的政治システムでは、各氏族の母系でつながる「強い」年長女性たちがつぎのチーフを指名し、チーフ会議に推薦する。これは、モーガンが報告する米国東海岸に居住していた先住民、イロクォイ連合の事例と類似している（『アメリカ先住民の住まい』岩波文庫、49章参照）。

コロールから遷都した現在の首都マルキョクにあるバイは、大チーフ、ルクライの継承儀礼が90年代はじめにおこなわれた際に、釘を1本も使わない伝統的な建築法で建てられたものである。歴史家（ヒストリアン）と呼ばれる、伝統的知識をよく知る年長者が集まり、バイの新築祝いをした光景は、特集番組としてNHKでも放映された。

また筆者が90年代前半に滞在していた本島南部のアイメリークでは、バイの跡地はジャングルのなかに埋もれていた。しかしその後整備され、再びバイが建設されたのである。

パラオからの移住者が多数居住しているグアムでも、各村（現在の州）の助け合いの会を合同するかたちでパラオ人会が組織され、恋人岬のちかくにバイを建設し、週末に集会などを開いていた（第30章）。また、パラオで総選挙がおこなわれると、大統領候補者がこのバイを訪れ、演説をおこなうなど、パラオ人アイデンティティの核となっていたが、残念ながら土地の権利問題のために、現在はとりこわされている。

伝統的なバイではなく、簡易型のバイが各小村にはつくられている。伝統的な建築法で建てられたバイの側面には、口頭伝承を視覚的に表現したさまざまな絵が描かれているが、それを丁寧にスケッチし、現在にまでつたえたのが土方久功《ひじかたひさかつ》である。

土方は、１９００年（明治33年）に生まれ、１９７７年（昭和52年）に心不全のため死去した「詩人でありかつ画家。彫刻家でありかつ民俗学者」（谷川健一）である。ミクロネシア（当時の南洋群島）に１９２９年から42年までの長期にわたって滞在し、専門家ではなかったにもかかわらず、ミクロネシアの社会に関する詳細な考古学的・民族学的論文を多数執筆したことで著名である。

土方は「南洋」に赴く前に、柳田國男の実弟・海軍大佐松岡静雄が著した『ミクロネシア民族誌』（岡書院、１９２７年）などを熱心に読み込んでいたという。滞在の初期に助手兼通訳として大きな役割を果したのが、１９１７年から「南洋群島」に滞在していた杉浦佐助であり、若い頃から毎日つけていた土方の日記がそのままフィールドノートへと変貌していくのがこの時期である。土方は、文明に汚染される以前の無垢の原始文化を求めていた。パラオに渡った１９２９年の段階で、「日本領になってからもすでに十数年を経過して居りましたので、パラオの本来の宗教信仰およびそれに付随する儀礼形式一切が総て死物に帰して居りまして、その生きた姿を見ることは出来ませんでした」（『パラオの神と信仰』三一書房）と述べている。しかしながら、現地の人びとと同じ視線で交わろうとした点では、杉浦や作家であり国語教科書編纂のために南洋庁に赴任した中島敦の諸作品（植民地的状況を書き込んだ『南島譚』や『環礁』）と並んで特

ミクロネシアに関する論文を多数残した土方久功、1960年［共同通信社提供］

異な立場にあったと評価できる。

土方はパラオの人びとにイタボリ（板彫り）の技術を教えている。それは口頭伝承の一場面を木彫りにしたもので、現在ではストーリーボードという名称でおみやげとして売られている。彼は1931年にパラオを出て、サタワル島へ移動し、1939年にパラオへ戻り、南洋庁に勤務する。同年、日本に一時帰国し、杉浦佐助の個展を開催。同年にまたパラオへ戻り、1942年1月まで滞在。この時期に南洋庁に赴任してきた中島敦と交流を深めている。帰国後は再びミクロネシアに足を踏み入れることはなく、ミクロネシアの人びとや風景を素材とした彫刻や絵に集中するのである。

現在でもパラオでは、バイあるいは以前バイが建てられていた場でチーフたちのくだした決定は「重く、くつがえすことがむずかしい」と説明される。これは、たとえばパラオの伝統的な貨幣・財であるウドウドで支払いをした交渉事は、ドルで決済したそれにくらべて「尊重されるし、破棄することはよくないことである」という説明と類似しており、バイの伝統と現在をよく表現しているように思われる。

（遠藤　央）

51

世界に誇る非核憲法

★小さな国の大きな「武器」★

パラオ共和国の憲法は、「非核憲法」として知られている。核兵器や生物兵器、化学兵器の使用・実験・貯蔵・廃棄を禁止し、原子力発電所も拒否する条項（第13条第6節）が存在するからだ。パラオの人びとは、日本統治時代に広島と長崎が核攻撃を受けた状況を目の当たりにしてきた。それに加え、近隣国であるマーシャル諸島で行われた核実験で、人びとが島を追われ暮らしと健康が破壊されてきた歴史を間近で見てきたので、パラオの人びとにとって核を拒否することは、ごく自然な流れであった。小国であるパラオが核を拒否する憲法を制定したことは、超大国が冷戦下で核軍拡競争に奔走していた時代への大きな挑戦であった。そのため、その制定と独立後の政体を決定するプロセスは一筋縄ではいかず、15年の歳月がかかった。

第2次世界大戦後、パラオは、国連信託統治領の一部として米国によって統治された。アジア・アフリカ・オセアニアの多くの植民地が政治的地位を早々に決めていくなかで、米国によるパラオの信託統治が終了し、自由連合国として事実上の独立国の地位を獲得したのは1994年のことであった。

政治的地位の確立に先出ち、1979年に、選挙で選ばれた

写真1　1979年に憲法を起草した憲法会議メンバー
［ベラウ国立博物館提供］

国民の代表で構成された憲法会議の場で憲法草案が作成されたが、１９８１年に施行されるまでにひと波乱があった。初めに示された原案のなかには米国政府が好ましくないと考える条項が含まれていたことから、米国大使は修正を促す意見表明を行った。米国からの指摘は、島と島とを線で結んだ範囲から２００海里の範囲について主権と管轄権を有するとした点、パラオ国民の所有する土地を政府が収用する規定から外国の団体が利用する場合が除外されている点、そして前述の「非核条項」が含まれる。特に、収用規定と非核条項は、パラオを軍事利用する意図を持つ米国との自由連合に関する協定に抵触しかねないとして問題視された。

米国の介入があるなかではあったが、憲法承認のための住民投票は進み、92％という高い賛成票を得た。しかしながら、パラオ議会は米国の要望に基づき修正案を策定するための憲法委員会を作り、９名のメンバーを任命して修正案の策定作業に当たった。修正案は米国の要求に見合ったものに変更されたが、住民投票では68％の反対で否決された。その後、3度目の住民投票が行われ、72％の賛成で元の案が採用されることが決まった。米国はこれ以上の介入をすることはなかったが、他国の政治発展の民主的プロセスに対して口を挟むという汚点を残した。

憲法に基づいて、1981年に自治政府が誕生した。米国を施政国とする国連信託統治領は継続されるものの、自治は大幅に拡大され、ハルオ・レメリーク初代大統領を中心とした「国家」運営が始まった。しかしながら、自治政府を樹立しても国連信託統治領であることは変わらず、「独立」のためには米国と交渉し、新たな政治的地位を確立していかなければならなかった。

写真2 政治教育に使用された憲法原案（左）と修正案（右）の冊子（2014年）

パラオ政府は脱植民地後の政治的地位を定める自由連合国協定を米国との間で締結した（1982年）が、「非核憲法」を持つパラオは、核の持ち込みを前提とする米国に防衛権を移譲する内容を含む協定を批准するためには、非核条項が定めた4分の3の賛成を住民投票で得るという高いハードルを越える必要があった。

そのため1982年から始められた自由連合協定批准のための住民投票は一度では終わらなかった。それから10年以上の長い期間をかけて、憲法修正のための投票と合わせて10回もの住民投票を経なければ、パラオの政治的地位が決まらないとは誰

写真3　独立宣言に署名するクニオ・ナカムラ大統領。1994年10月1日［ベラウ国立博物館提供］

も予想していなかった。その後毎年のように行われた住民投票でも、賛成票は毎回過半数を超えていたものの、4分の3を得ることはなかった。

投票を繰り返しても「75%」が得られない中、住民は護憲派（非核・米軍基地反対派）とコンパクト派（自由連合協定賛成派）に分断されていった。批准の見込みが高まらない中、1987年、ラザルス・サリー大統領は政府職員を大量に一時解雇するなどして護憲派への圧力をかけた。コンパクト派の政府職員らは護憲派議員らを非難し、街中でデモ行進や集会を開くなどして圧力をかける行動に出た。しだいに護憲派の政治家や伝統首長への脅迫と攻撃が激化し、裁判所への乱入事件や暗殺・放火など、パラオ史上最大級の混乱と恐怖を経験することとなった。

混乱が鎮まった1992年、コンパクト派であったニラケル・エピソン大統領の時代に、憲法が修正された。この修正は、非核条項は米国との自由連合協定締結のためには適用しないとするもので、過半数の賛成を得れば協定の批准ができるようにしたものだ。住民投票の結果、この修正が決定した。

修正された憲法のもと、1993年に行われた第8回住民投票では、過半数が協定締結を支持した。これを受け、1994年10月1日にパラオは米国の「自由連合国」として新たな政治的地位を獲得し、事実上の独立国として、国連でも投票権を持つ国家として歩みだすこととなった。

協定の発効により、パラオは内政および外交の権利ならびに多額の援助金を得たが、防衛権は米国に移譲した。同時に、パラオ市民は、米国に移住し仕事に就くことができる権利も得た。米国は、この協定が効力を持つ間は、パラオに軍事基地を作ることも可能である。しかし、協定が発効してから20年経っても、実際に米軍基地が建設される兆候はない。仮に米国が基地建設に動いたとしても、パラオ憲法が外国の団体のための土地収用を禁じている（第13条第7項）ことから、それが歯止めをかけることになる可能性が高いため、今後も米軍基地建設の可能性は低いといえる。

憲法の修正によって、非核条項自体が無効となったわけではない。米国以外の国に対しては完全な効力があるだけでなく、米国に対しても、パラオ憲法が定める、核兵器・生物兵器・化学兵器の実験・使用・貯蔵・処分は行わないという部分については、協定に明記された。したがってパラオの憲法が示す「非核性」は事実上失われていない。むしろ、非核条項の存在が、米国との交渉でもパラオにとって有利に働く結果となった。憲法は民主国家の骨格であり、小国が大国を相手に対等に戦うための「武器」になりうるということをパラオの歴史は教えてくれる。

（三田　貴）

52

パラオ南西離島の人びと

★辺境の島じまの歴史と謎★

パラオ共和国といえば、本島となるバベルダオブ島や中心部のあるコロール島、それに世界遺産にもなったロックアイランド群が有名である。ロックアイランド群の最南端にあたるペリリュー島やアンガウル島のさらに南にも南西諸島と呼ばれる島じまが存在する。直線距離にしてコロール島から200キロ以上も離れており、またその交通手段も数カ月に一回の割合でコロールと島じまを行き来する連絡船しかないことから、一般の観光客にはほとんど知られていない島じまであろう。しかしパラオ共和国の南西部にあり、東南アジアのインドネシアやパプアニューギニアとの国境線沿いに位置する点において、パラオにとっては重要な地域でもある。

この南西諸島は、大きくソンソロール州とハトホベイ州の2州よりなる。このうちソンソロール州を構成するのは、ファンナ島、ソンソロール島、プロアナ島、メリール島の4島、ハトホベイ州を構成するのはトビ島とヘレン環礁、トランジット環礁と呼ばれる二つの環礁である。いずれも陸域面積はきわめて小さい島じまであり、ハトホベイ州にある二つの環礁に至っては村もない。近年ではヘレン環礁に国境警備隊員が定期的に駐在するのみである。その他の島じまには村が存在するが、その人口はきわめて少ない。２０００年時の統計によれば、ソンソロール島の人口が24名、その隣に位置するより小さなファンナ島には居住者はおらず、プロアナ島で10名、メリール島で５名となっている。一方、ハトホベイ州では唯一村のあるトビ島で20名という状況である。

筆者も２００２年末に南西諸島を訪ねたことがあるのだが、印象的だったのはその当時、メリール島には兄弟だという２人の男性が暮らすのみだったことである。このことからも指摘できように、２０００年以降も南西諸島の人口はさらに減少傾向にあり、現在の居住者はさらに少ない可能性が高い。その背景には、南西諸島出身者のコロール島を中心とする都市部への移住がある。日本の地方における過疎化と同じ現象であるが、経済活動の機会や病院等の公共設備がきわめて限られている離島で生活を続けることはますます困難になるであろう。その結果、南西諸島出身者の人口は、コロール島に集中し、両州の知事公館もコロール島にある。

写真１ トビ島を船上から望む（2002年）

一方、都市部在住の出身者らは、クリスマス等の機会に連絡船にて島に数日間帰省することで、島との関係性を継続している。筆者による南西諸島の訪問も、クリスマスの時期だったことから臨時の連絡船が出ることになり、それに便乗させてもらうことで実現した経緯があった。その連絡船だが、驚いたことに日本の中古船で、かつては函館で観光遊覧船として利用されていた船だったうえ、船長はフィリピン人といかにもパラオ的だったのが印象に残っている。これに溢れんばかりの人びと

写真2　トビ島の海岸沿いに並ぶ小屋（2002年）［印東道子撮影］

が乗り込み、まさにお祭り騒ぎの状態で船はコロール島を出航した。その翌日にはソンソロール島に着き、さらにその翌日にプロアナ島とメリール島、そのまた翌日にトビ島に着くことができた。コロールからトビまで実に3日かかったことになる。

　このように名実ともに離島として認識される南西諸島であるが、かつてはより多くの人口を擁していた。１９０９年のドイツ人による調査ではトビ島の人口は９６８人と報告されている。ところがその後、トビ島で燐鉱石が採掘されはじめると多くのドイツ人、中国人やカロリン諸島出身の労働者が訪れ、赤痢の蔓延を招いた。この結果、島の人口はドイツによる統治が終わる１９１４年までに３００人前後にまで落ち込んだ。その後、トビ島も日本の統治下に組み込まれるが、その間の島民人口も２００人前後の間を推移している。さらに１９３０年代になると日本の南洋拓殖株式会社がトビでの燐鉱石採掘を再開し、１００人以上の日本人労働者が島に住んでいたという記録も残っている。辺境にありながら、トビ島も様々な歴史の波を経てきたと言える。

　南西諸島の島じまが経験してきた歴史とともにきわめて興味深いのが、その島民たちである。というのも南西諸島の人びとが話す言語は、マラヨ・ポリネシア諸語に属するパラオ語とは異なり、中央・東カロリン諸島で話されているミクロネシア諸語に分類されている。この言語グループは約２０

00年前かそれ以前にメラネシアのソロモン諸島やバヌアツ諸島辺りから分派したと推測されており、東南アジア方面が起源とされるマラヨ・ポリネシア諸語とはその拡散の歴史にも違いがある。

そこで南西諸島の人びとがいつ頃に移住してきたのか、またどの地域との関係が深いのかを探るため、筆者らはトビ島で発掘をしたことがある。先に紹介したトビへの船旅はその時のエピソードでもあるが、我々が発掘した遺跡で最も古い年代値は約400年前の15〜16世紀とやや新しいものだった。それでも以前に行われた発掘調査で得られていた年代より古かったのだが、この結果を踏まえるなら、少なくともトビ島へ人びとが移住したのはそれほど古い時代ではないことになる。またこの年代はトビに伝わる口承伝承から遡ることができる初期居住期の推定年代ともほぼ一致してもいる。しかし我々の調査を含め、これまでに発掘された遺跡や島はまだ限られており、将来、より古い年代値を伴う遺跡が発見される可能性も充分に残されている。

一方、出土した遺物で最も多かったのはシャコガイ製の斧で、これはミクロネシアでも一般的な道具の一つであるが、トビに主流のものはむしろインドネシアやニューギニアの先史遺跡より出土しているものに類似する傾向があった。実際、トビで会った男性の一人は、ニューギニアの離島より漂流してトビ島に流れ着き、そのまま現地の女性と結婚して居続けているとのことで大いに驚いた。こうした人の存在、そして南西諸島の地理的位置を考慮するなら、これらの島じまにはカロリン諸島だけでなく、東南アジアやニューギニアの離島域など、様々な地域から人びとが流入してきた可能性も否定できない。そうした島民の起源に関するミステリーや文化的な多様性も、南西諸島の持つ大いなる魅力であろう。

（小野林太郎）

53

世界遺産になったロックアイランド

★複合遺産としての魅力★

ロックアイランドはパラオ共和国の代名詞としても広く知られてきたが、2012年に「南ラグーンのロックアイランド群」の名称でユネスコの世界遺産に登録されたことで、その知名度と人気はさらに高まりつつある。ロックアイランド群とは、コロール島とペリリュー島の間にある200以上の石灰岩質の島じまの総称であり、古代のサンゴ礁が隆起してできた島じまとそれを囲むように発達した現生のサンゴ礁が生み出す美しい景観が、多くの人びとを惹きつけてきた。

しかしロックアイランドの魅力は美しい景観のみではなく、何よりもその生態系の多様性とパラオやミクロネシアにおける人類史を語るうえでの歴史・文化的な重要性も忘れてはならない。ロックアイランドが単なる「自然遺産」ではなく、「複合遺産」として世界遺産に登録された背景もここにある。まずその生態系の多様性において、世界遺産化の際に注目された一つがマリンレイクである。これは湖底が海とつながることで、海水が混じる汽水湖を意味する。ロックアイランド群にはこうしたマリンレイクが合計52もある。世界においてもマリンレイクは200ほどしか確認されていないことからも、この数はきわめて多く、世界遺産のなかでも最多の数を誇る。また数あるマリンレイクのなかでも特に有名なのが、マカラカル島にあるジェリーフィッシュレイクであろう。この湖には長い年月をかけて汽水湖に

写真１　サンゴ礁が隆起してできたロックアイランド（2002年）［印東道子撮影］

適応し、ほぼ無毒化したタコクラゲ属やミズクラゲ属の仲間が多く生息しており、シュノーケリングでも充分に観察できる。なお一般の観光客がアクセスできるマリンレイクは、このジェリーフィッシュレイクのみであり、またクラゲの生態系への影響や水深15メートル以深の無酸素層に硫化水素が含まれていることから、観光客によるスキューバダイビングは禁止されている。

　マリンレイクは生態系としてきわめて特異ながら、生物多様性においては貧弱だ。これに対し、ロックアイランドを囲むように発達したラグーンはまさに海洋生物の宝庫である。世界遺産に登録されている範囲のみでも、パラオ全域に存在する１１５０種以上の魚類のうちの実に７４０種以上の魚種が生息している。こうした海洋生物の豊富さと美しい景観から、ラグーン内には、パラオにおいて最も人気のあるダイビングスポットがいくつも点在している。なかでも魚種の数、遭遇率の高さ等から世界的に知られているのがガムリス島沖にある通称ブルー

コーナーと呼ばれるポイントだ。ここではギンガメアジやカマス属の大群、ベラ科のメガネモチノウオやジンベイザメ、シュモクザメ等の大物も見られる機会がある。

しかし近年、人間による漁獲圧や観光客の増加等を背景に海洋生物のなかにも絶滅の危機に瀕している生物も少なくない。最も危惧されているタイマイをはじめ、アオウミガメやオオジャコガイ、カンムリブダイ、イタチザメ、ジュゴン等がすでに希少種となりつつある。こうした状況に対し、タイマイの繁殖地としても知られるセブンティ・アイランドの周辺海域は野生生物保護区として立ち入りが規制されている。また非政府組織によって運営され、コロール島にあるパラオ国際サンゴ礁センターはモニタリング調査等のほか、サンゴ礁保全の重要性をパラオ島民や観光客へ伝える啓蒙教育活動を積極的に実践してきた。なおこのセンターの前身とも言えるのが、戦前の1934年から太平洋戦争中の1943年まで日本学術振興会によって開設・運営されていたパラオ熱帯生物研究所であり、この研究所によるサンゴ礁保全に関する多くの研究成果とその取り組みが国際的に評価されてきた経緯があったことも特筆すべきであろう。

写真2　カヤックでロックアイランドに接近（2003年）

次に歴史・文化遺産としてのロックアイランドの重要性は、パラオでも最も古い人類の居住痕跡をもつ遺跡群や洞窟壁画の存在と、お隣のヤップ島において知られる石貨のための石材産地という点にある。実は1990年代半ば頃まで、ミクロネシアにおける人類の居住史は約3500年前の痕跡があるマリアナ諸島を除けば、古くても2000年前頃までしか遡れなかった。フィリピンなどの東南アジアに最も近く、マリアナ諸島と同じ頃まで古い居住史があるはずとされてきたパラオにおける考古調査でも、2000年前以上に遡る古い先史遺跡は見つかっていなかったのである。

ところが1990年代後半に、ロックアイランドの一つで石貨の石材産地としても知られていたオラック島で行われた発掘調査では多数の人骨が出土し、石材産地が埋葬遺跡でもあったことがわかった。さらに驚くことにこれらの人骨や出土した炭化物の年代は、約3000年前に遡ることが判明したのである。その後、同じくロックアイランドの一つであるウーロン島でも、約3000年前にまで遡る先史遺跡が発見された。この遺跡からは2000年以上の長期に及ぶ良好な文化層の堆積が確認され、大量の土器や魚骨、貝類が出土した。

筆者らが行った出土魚骨の分析では、19科におよぶ多様なサンゴ礁系魚類の利用のほか、古い時代の魚や貝のほうがより大型で、時代が新しくなるにつれ、人間による漁獲圧等の要因により魚貝類のサイズがやや小さくなる傾向も確認された。ウーロン島は先史時代に描かれたとされる壁画でも有名だが、とくにオーカーを顔料とした赤色の壁画群は古くまで遡る可能性も出てきた。またこうした壁画はウーロン以外の島じまでもいくつか確認されている。ウーロン島の周辺海域も美しいラグーンで囲まれているが、こうしたミステリアスで歴史的価値の高い文化遺産の存在も、世界遺産としてのロックアイランドの大いなる魅力なのである。

（小野林太郎）

IX

マーシャル諸島共和国

◉マーシャル諸島共和国（Republic of the Marshall Islands）

北緯４～14度、東経160～173度の約210万 km^{2}の海域に南北2列に連なった29の環礁と五つの島から構成されている。これらは西側がラリック（日の入）列島、東側がラタック（日の出）列島と呼ばれ、首都のおかれたマジュロ環礁はラタック列島に含まれる。総陸地面積181km^2、人口約７万人（2014年）であるが、その４割がマジュロに暮らす。公用語はマーシャル語と英語。GDP は約２億ドル（2013年)。通貨は米ドル。

2000年前ごろにソロモン諸島付近から北上してきた人びとが居住した。資源的に貧しい環礁島ばかりなので、近隣の島じまとの接触に必要な航海知識は重要で、それを学ぶために使われたユニークな海図が知られている。17世紀以降、形態は異なるが、スペイン、ドイツ、日本、アメリカの統治支配をうけた。アメリカの信託統治の終了後に形成されたミクロネシア連邦には加わらなかったマーシャル諸島は、1979年に独自の憲法を制定し、1986年にアメリカと自由連合協定を結んで独立した。この協定は、国防、安全保障の権限を米国に委ねるもので、クワジェリン島には、現在も米軍基地がおかれ、一般人は入域を許されない。1991年には国際連合に加盟した。

政府歳入の６割は、自由連合盟約に基づく米国からの財政援助による。産業は水産業と農業が主要なもので、米軍の基地借用料や外国漁船からの漁業権収入などもある。

マーシャル諸島共和国の国旗

54

サンゴ礁の島に生きる

★マーシャル諸島の島嶼間ネットワーク★

ミクロネシアの東縁に位置するマーシャル諸島は、北緯4～20度にわたって二列に連なる島嶼グループで、200万平方キロメートルの海域に29の環礁が点在する。「環礁」という名称は耳慣れないかもしれない。深さ1000メートルを超す海洋底から積み重なったサンゴ礁の台地の縁にそって、砂礫の州島が首飾りのように連なる島嶼タイプで、アトールとも呼ばれる。内側には100メートル以浅のラグーンが広がり、細長い陸地の両側から波が打ち寄せる。

地球の歴史45億年を一日に換算すると、州島の陸地形成は0・04秒にも満たない。完新世の高海位面が低下するおよそ2000年前に、サンゴの破砕片や有孔虫殻が礁原の上に急速に堆積した。まさにできたてのその陸地に、マーシャル諸島民の祖先はすぐさま自らの歴史を刻み始めた。おそらくは、世界で初めて環礁に住み着いた人びとであった。

現在の諸島民の言語はミクロネシア諸語と呼ばれる語群に属す（第8章）。言語学の研究によれば、その由来は南東ソロモン諸島からバヌアツ諸島にたどれるという。2000年前に2000キロメートルもの波濤を乗り越えてやって来たこの人びとこそが、卓越した航海者として知られるマーシャル諸島民の祖先なのである。

彼らのカヌーには栽培植物が積まれていたようだ。われわれが発掘したマジュロ環礁では、サトイモ科の根茎類、おそらくはミズズイキを栽培するための天水田が、遅くとも１８００年前には人為的に掘削されていた。しかし、彼らの生活世界は陸地のみで成り立っていたわけではない。地床炉跡からは、ラグーンで獲れる魚種ばかりでなく、外洋と底生の魚の骨が出土し、さらにはイルカやウミガメの海獣骨も検出された。環礁の暮らしは陸に限らず、島の範囲を越えて海を幅広く利用するものだったと見てよい。

そもそも環礁州島の陸上環境は、人間の生活にとってきわめて厳しい。地表を流れる河川はなく、砂礫の地下に帯水した雨水だけが陸上生物の命を支えている。州島の大半は海抜４メートルを超えないから、台風の大波が押し寄せるとひとたまりもない。マーシャル諸島に限らず環礁で生きるためには、さまざまな工夫が必要だったに違いない。

伝統社会に見られた工夫の一つは、親族集団・年齢集団・居住集団など個々人が加入できる組織やその範囲を多様化することによって、各人が生計資源にありつく機会を最大化する方法である。社会全体から見れば、限られた資源を効率よく分配する効果が期待できる。もう一つの工夫は共有地を設定し、社会的な掟によってその資源を管理することである。祭宴や儀礼のため、あるいは食べ物が枯渇したときのために、日常用いる分とは別に資源をとっておく工夫だから、リザーブランドと呼んでもよい。

いずれもオセアニアの環礁社会に広く認められる工夫だが、マーシャル諸島民はさらに、環礁間で頻繁に往来していた。二つの島列のうち西側のラリックでは、アイリンラプラプ環礁の首長が覇権を広げ、配下を引き連れて周りの島じまを定期的にめぐっていたという。東側のラタック島列においても、マロエラップ環礁の首長が北部の環礁に覇権を及ぼしていた。

彼らの往来を支えたのは、長い年月のなかで培ってきた航海の技であった。マーシャル諸島は、北から南に狭い間隔で環礁が並ぶ。北東貿易風が生み出したうねりが東から西に抜けるときに、島の干渉を受けて波の峰線が偏向する。場所によって微妙に異なるうねりの特徴や島の位置を小枝と小石で表した固有の海図（スティック・チャート）は、卓越した航海術の証である。彼らが把握していた海洋の範囲は諸島を越えて、南はキリバスの環礁まで広がっていた。また、われわれが調査を行ったマジュロ環礁からは、表採品ながら石斧の柄が得られた（写真）。環礁には産しない玄武岩製の遺物である。アイリンラプラプの北に位置するナム環礁からも玄武岩の柱状石が発見されているから、600～1000キロメートル西のコスラエやポーンペイとも先史時代から交流があったのだろう。

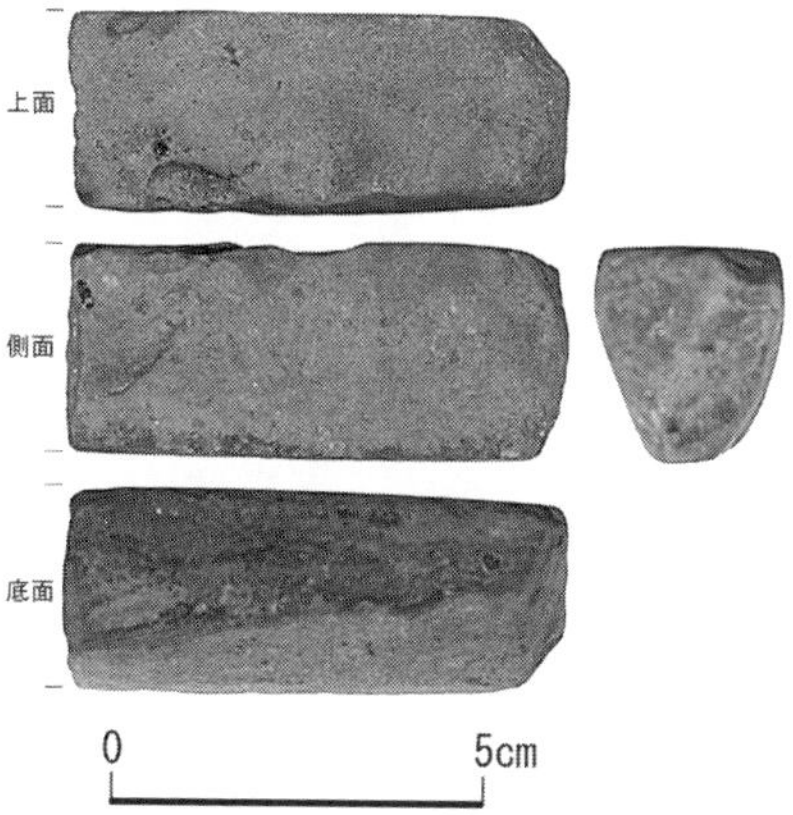

マジュロ環礁で表採した玄武岩製石斧の柄
（マジュロ、2005年）

いずれにしても、創始祖先を共有する母系クラン（氏族）の範囲が複数の環礁にまたがる傾向にあることから考えて、交易関係や親族関係のネットワークが、

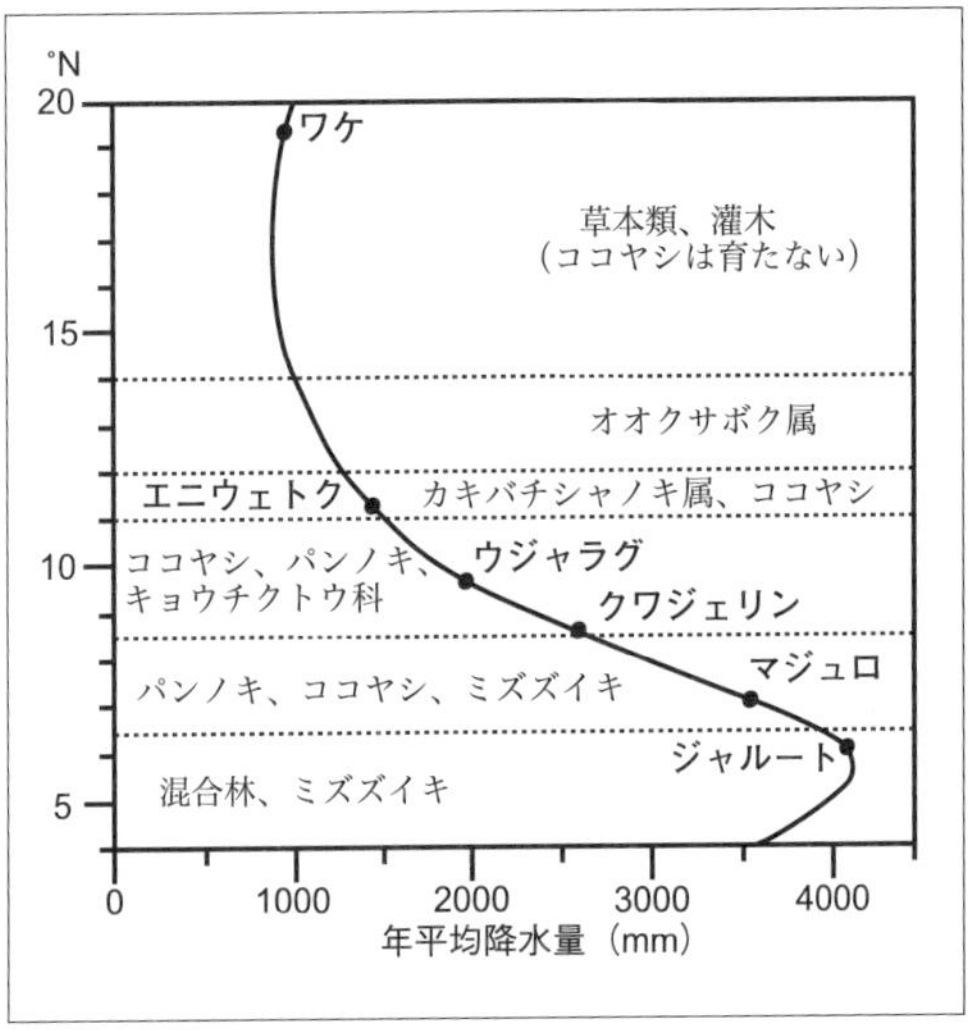

マーシャル諸島の降水量勾配と植生
［出所：Stoddart (1992), Biogeography of the tropical Pacific. *Pacific Science* 46 より作成］

環礁の範囲を越えて諸島内に広がっていたことは間違いない。マーシャル諸島では、資源獲得の機会や分配に関わる社会的範囲の一つが広大な海域に拡張されていたことになる。

マーシャル諸島出土の発掘資料には、イモガイ製の貝輪とともにウミギクガイ製のビーズが多い。ミクロネシアやメラネシアでは広く装飾品に利用されてきた。なかには交換の財貨となったものもある。詳細はよくわからないが、淡いピンク色のビーズはマーシャル諸島でも「貝貨」としてやりとりされていたらしい。想像をたくましくすれば、ニューギニア北東のクラ交易で用いられたムワリ（貝輪）やソウラバ（首飾り）のように、その獲得や保持が名声と結びつく威信財としての価値が、環礁間の交流をうながすインセンティブとなっていたのではないだろうか。

ところで、この諸島は同じタイプの島じまから構成されてはいるが、生態学的条件は決して一様ではない。特に年間降雨量は北から南に向かって、９００ミリ以下〜４０００ミリ近くまで大きな勾配がある（図）。表層水を持たない環礁州島では、地下の淡水レンズが陸上生態系を支えているから、

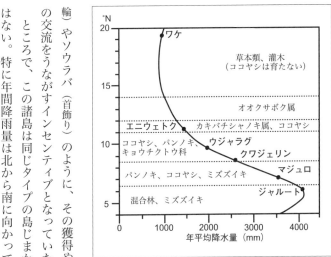

降雨量の勾配は植物の種数を左右することになる。実際に、年平均1000ミリ以下のワケ環礁ではココヤシは生育しない。陸地には草本類が卓越し、モンパノキの小潅木が点在する程度である。1500ミリを超えるあたりから種数がとたんに増え、パンノキが栽培できるようになる。収穫に季節性はあるものの、食料源として重要な樹種である。3600ミリに達するマジュロ環礁やアルノ環礁では、州島の中央部に掘り込まれた天水田でサトイモ科のミズズイキが栽培されている。

雨に恵まれない北部の島じまは、人間の居住には確かに向かない。しかし、そうした島じまはアジサシやカツオドリといった多種多様な海鳥の営巣地となっている。人が住む州島ではなかなかお目にかかれない、ご馳走のヤシガニも豊富だ。何よりも海洋資源に恵まれており、さらに一匹の肉や臓物で150人分ほどの食料が得られるウミガメの繁殖地となっていることが多い。こうした環礁は、マーシャル諸島でモゥ［*mo*］と呼ばれるリザーブランドだったのである。

地図を眺めてみると、周辺の島じまに覇権を広げていたアイリンラプラプやマロエラップ、それに対抗できたマジュロやアルノは、北緯9度以南に位置していることに気づく。マーシャル諸島民の祖先たちは、降雨と陸上資源に最も恵まれたこれらの環礁に居住の拠点を置きつつ、周りの島じまをリザーブランドとして利用し始め、さらには比較的条件の良い環礁に新たな居住地を築いていったのではないだろうか。とすれば、伝統社会における環礁間の交易ネットワークは、リザーブランドを設ける工夫と資源獲得の機会を多様化する工夫との「合わせワザ」として評価できるだろう。もちろん、長距離の航海には長さ30メートルに達する大型カヌーが不可欠である。その建材となるパンノキの巨木が南部の環礁に豊富に産することも忘れてはならない。

（山口　徹）

55

核実験とマーシャルの人びと

★破壊された島の生活と景観★

サンゴ群体を形成するポリプ（軟体部分）には単細胞の藻類が共生している。この藻類は光合成を行って、サンゴの骨格形成に必要な栄養分を生産する。それには太陽の光が欠かせないので、サンゴの群体は海面を追って上方へ成長する。こうした群体が無数に集まって礁原地形を形成する。現在、目にする礁原は、過去数千年間に生じた完新世の海面上昇を追って、サンゴ群体が積み重なった生物起源の地形である。およそ２０００年前、サンゴの破砕片や有孔虫の殻が礁原の上に堆積し始め、州島が生まれた。マーシャル諸島の環礁では、その低平な陸地にすぐさま人間が住み着いたようだ。以来、自然の営力と人間の営為のからみ合いが２０００年の歴史のなかで営まれ、そこに環礁州島の景観がつむがれてきた。

そうした環礁の一つ、マーシャル諸島の北西端に位置するエニウェトクには、北東側に延びる礁原に直径１２４メートル、深さ13メートルの穴があいている。更新世石灰岩のドリーネ（窪地）の縁にそって完新世のサンゴが上方生長すると、リーフホールが形成される。一見するとそうした地形に思えるが、実は自然にできた穴ではない。１９５６年にアメリカが実施した

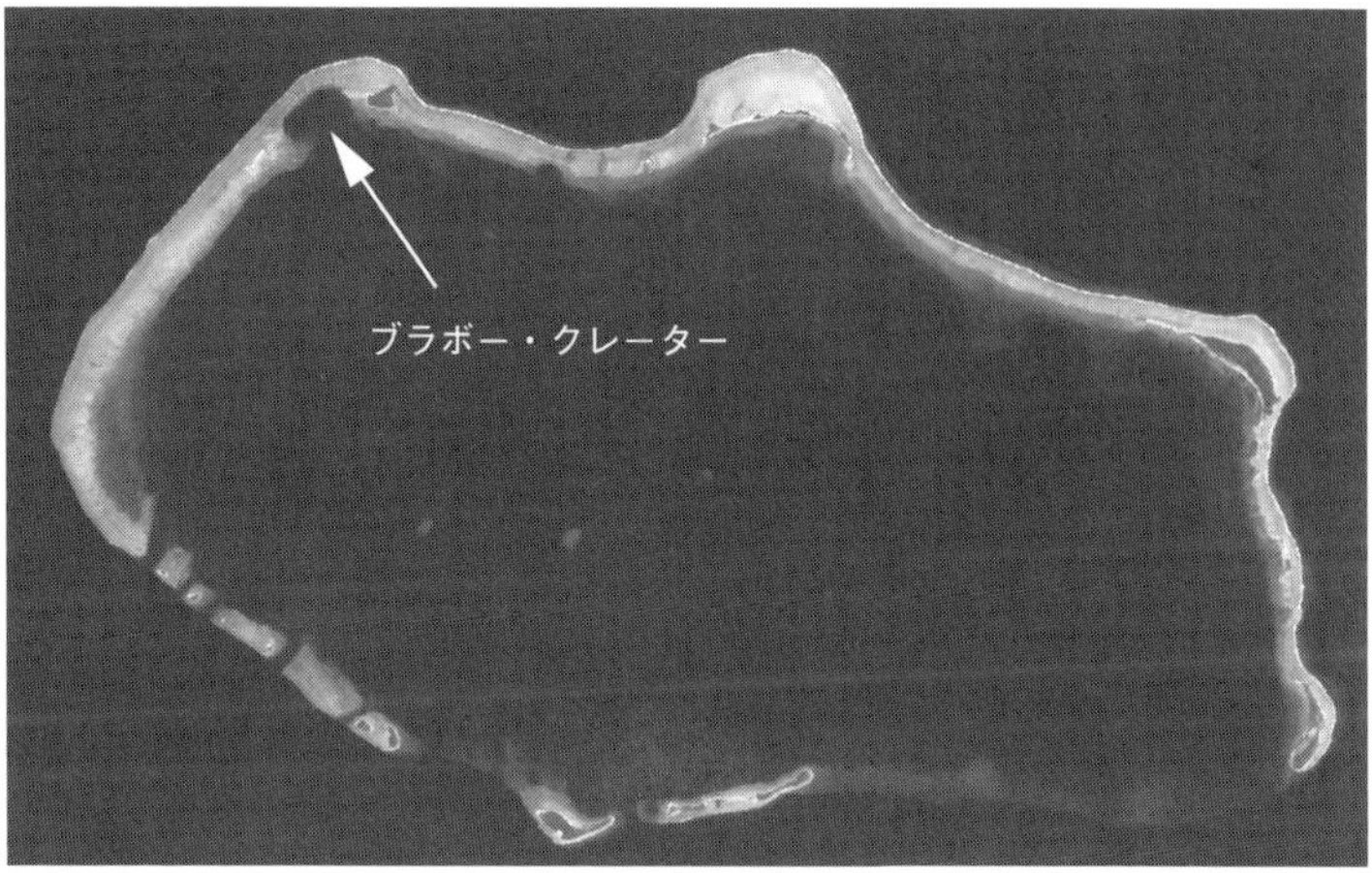

ビキニ環礁に残るブラボー水爆実験の爪痕［出所：ランドサット衛星画像］

ラクロス核実験の痕跡である。ビキニ環礁の礁原には、さらに巨大な爪痕が残る。広島型原爆の１０００倍もの威力を持つ水爆「ブラボー」が、１９５４年３月１日の朝方に爆発したのである。近海で操業していた第五福竜丸をはじめ多くの漁船の乗組員が被爆したことで、日本でもよく知られている核実験である。その威力で付近の州島三つが吹き飛び、その後には直径２キロメートル、深さ60～70メートルに達する巨大なブラボー・クレーターだけが残った（図）。穴のなかには、放射能で汚染された土壌や残骸がのちに廃棄された。まさに、環礁州島の景観が破壊されたといってよい。

第２次世界大戦が終結し、東西冷戦構造という新たな脅威が現実化するなか、マーシャル諸島はアメリカの信託統治領に組み込まれた。「戦略指定区域」と位置づけたアメリカは、１９４６～58年までの間にエニウェトクとビキニの両環礁で67回もの原水爆実験を行った。これらの実験のために、島民たちは住み慣れた故郷を去らなければならなかった。景観形成の一翼を担ってきた人間の営為もまた消え去ってしまったのである。

当時167名を数えたビキニの人びとは特に、キリ島へ移住するまでロンゲリック環礁とクワジェリン環礁を点々とさせられた。マーシャル諸島は北に行くほど降雨量が少なくなるため、北部の島じまは南部に比べて陸上資源に乏しい（第54章）。それでも、比較的大きなラグーンを持つビキニは魚介類に恵まれていた。ところが、同じ緯度にあるロンゲリック環礁のラグーンはビキニの半分もない。最後にたどり着いたキリ島は南部に位置するが、小さな楕円形の礁原上に州島が一つ載るリーフ島なのでラグーンがなく、陸地面積も1平方キロメートルに満たない。その生活はきわめて苦難に満ちたものだったという。

破壊力が最も大きかった水爆「ブラボー」は、サンゴ礁の堆積物を一瞬にして微塵にし、膨大な汚染物質を上空に舞い上げた。年間をとおして卓越する貿易風とは逆の西風に乗って、汚染物質はいわゆる「死の灰」となってビキニ環礁の周りの島じまに降り注いだ。被爆者のなかには、第五福竜丸の乗組員23名とともに、ロンゲラップ環礁に暮らしていた80名余りの島民が含まれていた。人びとは、大量の放射線を短時間で浴びたときにあらわれる頭痛・嘔吐・下痢・水ぶくれ・脱毛といった急性症状に襲われた。死の灰は、島民の食料となる動植物をも汚染した。そのことを知らずに摂取した人びとは、体内からも被爆してしまった。67回の実験による放射能汚染は、ビキニ、エニウェトク、ロンゲラップ、ウトリックをはじめ、北部マーシャル諸島全体に広がったことが報告されている。

放射線を浴びた体細胞は染色体異常や遺伝子の突然変異を起こし、晩発障害を生ずる可能性が高い。それが生殖細胞に起こると、子孫に遺伝的影響を及ぼす。生殖細胞の損傷が非致死的であれば、その

第55章

核実験とマーシャルの人びと

影響は世代を越えて継承されてしまう危険性もある。実際に、被爆した多くの人びとが甲状腺異常や白血病そしてガンに苦しみながら亡くなった。因果関係は明らかにされていないが、胎児の流産や奇形児の出生といった現象も続いた。その苦難の大きさは、被爆者の声を丹念に拾ったジャーナリストらの報告に詳しい。

最後の核実験以降も、マーシャル諸島は長距離弾道ミサイルの実験地としてアメリカの軍事戦略に組み込まれ続けた。近年は、ミサイル防衛システムの実験がクワジェリン環礁の基地で行われている。原水爆実験による故郷の喪失や被爆による健康被害、特にモルモットにされたといわれるロンゲラップ島民の惨状、そしてミサイル実験の継続は、多くの非難を巻き起こしてきた。

１９８６年に独立国家としての道を歩み始めたマーシャル諸島は、国防と安全保障の権限責任をアメリカに委ねる自由連合協定を結んだ。協定のなかには基地の借地料や開発援助に加え、放射能被害に対する賠償費の支払いが含まれており、15年間の総額は10億ドルに達するという。２０００年に大統領に就任したケーサイ・ノート氏は、その翌年に終了予定だった自由連合協定の改定交渉を進め、戦略的にミサイル基地を手放せないアメリカから援助の継続を勝ち取った。それはまた、アメリカ国民が重い財政負担を背負い続けることを意味する。

ブラボー水爆実験から50年が経った２００４年7月、かつてロンゲラップ環礁の代表だったジョン・アンジャイン氏が胃ガンのために81歳で他界した。第五福竜丸元乗組員の方々とも協力しながら、核兵器の悲惨さと被爆者の連帯を訴えてきた人物である。被爆者の高齢化が進むなか、その体験と記憶を後世にとどめるための努力を受け継いでいかねばならない。

50年の歳月はまた、無人だったビキニ環礁のラグーンを、調査した環境学者が「手つかずの生態系」と呼ぶほどの状態にした。皮肉にも人間の影響がなかったために、多種多様な海棲生物が現在のラグーンを彩っているのである。その様子は、『ナショナルジオグラフィック』や『ニューヨークタイムズ』の旅行記事でも紹介された。ビキニからの避難民を代表する自治体は、この環礁を海洋エコツアーの観光事業に活用し始めた。将来的な事業展開のために、1997年には環境保護規則を定めている。残留汚染への不安はいまだ払拭されていないにもかかわらず、欧米や日本のダイバーたちが時折訪れるという。かつての景観はもはや取り戻せない。それでも、自然の営力とのからみ合いを再開しようとする島民の不屈さは、新たな環礁景観を生み出していくのかもしれない。

（山口　徹）

56

ふるさとをなくしたビキニ環礁の人びと

★核実験による強制移住者の過去・現在・未来★

２０１０年8月1日、ブラジリアで開催された第34回ユネスコ世界遺産委員会で、マーシャル諸島北部ビキニ環礁にある米国核実験跡地「ブラボー・クレーター」が世界文化遺産リストに登録された。この知らせを聞いたマーシャル諸島国内外に散住しているビキニ環礁出身者たちは、自分たちの故郷の島が平和の象徴として国際社会から認められたことを誇りに感じ、大いに喜んだ。彼らの歓喜のなかには、核実験のため故郷を追われた人びとの苦しい経験や望郷の念が込められていたのである。

１９４６年から58年にかけてビキニ環礁およびエニウェトク環礁で実施された米国核実験は、多くの人びとに対して犠牲を強いることになった。特に54年3月の「ブラボー」と呼ばれた水爆実験では、ロンゲラップ環礁等の周辺の島じまの住民や、近隣でマグロ漁を行っていた日本の漁船・第五福竜丸の乗組員などが被爆するという大惨事につながり、このことは日本やオセアニア各地で核兵器廃絶を求める市民運動の高まりにつながっていった。一方で、核実験場として自らの島を提供し、故郷を離れた人びとのその後の生活については語られることは少なかった。ビキニ環礁住民（ビキニアン）たちは、米国の核実験に先立ち、1946年3月に故郷のビキニ環礁から強制移住させられた。故郷を追われた167人のビキニアンたちは、まずビキニ環礁の東約200キロメートルに位置するロンゲリック環礁に移住させられた。その後、クワジェリン環礁での一時的な滞在を経て、46年6月、ビキニアンはマーシャル諸島南部のキリ島に移動することになった。キリ島の周辺は一年中激しい荒波が立っており、「監獄の島」と呼ばれていた。そのため、クワジェリンへ移住した人たちのなかには、皆と一緒にキリ島に行くことを選択せずにそのまま定住する者、マジュロ環礁などの他の環礁に独自に移住する者もいた。

1967年、米国政府はビキニ環礁の放射能レベルのデータを分析して、ビキニ環礁への帰島は可能であると発表、キリ島等に住む540人のビキニアンに対して帰島を許可し、再定住の準備を急ぐと約束をした。しかしながら、その後のビキニ環礁での科学調査のなかで、米国の基準値を遙かに上回る放射性ストロンチウム90がビキニ島の井戸水から検出された。これを受けて米国内務省は、75〜90日以内に島からの撤退を伝え、78年9月には、信託統治領政府がビキニアンに再度の退避命令を出した。キリ島からビキニ環礁に帰島していた住民のほとんどは、キリ島に再び戻るのではなくマジュロ環礁内にあるエジット島に居住することになった。

1998年3月に出されたIAEA（国際原子力機関）の最終報告書によると、ビキニ環礁での放射線の状況については、現在の残存放射能から判断すると、ビキニ島に継続居住することは可能ではあるものの、現地で生産された食物を食べることは放射能の影響が懸念されるため勧められず、ビキニ環礁に戻り実験前のような自給自足による社会を取り戻すことはきわめて難しいことが明らかになった。しかしながら、住民たちはこの報告書が出るまでもなく、元のようなビキニ環礁での生活に戻る

写真1　マジュロ環礁内にあるビキニアンたちが住むエジット島（矢印部分、2003年）

ことはきわめて難しいと判断していた。

ビキニアンの多くは、核実験に対する米国からの補償に頼る生活を余儀なくされている。1986年には、マーシャル諸島政府と米国政府との間で自由連合協定が締結された。同協定177条項により以後15年間にわたりビキニアンへの損害賠償に対して総額7500万米ドル（年間500万米ドル）が支払われることとなった。しかしながら、支払い対象となるビキニアンの人数が予想以上に急速に増加したことと、90年代後半以降の経済不況による運用の不調により、同補償のなかで構築された信託基金も枯渇してしまっている。マーシャル政府は同補償の改訂に向けて、米国政府との間で交渉を行うことを要望しているが、米国政府側は「核被害者補償はすでに解決済み」として対立は続いている。

現在ビキニ環礁の出身者とその子孫は、マーシャル諸島各地や米国などの海外にも広く住んでいる。1946年にビキニ環礁を離れた住民167人のうち、現在も生存している旧住民は、2010年現在で20人あまりであ

写真2　キリ島の住宅（2005年）

る。一方、彼らの子孫を含めてビキニアンと称する人びとの数は現在約4300人にまで膨張した。ビキニ環礁退去直後に移住したキリ島に約1200人、マジュロ環礁に約2000人（うちエジット島に約300人）、国内の他地域に約360人、海外に約700人となっている。多くのビキニアンが移住したキリ島では、国内航空便を利用して首都マジュロと密接に結びついた生活を送っている。住民たちは、首都にあるビキニ環礁の地方政府庁舎に補償金を受け取りに行った帰りに、マジュロのスーパーマーケットで買い物をしていく。入手した補償金の一部は子どもの教育資金として貯蓄したり、海外に住む親族へ仕送りをしている。ビキニ環礁地方政府も住民たちの利益となるため、ビキニ環礁に宿泊施設を作り、ダイビングを中心とした観光促進を進めるなどの振興策を実施している。こうしたビキニ地方政府および住民たちによる故郷を取り戻す活動の一環として実を結んだ象徴的な出来事こそが、「ブラボー・クレーター」の世界遺産登録であった。

一方で、コミュニティという視点から見た場合には、ビキニアンにとって大きな転換期に来ている。強制移住という歴史の中で、故郷の島から離れることで、まず土地に根ざした生活（生業）が失われた。彼らは、北部環礁という飲み水や食用の動植物が限られていた環境において、アウトリガーと呼ばれる独自のカヌーを巧みに使い、季節ごとに環礁内の島じまをローテーションでめぐりながら、ココヤシの実などの食糧採集を行ってきた。こうした生業をめぐる知識や技術は、新しい生活環境においては必要とされず、ビキニアンたちの生活における記憶から急速に失われていった。また、国内外各地に人びとが離散するにつれ、島での協働活動を軸に緊密に結びついていた親族関係も徐々に疎遠となっていき、住民間をつなぐ社会ネットワークも弱まってきている。さらに、親族関係の希薄化は、ビキニアンの間で親から子へと継承されてきた口頭伝承や民族舞踊などの独自の伝統文化の消失につながりかねないものであると大いに危惧されている。このように将来に向けて様々な不安や懸念を抱えつつも、多くのビキニアンたちは自らの置かれた状況を後ろ向きに捉えるのではなく、「自分たちは犠牲者ではなくサバイバーなのだ」と主張している。この言葉には、単に被災者や犠牲者として現在の状況に留まっている米国からの補償金に飼いならされた哀れな人びとではなく、強制移住などの苦しい経験を乗り越えて、次世代がよりよい生活を送れるようにと新たな挑戦に取り組むビキニアンたちの前向きに進んでいこうとする姿勢が示されていると言えよう。

（黒崎岳大）

57

ホスピタリティを重視する観光へ

★観光開発の現状と課題★

ミクロネシア地域を含む太平洋島嶼国・地域は、その地理的な問題（国土の拡散性・狭隘性・離散性および国際市場からの遠隔性）から、産業振興のうえで限界があると見なされてきた。そのなかで、各国が自国の主要産業と位置づけている分野の一つが観光業である。

メラネシアやポリネシア地域の多くが、地理的・歴史的背景から豪州やニュージーランドを観光の主要市場として捉えてきたのに対し、グアムや北マリアナ諸島を含めたミクロネシア地域は、米国と同時に日本を主要市場の一つとして重視してきた。これはミクロネシア地域が北半球に位置しているという地理的な近さと同時に、戦前からの歴史的関係も大きく影響している。

一方、同じ日本市場重視であっても、その中身を詳細に吟味すると、各国・地域で異なる部分も多い。グアムやサイパンが団体客をターゲットにしたマスツーリズム志向を示してきたのに対し、パラオやミクロネシア連邦、マーシャル諸島では、現地の人びととの触れ合いや生活体験を提供しながら、観光客一人一人を心からもてなす「ホスピタリティ」を重視した観光振興を図る傾向が見られる。

現在ミクロネシア地域の多くで、ホスピタリティを重視する観光政策が主張されている理由の一つは「サイパンの悲劇」と呼ばれる外国資本中心の過度な観光開発の結果生じた観光産業の空洞化にある。すなわち、観光客が現地の人びとと直接触れ合う機会は軽視され、外国資本による過剰な観光インフラ整備が進められた結果、かえって観光地としての魅力を失墜させてしまった。サイパンと同様に、当初は日本からの直行便の就航に活路を見出そうと無理な観光開発を進めたものの、その戦略に行き詰まりを感じ、現在はホスピタリティを重視した観光開発へと政策転換した国が、マーシャル諸島である。

マーシャル諸島は、「太平洋の真珠の首飾り」と称せられ、美しい海と豊かなサンゴ礁が広がり、日本のダイビングファンの間でも一定の知名度を有している。ただし、パラオやサイパンと比べて、日本からの距離は決して近いわけではない。首都マジュロを訪問する場合、通常グアムとハワイの間の島じまを「各駅停車」のごとく経由していくアイランド・ホッパーと呼ばれる航空便を利用することになるが、グアムからだとマジュロに到着するまでに10時間以上もの時間を費やすことになる。

マーシャル諸島政府も、独立以来、米国との自由連合協定に伴う経済支援に依存した国内経済のままでは国家として自立できないということは十分認識していたため、観光を主幹産業と位置づけ、様々な観光振興策を実施した。1980年代後半にはナショナルフラッグのマーシャル航空を利用してマジュロとホノルルとの間で直行便を運航し、マジュロ市内に日本企業が経営するホテルを開業するなど、他のミクロネシアの国ぐにと同様に、米国や日本からの観光客をターゲットにした観光地化に取り組んだ。しかしながら、欧米諸国での知名度不足に加え、国内からの直行便によるツアーを好

写真1　マーシャル諸島アルノ環礁のサンゴ
［国際機関太平洋諸島センター（PIC）提供］

む日本人の観光志向に合わなかったこともあり、この開発はすぐに行き詰まり、直行便は停止、ホテルも台湾企業に買収された。

一方で、米国の核実験に基づく被害補償金を入手したビキニ環礁地方政府は、その潤沢な資金を利用して独自の観光開発に乗り出すようになった。同地方政府は、環礁における放射能汚染のクリーンアップ作業が終了したことを受け、1990年代後半より同環礁を世界有数のダイビングスポットにする観光開発計画を実施した。環礁のラグーン内に第2次世界大戦時に活躍した米軍の空母サラトガや日本の戦艦長門が沈められ、迫力のある沈船ダイビングができる環境が整備された。また環礁の主島であるビキニ島にはツアー客滞在用のバンガローやホテルが建設された。ビキニ環礁へのダイビングツアーが催行されると、米国や豪州、日本からダイビング客を呼び込むことに成功し、一時は米国の有名ダイビング雑誌において憧れのダイビングスポットランキングで上位に位置づけられるまでになった。しかしながら、この試みもマーシャル諸島国内の経済不況や燃料費の高騰により、マーシャル航空の運航が安定しないなども影響を受け、現在は飛行機やクルーズ船をチャーターしなければ事実上ツアーを実施できない状況に陥っている。

このような国や地方政府が進めた観光政策が行き詰まりを見せていた状況の中で、日本人観光客を増加させるために、マーシャル諸島の民間の観光関係者が中心となって仕掛けたのが、日本航空による成田－マジュロ間の直行チャーター便である。２００５年頃から日本航空の関係者と政府観光局の間でチャーター便の実施に向けて準備を進め、２００６年に第1便の運航に成功、その後計4回実施された。

写真2　マーシャル諸島のアミモノ（2011年）

同チャーター便の利用者のほとんどはダイバーであったため、現地の日本人が経営するダイビングショップがホテルへの送迎からダイビングの手配まですべて行った。チャーター便の運航は、実際に２００６年に初めて日本人訪問者数を1０００人台に乗せるなど数字のうえでも結果となって示された。観光関係者はもちろん、政府関係者も、チャーター便に伴う日本人観光客の増加が、国内経済に大きく貢献するであろうと期待し、大いに歓迎した。

しかしながら、この期待もすぐに裏切られることとなる。チャーター便の利用者であるダイビング客は現地の人びととの交流はほとんどなく、みやげものの購入を含めた現地社会への経済的な利益に関しても、期待されたほどにはならなかった。一方で、現地にはダイビングショップは3軒しかなく、臨時のダイビングガイドを雇うなどチャーター便でやってくるダイバー客への対応に備えたが、充分に日本人観光客を受け入れる状況にまで至らず、スムーズな空港送迎ができないなど観光客から不満の声が相次ぎ、かえって観光地としての評判を落とすことにつながった。

こうした苦い経験を通じて、政府観光局は、直行チャーター便によるマスツーリズム志向の観光開発戦略を改め、マーシャル諸島の自然の美しさや現地の人びととの触れ合いを持つ機会を提供する観光を重視する姿勢へと転換した。日本人観光客向けに現地の伝統料理を味わえるレストランや、「アミモノ」と呼ばれる伝統的な手工芸品を実際に編む体験ができる場所が紹介されている日本語のパンフレットが製作されたことは、ホスピタリティを重視する観光を志向する観光関係者たちの取り組みを示しているよい事例と言えるだろう。

観光を産業という視点で考えた場合には、団体客を呼び込むマスツーリズム志向の開発のほうが効率的であり、国家経済にもたらす利潤も多いのかもしれない。しかしながら、観光を産業という側面のみで評価するのは不十分である。むしろ日本人が実際に現地を訪れるなかで、現地の人びとの暮らしに触れることを通じて互いの文化を尊重し合い、「人と人との交流」を生み出す場でもあるのだ。人的交流の重要性という視点から見たとき、マーシャル諸島が進めているホスピタリティを重視した観光への転換は、まさに時宜を得た政策であると評価することができるだろう。

（黒崎岳大）

X

キリバス共和国・ナウル共和国

◉キリバス共和国（Republic of Kiribati）

ギルバート諸島、バナバ、フェニックス諸島およびライン諸島の一部からなる国家で、33の環礁島と一つの隆起サンゴ島（バナバ）からなる。バナバ以外は海抜数メートルしかない小さな環礁島がほとんどである。総陸地面積は811km²であるが、ライン諸島のクリスマス島一島でその約半分を占める。人口約10万人のほとんどはギルバート諸島に居住している。首都はタラワ、公用語はキリバス語と英語。GDPは1.7億ドル（2013年）。通貨はオーストラリアドル。

ギルバート諸島は、1892年にイギリスの保護領、植民地となり、第2次世界大戦中は一時日本が占領した。1979年にイギリスから独立した際に、アメリカが所有権を放棄したフェニックス諸島とライン諸島（三つの島を除く）も組み込んでキリバスとなった。国際連合加盟は1999年。排他的経済水域は350万km²にもなる。産業は、観光業以外は農業、外国漁船からの漁業権収入ぐらいで、輸入が輸出を大きく上回っている。

キリバス共和国の国旗

◉ナウル共和国（Republic of Nauru）

ほぼ赤道直下に位置する単独の隆起サンゴ島を国土とする。面積は21km²で、世界で2番目に小さい国である。人口は約9000人、首都はヤレン地区。公用語はナウル語と英語。GDPは1.2億ドル（2013年）。通貨はオーストラリアドル。

18世紀末にイギリスの捕鯨船に「発見」され、1898年にドイツ領となる。燐鉱石の採掘が1906年に開始されたが、第1次世界大戦後のイギリス、オーストラリア、ニュージーランドによる共同統治においては、イギリスが燐鉱石を採掘した。第2次世界大戦中には日本に一時占領されたが、戦後は国連の信託統治領となり、1968年に独立。国際連合加盟は1999年。産業は主として鉱業で、全島の5分の4を覆う燐鉱石をもっぱら輸出してきた。しかし、20世紀末には枯渇することが予想されたため、海運業や、航空、不動産投資、証券投資などをおこなって資産運用をはかったが順調とは言えない。鉱業以外にはほとんど産業もなく、工業製品に加えて食料品もほとんどを輸入に頼っている。

ナウル共和国の国旗

58

乾燥した島で命をつなぐ

★乾燥保存食とピット栽培★

キリバス共和国は、国土のすべてがサンゴ島からなる、世界でも数少ない国家の一つである。島の表土は、サンゴ礁由来の砂礫であり、養分が乏しく貧弱である。土地のすべてが、海辺の砂からなる国家を想像してみるとわかりやすい。さらにキリバスは、北に接するマーシャル諸島や南のツバルと比べて、降雨量が少ない。とくにキリバス南部は、頻繁に干ばつに襲われてきた厳しい地域である。

キリバス南部の人びとは、漁撈活動で獲った魚介類に加え、輸入品のコメや小麦粉、缶詰を食べて生活している。ただし、離島を巡る船便は不定期航行であり、食料事情は常に不安定である。こうした過酷な条件下、人びとは日々の食料を確保するために、独特の技術を発達させてきた。以下、多様な乾燥保存食の加工法と特異なイモ栽培法に着目する。

干ばつに襲われる気候の裏を返せば、日差しが強く日照時間も長い。人びとは、余った食料を天日干しにして保存する。最も頻繁に目にするのは、塩を大量にまぶした塩干し魚［*taari ni ika*］である。木組みや屋根の上で直射日光にさらされた魚は、日本の干物よりも硬くて塩辛い。脂肪の多いウツボの天日干しは、発酵臭が強いが、この臭さこそがご馳走の証しである。珍味として、現地語でイボ［*ibo*］と呼ばれる、砂地に棲む乳白色のスジホシムシ（*Sipunculus* 属）の天日干しもある。煮焼きした後、十数匹を串刺しにして乾燥させる。赤茶色の外見は古いゴムのようだが、よく噛むとスルメのような旨味がある。

パンダナス果実など、植物性の乾燥保存食もある（第20章参照）。現在でも食料難のとき、女性がタイヘイヨウイヌビワ（*Ficus tinctoria*）の果実を茂みから採取してくる。緑色の硬い実を数時間かけて煮た後、出稼ぎ先で入手した挽肉用ミンサーで潰す。これに甘いココヤシ糖蜜［*kamwaimwai*］をかけて食べる。余りは天日干しして、保存食カブイブイ・ニ・ベロ［*kabuibui ni bero*］に加工する。粒状の乾燥保存食を一般にカブイブイと呼ぶ。余った米飯や、煮て細かく刻んだイモも、カブイブイにされる。

さて、太平洋各地の主要作物であるヤムイモやサトイモは、キリバスでは生育し難い。ここでは代わりに、現地語でババイ［*bwabwai*］と呼ばれるミズズイキ（*Cyrtosperma chamissonis*）を丁寧に施肥して栽培する。ミズズイキは、沼地で生育し、植えつけて3年ほど経つと食べられる。収穫の季節性がなく、何年もの間、土中に保存できる、いわば生きた保存食である。

キリバスにおいて、ミズズイキは人工的に作った沼状の掘削田（ピット）のなかで栽培される。この方法は、ピット栽培（pit cultivation）と称される。掘削田の多くは、先祖から相続してきたものである。かつて青年の通過儀礼の一環として、掘削田作りが行われていた。まず、島の内陸部に行き、スコップのなかった時代にはココヤシ殻を使って、地下淡水層に達する深さまで手作業で硬い地面に穴を掘った。水が充分に滲出《しんしゅつ》したら、底土に灌木の枯葉を混ぜ込み、有機物を堆積させた。そこに子イモや、切り取ったイモ上部を植えつける。さらにパンダナス葉製のロープを輪状にして根元の周囲に固定し、準備した黒土や灌木の枯葉、腐蝕した灌木の幹、乾燥草本などを肥料として入れていく。

施肥作業は不定期だが、何年にもわたって続けられる。10年もの長期間、施肥を続けて大きなイモを生育させることもある。新たに施肥を行うたびに、パンダナス葉のロープの輪が重ねられる。その様子は、パンダナス葉製の器のなかでイモを栽培しているように見える。大きさに合わせて肥料の種類や施肥の時機を選択し、成長速度を調節したり、大きく成長させたり、柔らかくおいしいイモに育てることができるという。

キリバスにおけるミズズイキのピット栽培。パンダナス葉製ロープの輪のなかに肥料を入れて栽培する（キリバス、1995年）

栽培法には複数の種類があり、肥料や与え方が異なる。ただし、知識の詳細は秘密にされている。教えてもらうには、相手に繰り返し懇請し、何カ月間も食料を贈与し続けねばならない。栽培の成功には、秘密の呪文も必要だった。

ミズズイキは、人間の生存に必要な食料であるのみならず、高い社会的価値が附与されている。葉の形状や茎の色、大きさなどによっていくつもの品種に分けられている。なかでも、より大きく成長し、子イモのできないイカラオイ〔*ikaraoi*〕またはバーニーリ〔*bwaniiri*〕と呼ばれる品種が、最も珍重される。

キリバスでは、集会所〔*mwaneaba*〕を中心として村落の社会生活が営まれてきた。植民地政府が食料の浪費を嫌って禁止する以前、大きなイモを村の集会所に持ち寄り、天秤にかけて重量を競っていた。かつて、ネウェアバ〔*neweaba*〕と呼ばれる習俗があり、大きなイモを数多く栽培していると評判の高い村へ、他村から人びとが訪問した。訪問者たちは、掘削田からイモを儀礼的に収奪した。その後、集会所で饗宴が開かれ、客人と栽培者側の村人が収穫したイモを共食した。この慣行はもはや見られないが、現在でも来客や帰省者への贈与物として、イモを集会所に供出する機会がある。そして、大きなイモの栽培者は、村人から強い羨望を受ける。

干ばつに見舞われる過酷な自然条件下において、ミズズイキのピット栽培法は、人びとが食料を確保して島に定着するために、必須の技術であった。編み出された技術は洗練度を高め、生産物は集会所を中心とした社会システムのなかに組み込まれていった。ミズズイキは、降雨量が多く地味が豊かな火山島の沼地では、手入れせずとも大きく生育し、食料として見向きもされない。しかし、民族学者のK・ルオマラによれば、キリバスでは「金塊に匹敵する」といわれる価値が、このイモに附与されてきた。

人びとは今日、輸入されたコメや小麦粉を主食にしている。それでもなお、現地の不安定な食料事情や、集会所への供出の必要により、保存食加工や独特のイモ栽培の技術は、絶えることなく維持されている。

（風間計博）

59

気候変動問題に立ち向かうキリバスの人びと

★水没問題に揺れる環礁国家の将来計画★

キリバス共和国出身のイオアネ・テイティオタ氏は、2013年10月16日、地球温暖化による海面上昇を理由に「環境亡命」を求めてニュージーランドの裁判所に訴えを起こした。2007年にニュージーランドへ移り住んだテイティオタ氏は、母国キリバスの現状について「海面上昇が原因で母国の一部がすでに水浸しになっている」と指摘し、「キリバスに未来はなく、もし移民局に強制送還されたら、3人の子どもを含む家族は苦しい思いをするだけだ」と訴え、難民申請を行った。これに対して、オークランド高等裁判所は、判決文のなかで、キリバスが台風など気候変動に起因する環境悪化に直面していることを認めつつも、帰国した場合に迫害を受ける恐れがあることとする国連難民条約の難民の条件を満たしていないとし、同氏の訴えを却下した。

このキリバス人による難民申請をめぐる裁判は、気候変動によるものと思われる様々な被害が日々の生活にも影響を及ぼしてきていると感じ、将来子どもたちが暮らす生活環境が失われてしまうのではないかという不安を抱き出した島国の人びとが、具体的な行動を起こし始めたことを示す一つの事例として見る

写真１　タラワ環礁のベシオ地区（2002年）［国際機関太平洋諸島センター（PIC）提供］

ことができるだろう。

太平洋島嶼地域のなかで、いち早く気候変動に伴う海面上昇などの影響を国際社会に対して指摘するようになった国の一つがキリバス共和国であり、１９８０年代にはその主張を始めている。現在も隣国のツバルやマーシャル諸島とともに、国土のほとんどが海抜２～３メートル以下という低い島で構成されていることを示しつつ、先進国や工業化を進める途上国に対して温室効果ガスの排出量の削減などの対策を即時に進めるよう訴え続けている。

しかしながら、気候変動の影響と思われる現象に関しては、キリバスのいくつかの村では大潮などの影響により海岸地域での国土浸食が進んでいるなど具体的な形として現れており、その結果、住民による自発的な居住場所の移動が始まっている。また、地下水の淡水に海水が混入する例も増えており、それが島の樹木の成長に影響を及ぼしている。一部の科学者たちの推定では、太平洋の海面上昇は、一年につき2ミリメートル程度だとしているが、一方で、この海水レベルの上昇は温室効果ガス濃度の上昇により今後も著しく加速していくと考えている者もいる。世界銀行によれば、首都のあるタラワ環礁周辺では２０５５年までに最大30センチ近く上昇すると予測され、同環礁にある島の5割以上が50年までに浸水する恐れがあると警告している。さらに雨量の変化、潮の流れの変化、そして、嵐のパターンの変化なども海面の上昇とともにキリバスに深刻な影響を与えかねないという指摘もされている。

こうした事態のなかで、キリバス政府もただ指をくわえているわけではない。アノテ・トン大統領は気候変動問題に対処するため、防波堤を張り巡らせるなど国土の強靭化を図るための様々な計画を検討してきた。とりわけユニークなものとして、日本の建設会社による環境未来都市構想「グリーンフロート」プロジェクトがある。同計画では、直径3キロの巨大な浮体構造物（人工島）の上に、高さ1000メートルの塔を建設し、全住民を移住させるというものであり、2030年の建設開始を目指したいと考えている。自然エネルギー利用の発電など環境技術を駆使しCO_2排出量ゼロを目標にするなど、同社はキリバス政府や国民に同計画の意義や効果を説明しており、大統領も同計画に魅力を感じている。ただし、莫大な金額が予想される建設コストなど課題も多い。

一方、人工建造物による対策とは別に、近年キリバスの指導者たちは全住民をフィジーに移住させるという計画を打ち出した。キリバス政府は、2012年にまず、フィジーの2番目に大きな島であるバヌア・レブ島にある約2400万平方キロメートルの土地に目を付け、フィジー政府に対して購入したいという意思を表明した。フィジー政府との間で交渉を行った結果、同区画を877万ドル（約9億円）で購入することで合意に達した。当面はこの耕地はキリバス国民の食料の作物を生育するための耕作地として利用する予定となっている。

トン大統領は、「私たちも住民も、誰もこの地を去ることを望んでいるわけではない。できることなら、移住などしたくないが、万が一の場合、私たち政府は移住を実行する。私個人としても移住はしたくない。しかし、これは特に、キリバスの若い世代の生き残りとも関係する重大な問題なのだ」

写真２　アノテ・トン大統領（2013年）

と述べた。フィジー側からも、ナイラティカウ大統領が２０１４年２月11日に首都タラワを訪問した際、キリバス政府に対して、「いざとなれば全員受け入れる」と公式に表明した。ナイラティカウ大統領は「国際社会が温暖化を止められなければ海面は上昇するが、難民になることはない。キリバス人は堂々と（フィジーへ）移住できる。キリバス人の魂は新天地で生き続ける」と約束した。

　もちろん、キリバス政府としても、巨大浮島建設や全国民のフィジー移住などの空想とも思われるプロジェクトばかりを追いかけているわけではない。トン大統領は、国土消滅、祖国沈没という迫りくる危機に対し、護岸工事やマングローブの植樹による国土保全に加え、キリバス国民を他国へ移住させないといけない最悪の場合に備えて、環境難民ではなく受入国に有益な貢献ができる人材として移住できるように、若年層に対して積極的な職業訓練を行っている。人口の浮島建設計画にしろ、全住民の移住先としてフィジーに土地購入を行う計画にしろ、大統領はこうした壮大な計画を国際社会に対して訴えることにより、太平洋の小さな島国で起きている気候変動の影響と思われる様々な被害を、先進国に対してアピールし、積極的な協力を行うよう働き掛ける狙いがあると考えたほうが妥当であろう。気候変動をめぐる問題はまさにグローバル社会における周縁に位置する小島嶼国家に大きな影響を与えているのである。

（黒崎岳大）

60

燐鉱石産業の終焉と国家の行方

★かつて「最も豊かな国」といわれたナウル★

ミクロネシア地域の鉱業は、日本統治時代にパラオのバベルダオブ島で行われたボーキサイト採掘を除けば、燐鉱石の採掘がほぼ唯一のものである。ミクロネシアの小さな島じまには陸上の天然資源が乏しいことは容易に想像できるところだが、海鳥の糞とサンゴの石灰分が化合して生成された燐鉱石は、まさに熱帯の洋上に浮かぶ、サンゴでできた小さな島ならではの鉱物資源だった。

燐鉱石は主として肥料の原料となる。ミクロネシアでは20世紀初頭から採掘が始まり、オーストラリア、ニュージーランド、そして日本などへ盛んに輸出が行われた。化学肥料のない時代にはきわめて貴重な資源として重宝され、大戦前後の日本やニュージーランドの食料増産はこの燐鉱石なしではありえなかったという指摘すらある。燐鉱石の産地として有名だったナウル島とオーシャン島（現バナバ島）を太平洋戦争勃発直後に占領した日本は、即座に国策会社南洋拓殖と南洋興発の職員を派遣し、両島から燐鉱石を輸送する準備を行ったほどである（戦況悪化により実現はしなかった）。

しかし燐鉱石を産する島じまは、いずれも周囲数キロメート

写真１　燐鉱石採掘で荒れ果てたナウル島（ナウル、2003年）［日本ナウル協会提供］

ルから十数キロメートル程度ときわめて小さい。外来者によって行われた採掘活動は数年〜数十年で終わりを迎え、島じまの独立時にはもはや資源は残されていなかった。そして住民たちが得たものは、微々たる補償金のみであった。統治国が安価な燐鉱石輸入によって自国農業を発展させたのに対し、島に残されたものは、荒れ果てた土地とやりきれない住民たちの思いだけだった。燐鉱石採掘の爪痕は深く、たとえば、イギリスによってフィジーの離島に強制移住させられ、フィジー国民になってしまっている旧オーシャン島住民たちは、今も故郷キリバスと居住地フィジーという二つの国の狭間で苦吟しているし、日本が採掘を行ったファイス島では、「金（賠償金）はいらない。私たちが島で生きるために必要な畑を作る土を返してほしい」という切実な住民決議も挙げられている。

そんななかで唯一、独立後も採掘が続いたのが、相対的に島が大きく埋蔵量が豊富だったナウルであった。１９６８年に独立したナウルは、燐鉱石事業を国営化し、その莫大な収益によって周囲の島じまとはまったく異なる豊かな国を作り上げた。

燐鉱石収益を唯一の原資として、ナウル人たちはすべての実務を外国人に任せ、電気代から留学費用、医療費まで公共料金はすべて無料、ごくわずかな輸入関税を除けば税金も一切なく、結婚すれば政府が新居を新築してくれるという、まさに楽園というにふさわしい暮らしを謳歌してきた。自らは生産活動を行わず、水や食料品に至るまでほとんどすべての生活物資を外国から輸入し、時には飛行機をチャーターして外国に買い物旅行に出かけるナウル人たちの行動は、周囲からしばしば「成金」と陰口を叩かれたが、一方では潤沢な資金を背景に、経済自立の困難な周辺島嶼諸国や地域国際機関に対して、ナウルは気前よくさまざまな資金援助も実施した。こうしてナウルは、1970～80年代には「世界で最も豊かな国」という形容もなされる国となった。

写真2　石灰柱（ピナクル）が林立する奇観を呈する燐鉱石採掘跡地（ナウル、2003年）［日本ナウル協会提供］

しかし、当然ながら採掘は終焉を迎える。20世紀末と予測された燐鉱石枯渇後に備え、ナウルの指導者たちは利益の多くを基金化し、証債券や不動産などに投資を行った。また、航空会社などのビジネス活動にも積極的に出資した。燐鉱石枯渇後は、金利や事業収入で国家を成り立たせようとしたのである。1970年代のナ

燐鉱石を産出した主な島じま

島名	現在の所属国	面積	採掘期間	採掘量	採掘者
ナウル島	ナウル共和国	21 km^2	1906〜現在	3,463万*	イギリス系民間企業→英豪NZ三国の国策会社→ナウル国営企業
オーシャン島(現名バナバ島)	キリバス共和国	6.3 km^2	1900〜1979	不明	イギリス系民間企業→英豪NZ三国の国策会社
アンガウル島	パラオ共和国	8 km^2	1909〜1955	410万	ドイツ国策会社→日本国策会社→アメリカ
ファイス島	ミクロネシア連邦(ヤップ州)	2.8 km^2	1938〜1944	73万**	南洋拓殖（日本の国策会社）
エボン島	マーシャル諸島共和国	5.7 km^2	1939〜1944	7万**	南洋拓殖（日本の国策会社）
ソンソロール島	パラオ共和国	1.9 km^2	1941〜1944	6万**	南洋拓殖（日本の国策会社）

*　1967年までの産出量
**　推定埋蔵量（太平洋戦争により枯渇前に生産中止）
このほか、日本統治時代にロタ島（マリアナ諸島）、トビ島（パラオ）、ペリリュー島（パラオ）でも小規模な採掘が行われた。
［出所：『太平洋諸島百科事典』『南拓誌』などから筆者作成］

ウル人の人口は約３５００〜５０００人程度。当時は毎年３０００万ドル程度の輸出余剰金があり、これらをすべて投資に回していたため、こうした将来展望はあながち実現不可能ではないと思われていた。

しかし、「夢の金利生活国計画」は失敗に終わった。「経営」や「管理」ということを経験したことのないナウル人たちのこれら事業は、繰り返される放漫経営や詐欺被害などによって、収益を上げるどころか莫大な損失を出し続けたのである。「このままではまずい」という声は繰り返し出されてはいたが、国内政争に明け暮れる指導者たちの対応は鈍く、資産はずるずると食いつぶされていった。燐鉱石の産出量が低下した１９９０年代には保有資産の売却が始まり、２０００年頃からは、債務不履行による海外資産の抵当流れ、給料の未払い、燃料代や補修費用がないために起きる停電や電話の不通などが常態化した。かつて年産数百万トンあった燐鉱石の生産量も10万トン台に激減し、周辺諸国からの出稼ぎ労働者たちは、給料を受け取れないまま帰国を余儀なくされた。そして２００４年には、ナウルの富の象徴だったメルボルンの超高層ビルもついに債権者の手に渡ってしまった。

すべてを失ったナウルは、ラジカルな「生き残り作戦」に出た。２００１年、アフガニスタン人をはじめとした、難民に偽装した海路密航者の急増に手を焼いたオーストラリアが、難民認定されるまでオーストラリア以外の地に施設を設置してそこに収容するとした「パシフィックソリューション政策」を打ち出したとき、ナウルはこれを積極的に誘致、施設受け入れの見返りとしてオーストラリアから巨額の財政資金を獲得した。難民収容施設はオーストラリア国内の批判により２００８年にいったん閉鎖されたが、２０１２年には再開され、「難民収容ビジネス」はナウルの国家財政を支えている。また燐鉱石採掘事業も大幅なリストラを断行するとともに再建計画を外国企業に委託して二次採掘をスタートさせ、生産量は年間推定40万トン程度まで回復、２０１１年には対日輸出も復活した。

１９９０年代後半から２０００年代初頭の危機的状況を脱し、ナウルはとりあえず燐鉱石の二次採掘と難民収容ビジネスでひと息ついているように見える。しかし難民収容施設では人権侵害であるとの批判の声は強く、２０１３年には不満を抱えた収容者による大規模な暴動事件も発生した。燐鉱石もいずれは枯渇するものであり、その後のナウルの国家像についての議論は進んでいない。ナウルに残された時間は有限であり、そして前途は依然として不透明である。

（小川和美／黒崎岳大）

◉主要参考文献（単行本のみ）

総合的

石川栄吉『南太平洋――民族学的研究』角川書店、１９７９年
石川栄吉編『オセアニア世界の伝統と変貌』山川出版社、１９８７年（清水昭俊「ミクロネシアの伝統文化」）
石川栄吉監修『オセアニアを知る事典』平凡社、１９９０年
印東道子『オセアニア　暮らしの考古学』（朝日選書）朝日新聞社、２００２年
大塚柳太郎編『モンゴロイドの地球』（第2巻）東京大学出版会、１９９５年
小林安雅『ミクロネシアの海水魚』東海大学出版会、１９９４年
松岡静雄『ミクロネシア民族誌』岡書院、１９２７年（２００１年、クレス出版から復刻）
山口洋兒『日本統治下ミクロネシア文献目録』風響社、２０００年
吉岡政徳監修『オセアニア学』京都大学学術出版会、２００９年

Ⅰ　地理と自然環境

池上大祐『アメリカの太平洋戦略と国際信託統治――米国務省の戦後構想１９４２～１９４７』法律文化社、２０１３年
今西錦司『ポナペ島――生態学的研究』彰考書院、１９４４年（１９７５年、講談社から復刻）
金平亮三『南洋群島植物誌』南洋廳、１９３３年（１９７２年、井上書店から復刻）
堀田満ほか編『世界有用植物事典』平凡社、１９８９年

Ⅱ　歴　史

青木公『失われゆく楽園――特派員の目・南太平洋編』朝日ソノラマ、１９８０年
石川栄吉編『オセアニア世界の伝統と変貌』山川出版社、１９８７年（中山和芳「歴史時代のミクロネシア」）
印東道子編『東京大学総合研究博物館所蔵ミクロネシア古写真資料カタログ』東京大学総合研究博物館、１９９９年
大塚柳太郎・片山一道・印東道子編『オセアニア１　島嶼に生きる』東京大学出版会、１９９３年
鹿児島大学南太平洋海域研究センター編『オセアニア物語』めこん、１９８９年
佐藤幸男ほか編『世界史のなかの太平洋』国際書院、１９９８年（清水昭俊「マーシャル諸島共和国の１９９０年憲法改正国民投票」）
高山純・石川栄吉・高橋康昌『地域からの世界史17――オセアニア』朝日新聞社、１９９２年
ピーティー、マーク（浅野豊美訳）『植民地――帝国50年の興亡』読売新聞社、１９９６年
ベルウッド、ピーター（植木武・服部研二訳）『太平洋――東南アジアとオセアニアの人類史』法政大学出版局、１９８９年
増田義郎『太平洋――開かれた海の歴史』（集英社新書）集英社、２００４年
矢崎幸生『ミクロネシア信託統治の研究』御茶の水書房、１９９９年
山本真鳥編『世界各国史27　オセアニア史』山川出版社、２０００年（須藤健一「ミクロネシア史」、印東道子「先史時代のオセアニア」、増田義郎「ヨーロッパ人の太平洋探検」）

Ⅲ　伝統の息づく生活文化

石森秀三『危機のコスモロジー――ミクロネシアの神々と人間』福武書店、１９８５年
小川英文編『交流の考古学』朝倉書店、２０００年（印東道子「オセアニアの島嶼間交流」）
河合利光『身体と形象――ミクロネシア伝承世界の民族誌的研究』風響社、２００１年
須藤健一『母系社会の構造――サンゴ礁の島々の民族誌』紀伊國屋書店、１９８９年
染木煦『ミクロネシアの風土と民具』彰考書院、１９４５年

高山純『南太平洋の民族誌――江戸時代日本漂流民のみた世界』雄山閣出版、1991年
中尾佐助・秋道智彌編『オーストロネシアの民族生物学――東南アジアから海の世界へ』平凡社、1999年（印東道子「オセアニアの土器文化の諸相」）
ミッチェル、ロジャー・E（古橋政次訳）『ミクロネシアの民話』大日本絵画巧芸美術、1979年
矢内原忠雄『南洋群島の研究』岩波書店、1935年
吉田集而編『生活技術の人類学――国立民族学博物館シンポジウムの記録』平凡社、1995年（吉田集而「発酵パン果の謎」、印東道子「オセアニアの食物調理法」）
吉田集而・堀田満・印東道子編『イモとヒト――人類の生存を支えた根栽農耕』平凡社、2003年

Ⅳ　現代社会

大江志乃夫・川村湊編著『岩波講座　近代日本と植民地』岩波書店、1992～93年（今泉裕美子「南洋群島委任統治政策の形成」）
小林泉『ミクロネシアの小さな国々』（中公新書）中央公論社、1982年
小林泉『アメリカ極秘文書と信託統治の終焉』東信堂、1994年
高橋康昌ほか編『オセアニア現代事典』新国民社、1987年
長嶋俊介『水半球の小さな大地――太平洋諸島民の生活経済』同文舘出版、1987年
松島泰勝『ミクロネシア――小さな島々の自立への挑戦』（アジア太平洋研究選書）早稲田大学出版部、2007年

Ⅴ　日本とミクロネシア

大門正克・天野正子・安田常雄編『戦後経験を生きる――近現代日本社会の歴史』吉川弘文館、2003年
大宜味朝徳『アジア学叢書　南洋群島案内』大空社、2004年
岡谷公二『南海漂泊――土方久功伝』河出書房新社、1990年
岡谷公二『南海漂蕩――ミクロネシアに魅せられた土方久功・杉浦佐助・中島敦』冨山房インターナショナル、

２００７年
勝又浩『中島敦の遍歴』筑摩書房、２００４年
川村湊『海を渡った日本語――植民地の「国語」の時間』青土社、１９９４年
高知新聞社編『夢は赤道に――南洋に雄飛した土佐の男の物語』高知新聞社、１９９８年
小林泉『南の島の日本人――もうひとつの戦後史』産経新聞出版、２０１０年
将口泰浩『「冒険ダン吉」になった男　森小弁』（産経新聞社の本）産経新聞出版、２０１１年
高山純『南海の大探検家鈴木経勲――その虚像と実像』三一書房、１９９５年
等松春夫『日本帝国と委任統治――南洋群島をめぐる国際政治１９１４―１９４７』名古屋大学出版会、２０１１年
中島敦（池澤夏樹解説）『中島敦――１９０９―１９４２』筑摩書房、１９９２年
中島敦『中島敦全集２』（ちくま文庫）筑摩書房、１９９３年
波形昭一編『近代アジアの日本人経済団体』同文舘出版、１９９７年
八坂由美『ミクロネシアで暮らす――協力隊が作った初めてのテレビニュース』明石書店、２０００年
柳沢遊・木村健二編『戦時下アジアの日本経済団体』日本経済評論社、２００４年（今泉裕美子「南洋群島経済の戦時化と南洋興発株式会社」）

Ⅵ　グアム・北マリアナ諸島自治領

朝倉彰編『北マリアナ探検航海記』文一総合出版、１９９５年
石上正夫『大本営に見すてられた楽園――玉砕と原爆の島テニアン』桜井書店、２００１年
鈴木均『サイパン夢残――「玉砕」に潰えた「海の満鉄」』日本評論社、１９９３年
野村進『日本領サイパン島の一万日』岩波書店、２００５年
山口誠『グアムと日本人――戦争を埋立てた楽園』（岩波新書）岩波書店、２００７年

Ⅶ　ミクロネシア連邦

秋道智彌『魚と文化――サタワル島民族魚類誌』海鳴社、1984年
印東道子『南太平洋のサンゴ島を掘る――女性考古学者の謎解き』臨川書店、2014年
牛島巌『ヤップ島の社会と交換』弘文堂、1987年
サックス、オリヴァー（大庭紀雄・春日井晶子訳）『色のない島へ――脳神経科医のミクロネシア探訪記』早川書房、1999年
土方久功『ミクロネシア＝サテワヌ島民族誌』未來社、1984年
土方久功『土方久功著作集⑦――流木　孤島に生きて』三一書房、1992年
ブラウワー、ケネス（芹沢真理子訳）『サタワル島へ、星の歌』めるくまーる、1990年

Ⅷ　パラオ共和国

青柳真智子『モデクゲイ――ミクロネシア・パラオの新宗教』新泉社、1985年
上原伸一『海の楽園パラオ――非核憲法の国は今』あみのさん、1990年
遠藤央『政治空間としてのパラオ――島嶼の近代への社会人類学的アプローチ』世界思想社、2002年
須藤健一・倉田洋二編『パラオ共和国――過去と現在そして21世紀へ』おりじん書房、2003年
高山純『江戸時代パラウ漂流記――新史料の民族誌的検証』三一書房、1993年
土方久功『土方久功著作集①――パラオの社会と生活』三一書房、1990年

Ⅸ　マーシャル諸島共和国

黒崎岳大『マーシャル諸島の政治史――米軍基地・ビキニ環礁核実験・自由連合協定』明石書店、2013年
佐々木英基『核の難民――ビキニ水爆実験「除染」後の現実』NHK出版、2013年
豊崎博光『マーシャル諸島　核の世紀〈上〉――1914―2004』日本図書センター、2005年
豊崎博光・安田和也『水爆ブラボー――3月1日ビキニ環礁・第五福竜丸』草の根出版会、2004年

中原聖乃『放射能難民から生活圏再生へ――マーシャルからフクシマへの伝言』法律文化社、2012年
中原聖乃・竹峰誠一郎『マーシャル諸島ハンドブック――小さな島国の文化・歴史・政治』凱風社、2007年
中原聖乃・竹峰誠一郎『核時代のマーシャル諸島――社会・文化・歴史、そしてヒバクシャ』凱風社、2013年
三宅泰雄・檜山義夫『新装版 ビキニ水爆被災資料集』東京大学出版会、2014年

X　キリバス共和国・ナウル共和国

風間計博『窮乏の民族誌――中部太平洋・キリバス南部環礁の社会生活』大学教育出版、2003年
高山純・甲斐山佳子『珊瑚島の考古学――中部太平洋キリバス共和国調査記』大明堂、1993年
フォリエ、リュック（林昌宏訳）『ユートピアの崩壊　ナウル共和国――世界一裕福な島国が最貧国に転落するまで』新泉社、2011年
古田靖『アホウドリの糞でできた国』（アスペクト文庫）アスペクト、2014年

三田　貴（みた・たかし）［32, 43, 51］
大阪大学未来戦略機構（超域イノベーション博士課程プログラム）特任講師。比較政治学、太平洋諸島地域研究専攻。
主要著書・論文："Alternative futures of state-making in the Pacific Islands: A case of the Republic of Palau", *People and Culture in Oceania* 26, 2010.「住民と協働する未来学的実践――パラオにおける気候変動への対応から」（松島泰勝編『民際学の展開――方法論、人権、地域、環境からの視座』晃洋書房、2012年）、「パラオ――自由連合協定をめぐる対立と社会不安」（丹羽典生、石森大知編『現代オセアニアの〈紛争〉――脱植民地期以降のフィールドから』昭和堂、2013年）。

八坂由美（やさか・ゆみ）［37］
青年海外協力隊を皮切りにNGO、JICA等の国際協力活動に参加。東京大学大学院情報学・環学際情報学府修士課程修了。
主要著書・論文：『ミクロネシアで暮らす――協力隊が作った初めてのテレビニュース』（明石書店、2000年）、『タイとビルマの国境に暮らして』（明石書店、2005年）、「開発とメディア――援助と現地の文化的相克」（東京大学大学院情報学環修士論文、2006年）。

山口　徹（やまぐち・とおる）［54, 55］
慶應義塾大学文学部教授。オセアニア考古学・歴史人類学専攻。
「島嶼――島景観にみる自然と人間の営み」（『ようこそオセアニア世界へ』所収、昭和堂、2023年）、『アイランドスケープ・ヒストリーズ――島景観が架橋する歴史生態学と歴史人類学』（編著、風響社、2019年）、「絡み合う人と自然の歴史学に向けて――その学際的広がりにもとづく理論的考察」（『史学』82/3、2013年）、"Sedimentary facies and Holocene depositional processes of Laura Island, Majuro Atoll."（*Geomorphology* 222, 2014年）、"Archaeological investigation of the landscape history of an Oceanic atoll: Majuro, Marshall Islands."（*Pacific Science*, 63(4), 2009年）。

山口洋兒（やまぐち・ようじ）［35, 39］
元社団法人アジア会館アジア太平洋資料室室長。
主要著書・論文：『日本統治下ミクロネシア文献目録』（風響社、2000年）、「明治期におけるミクロネシア関係文献」（国立国会図書館専門資料部編『参考書誌研究』32号、1986年）、「南洋群島を読む」（『訪書月刊』111号、1997年）。

黒崎岳大（くろさき・たけひろ）［56, 57, 59, 60］
東海大学観光学部准教授。国際関係論、オセアニア政治・経済学、文化人類学専攻（国家政策・経済開発）。
主要著書・論文：『マーシャル諸島の政治史――米軍基地・ビキニ環礁核実験・自由連合協定』（明石書店、2013年）、『太平洋島嶼地域における国際秩序の変容と再構築』（共編著、アジア経済研究所、2016年）、『ようこそオセアニア世界へ』（共編著、昭和堂、2023年）、『移民たちの太平洋』（共編著、アジア経済研究所、2023年）。

小西潤子（こにし・じゅんこ）［26］
沖縄県立芸術大学教授。民族音楽学専攻。
主要著書等：『音楽文化学のすすめ』（共編著、ナカニシヤ出版、2007年）、DVD 解説『南洋へのまなざし――パラオと小笠原の踊りと古謡』（ビクター VZBG-30、2008年）。

小林繁樹（こばやし・しげき）［22, 23, 24, 25, 45］
国立民族学博物館名誉教授。造形文化学、文化人類学専攻。
主要著書・論文：『世界一周道具パズル――これ、なんに使うのかな？』（光文社〈光文社文庫、1997年／電子書店 mm 文庫、2004年〉）、「バス交通が結ぶコミュニケーション・ネットワーク――ミクロネシア、ヤップ島における情報伝達の現代化方法」（南山大学複合社会比較研究会編『文化人類学・現代の風景』中央法規出版、1993年）、「オセアニアにおける民族技術の観光資源化」（近藤雅樹編『日用品の二〇世紀』ドメス出版、2003年）。

須藤健一（すどう・けんいち）［10, 11, 16, 38］
国立民族学博物館長。社会人類学専攻。
主要著書・論文：『母系社会の構造――サンゴ礁の島々の民族誌』（紀伊國屋書店、1989年）、『性の民族誌』（共編著、人文書院、1993年）、『オセアニアの人類学』（風響社、2008年）、『グローカリゼーションとオセアニアの人類学』（共編著、風響社、2012年）。

高橋康昌（たかはし・やすあき）［12, 13, 27, 28, 36］
群馬大学名誉教授。国際関係論、オセアニア地域研究専攻。
主要著書・論文：『南洋の喫茶店――オセアニア現代誌』（筑摩書房、1986年）、『斜光のニュージーランド』（東宛社、1996年）、『民族紛争のエコロジー――逆光の文化史観』（東宛社、2000年）。

小川和美（おがわ・かずよし）［60］
国際機関太平洋諸島センター所長。オセアニア経済開発専攻。
主要著書・論文：「フィジー諸島の都市形成とフィジー系住民社会」（塩田光喜／熊谷圭知編『都市の誕生——太平洋島嶼諸国の都市化と社会変容』アジア経済研究所、2000年）、「パラオ国家財政の実態と展望」（『パシフィックウェイ』通巻123号、2004年）、『南の島でえっへっへ』（廣済堂文庫、2012年）。

小野林太郎（おの・りんたろう）［44, 52, 53］
国立民族学博物館准教授。東南アジア・オセアニア地域研究、海洋考古学、民族考古学専攻。
主要著書・論文：『海域世界の地域研究 —— 海民と漁撈の民族考古学』（京都大学学術出版会、2011 年）、『海の人類史 —— 東南アジア・オセアニア海域の考古学　増補改訂版』［環太平洋文明叢書5］（雄山閣、2018年）、Ono, R. and A. Pawlik eds. 2020, *Pleistocene Archaeology: Migration, Technology, and Adaptation.* IntecOpen Publisher. Open Access E Book。

風間計博（かざま・かずひろ）［20, 58］
京都大学大学院人間・環境学研究科教授。人類学専攻。
主要著書・論文：『強制移住と怒りの民族誌——バナバ人の歴史記憶・政治闘争・エスニシティ』（明石書店、2022年）、『窮乏の民族誌——中部太平洋・キリバス南部環礁の社会生活』（大学教育出版、2003年）、『交錯と共生の人類学——オセアニアにおけるマイノリティと主流社会』（編著、ナカニシヤ出版、2017年）、『オセアニアで学ぶ人類学』（共編著、昭和堂、2020年）、『共存の論理と倫理——家族・民・まなざしの人類学』（共編著、はる書房、2012年）。

柄木田康之（からきた・やすゆき）［15, 31, 47］
宇都宮大学名誉教授。文化人類学専攻。
主要著書・論文：「オレアイ環礁における文化確認とその余波」（『民族学研究』1977年）、「メゾ・レベルとしての世帯戦略とライフ・ヒストリー——ミクロネシア連邦ヤップ州の離島からみた都市化」（熊谷圭知／塩田光喜編『都市の誕生—太平洋島嶼諸国の都市化と社会変容』アジア経済研究所、2000年）、「ヤップ離島の土地獲得戦略における階層関係の持続と変容」（塩田光喜編『島々と階級——太平洋島嶼諸国における近代と不平等』アジア経済研究所、2002年）。

菊澤律子（きくさわ・りつこ）［8］
国立民族学博物館教授。言語学専攻。
主要著書・論文：*Fijian Language, Culture, and Their Representation*（佐野文哉と共編著、国立民族学博物館、2021年）、『手話が「発音」できなくなる時——言語機能障害からみる話者と社会』（石原和と共編著、ひつじ書房、2023年）、『しゃべるヒト——ことばの不思議を科学する』（吉岡乾と共編著、文理閣、2023年）。

◉**執筆者紹介**（50音順、＊は編著者、［　］内は担当章）

秋道智彌（あきみち・ともや）［3, 5, 18, 19, 46］
総合地球環境学研究所名誉教授。生態人類学、民族生物学専攻。
主要著書・論文：『なわばりの文化史』（小学館、1999年）、『コモンズの地球史――グローバル化時代の共有論に向けて』（岩波書店、2010年）、『海に生きる――海人の民族学』（東京大学出版会、2013年）。

石村　智（いしむら・とも）［48］
独立行政法人国立文化財機構東京文化財研究所無形文化遺産部長。文化遺産学専攻。
主要著書・論文："Issues regarding the protection of intangible cultural heritage related to religion in Japan", Heritage and Religion in East Asia（Routledge、2021年）、『よみがえる古代の港――古地形を復元する』（吉川弘文館、2017年）、『ラピタ人の考古学』（溪水社、2011年）。

石森秀三（いしもり・しゅうぞう）［17, 29］
北海道博物館長、北海道大学観光学高等研究センター特別招聘教授、国立民族学博物館名誉教授。観光文明学、文化開発論、博物館学専攻。
主要著書・論文：『エコツーリズムを学ぶ人のために』（共編著、世界思想社、2011年）、『危機のコスモロジー――ミクロネシアの神々と人間』（福武書店、1985年）、『観光の二〇世紀』（ドメス出版、1996年）、『博物館概論』（放送大学教育振興会、2003年）。

今泉裕美子（いまいずみ・ゆみこ）［14, 34］
法政大学国際文化学部教授、国際関係学、ミクロネシア・日本関係史。
主要著書・論文：「太平洋の『地域』形成と日本――日本の南洋群島統治から考える」（李成市他編『岩波講座日本歴史』第20巻〔地域論〕、岩波書店、2014年）、今泉裕美子他編著『日本帝国崩壊期「引揚げ」の比較研究――国際関係と地域の視点から』日本経済評論社、初版2016年、オンデマンド版2020年。

＊ **印東道子**（いんとう・みちこ）［1, 2, 4, 6, 7, 9, 21, 33, 39, 40, 41, 42］
編著者紹介参照。

遠藤　央（えんどう・ひさし）［30, 49, 50］
京都文教大学総合社会学部教授。社会人類学専攻。
主要著書・論文：『政治空間としてのパラオ――島嶼の近代への社会人類学的アプローチ』（世界思想社、2002年）、「母系社会と権力」田中雅一／中谷文美編『ジェンダーで学ぶ文化人類学』（世界思想社、2005年）、『オセアニア学』（共編著、京都大学学術出版会、2009年）。

● **編著者紹介**

印東道子（いんとう・みちこ）
東京都生まれ。国立民族学博物館・総合研究大学院大学名誉教授。
専攻：オセアニア考古学、人類学

【主要著書・編著書】
『ヒトはなぜ海を超えたのか――オセアニア考古学の挑戦』〈共編著〉雄山閣、2020年
『南太平洋のサンゴ島を掘る――女性考古学者の謎解き』（フィールドワーク選書４）臨川書店、2014年
『オセアニア　暮らしの考古学』（朝日選書715）朝日新聞社、2002年
『人類の移動誌』〈編著〉臨川書店、2013年
『人類大移動――アフリカからイースター島へ』（朝日選書886）〈編著〉朝日新聞出版、2012年
『オセアニア学』〈共編著〉京都大学学術出版会、2009年

エリア・スタディーズ　51
ミクロネシアを知るための60章【第２版】

2005年11月10日　初　版第１刷発行
2015年２月28日　第２版第１刷発行
2023年９月15日　第２版第２刷発行

編著者　印　東　道　子
発行者　大　江　道　雅
発行所　株式会社明石書店
〒101-0021 東京都千代田区外神田6-9-5
電話03（5818）1171
FAX 03（5818）1174
振替　00100-7-24505
https://www.akashi.co.jp/
装丁／組版　明石書店デザイン室
印刷／製本　モリモト印刷株式会社

（定価はカバーに表示してあります）　ISBN978-4-7503-4137-8

エリア・スタディーズ

1 現代アメリカ社会を知るための60章
明石紀雄、川島浩平 編著

2 イタリアを知るための62章【第2版】
村上義和 編著

3 イギリスを旅する35章
辻野功 編著

4 モンゴルを知るための65章【第2版】
金岡秀郎 著

5 パリ・フランスを知るための44章
梅本洋一、大里俊晴、木下長宏 編著

6 現代韓国を知るための60章【第2版】
石坂浩一、福島みのり 編著

7 オーストラリアを知るための58章【第3版】
越智道雄 著

8 現代中国を知るための52章【第6版】
藤野彰 編著

9 ネパールを知るための60章
日本ネパール協会 編

10 アメリカの歴史を知るための65章【第4版】
富田虎男、鵜月裕典、佐藤円 編著

11 現代フィリピンを知るための61章【第2版】
大野拓司、寺田勇文 編著

12 ポルトガルを知るための55章【第2版】
村上義和、池俊介 編著

13 北欧を知るための43章
武田龍夫 著

14 ブラジルを知るための56章【第2版】
アンジェロ・イシ 著

15 ドイツを知るための60章
早川東三、工藤幹巳 編著

16 ポーランドを知るための60章
渡辺克義 編著

17 シンガポールを知るための65章【第5版】
田村慶子 編著

18 現代ドイツを知るための67章【第3版】
浜本隆志、髙橋憲 編著

19 ウィーン・オーストリアを知るための57章【第2版】
広瀬佳一、今井顕 編著

20 ハンガリーを知るための60章【第2版】 ドナウの宝石
羽場久美子 編著

21 現代ロシアを知るための60章【第2版】
下斗米伸夫、島田博 編著

22 21世紀アメリカ社会を知るための67章
明石紀雄 監修　赤尾千波、大類久恵、小塩和人、落合明子、川島浩平、高野泰 編

23 スペインを知るための60章
野々山真輝帆 著

24 キューバを知るための52章
後藤政子、樋口聡 編著

25 カナダを知るための60章
綾部恒雄、飯野正子 編著

26 中央アジアを知るための60章【第2版】
宇山智彦 編著

27 チェコとスロヴァキアを知るための56章【第2版】
薩摩秀登 編著

28 現代ドイツの社会・文化を知るための48章
田村光彰、村上和光、岩淵正明 編著

29 インドを知るための50章
重松伸司、三田昌彦 編著

30 タイを知るための72章【第2版】
綾部真雄 編著

31 パキスタンを知るための60章
広瀬崇子、山根聡、小田尚也 編著

32 バングラデシュを知るための66章【第3版】
大橋正明、村山真弓、日下部尚徳、安達淳哉 編著

33 イギリスを知るための65章【第2版】
近藤久雄、細川祐子、阿部美春 編著

34 現代台湾を知るための60章【第2版】
亜洲奈みづほ 著

35 ペルーを知るための66章【第2版】
細谷広美 編著

36 マラウィを知るための45章【第2版】
栗田和明 著

37 コスタリカを知るための60章【第2版】
国本伊代 編著

38 チベットを知るための50章
石濱裕美子 編著

39 現代ベトナムを知るための63章【第3版】
岩井美佐紀 編著

40 インドネシアを知るための50章
村井吉敬、佐伯奈津子 編著

41 エルサルバドル、ホンジュラス、ニカラグアを知るための45章
田中高 編著

エリア・スタディーズ

42 **パナマを知るための70章【第2版】**
国本伊代 編著

43 **イランを知るための65章**
岡田恵美子、北原圭一、鈴木珠里 編著

44 **アイルランドを知るための70章【第3版】**
海老島均、山下理恵子 編著

45 **メキシコを知るための60章**
吉田栄人 編著

46 **中国の暮らしと文化を知るための40章**
東洋文化研究会 編

47 **現代ブータンを知るための60章【第2版】**
平山修一 著

48 **バルカンを知るための66章【第2版】**
柴宜弘 編著

49 **現代イタリアを知るための44章**
村上義和 編著

50 **アルゼンチンを知るための54章**
アルベルト松本 著

51 **ミクロネシアを知るための60章【第2版】**
印東道子 編著

52 **アメリカのヒスパニック＝ラティーノ社会を知るための55章**
大泉光一、牛島万 編著

53 **北朝鮮を知るための55章【第2版】**
石坂浩一 編著

54 **ボリビアを知るための73章【第2版】**
真鍋周三 編著

55 **コーカサスを知るための60章**
北川誠一、前田弘毅、廣瀬陽子、吉村貴之 編著

56 **カンボジアを知るための60章【第3版】**
上田広美、岡田知子、福富友子 編著

57 **エクアドルを知るための60章【第2版】**
新木秀和 編著

58 **タンザニアを知るための60章【第2版】**
栗田和明、根本利通 編著

59 **リビアを知るための60章【第2版】**
塩尻和子 編著

60 **東ティモールを知るための50章**
山田満 編著

61 **グアテマラを知るための67章【第2版】**
桜井三枝子 編著

62 **オランダを知るための60章**
長坂寿久 著

63 **モロッコを知るための65章**
私市正年、佐藤健太郎 編著

64 **サウジアラビアを知るための63章【第2版】**
中村覚 編著

65 **韓国の歴史を知るための66章**
金両基 編著

66 **ルーマニアを知るための60章**
六鹿茂夫 編著

67 **現代インドを知るための60章**
広瀬崇子、近藤正規、井上恭子、南埜猛 編著

68 **エチオピアを知るための50章**
岡倉登志 編著

69 **フィンランドを知るための44章**
百瀬宏、石野裕子 編著

70 **ニュージーランドを知るための63章**
青柳まちこ 編著

71 **ベルギーを知るための52章**
小川秀樹 編著

72 **ケベックを知るための54章**
小畑精和、竹中豊 編著

73 **アルジェリアを知るための62章**
私市正年 編著

74 **アルメニアを知るための65章**
中島偉晴、メラニア・バグダサリヤン 編著

75 **スウェーデンを知るための60章**
村井誠人 編著

76 **デンマークを知るための68章**
村井誠人 編著

77 **最新ドイツ事情を知るための50章**
浜本隆志、柳原初樹 著

78 **セネガルとカーボベルデを知るための60章**
小川了 編著

79 **南アフリカを知るための60章**
峯陽一 編著

80 **エルサルバドルを知るための55章**
細野昭雄、田中高 編著

81 **チュニジアを知るための60章**
鷹木恵子 編著

82 **南太平洋を知るための58章** メラネシア ポリネシア
吉岡政德、石森大知 編著

83 **現代カナダを知るための60章【第2版】**
飯野正子、竹中豊 総監修　日本カナダ学会 編

エリア・スタディーズ

84 **現代フランス社会を知るための62章**
三浦信孝、西山教行 編著

85 **ラオスを知るための60章**
菊池陽子、鈴木玲子、阿部健一 編著

86 **パラグアイを知るための50章**
田島久歳、武田和久 編著

87 **中国の歴史を知るための60章**
並木頼壽、杉山文彦 編著

88 **スペインのガリシアを知るための50章**
坂東省次、桑原真夫、浅香武和 編著

89 **アラブ首長国連邦（ＵＡＥ）を知るための60章**
細井長 編著

90 **コロンビアを知るための60章**
二村久則 編著

91 **現代メキシコを知るための70章**【第2版】
国本伊代 編著

92 **ガーナを知るための47章**
高根務、山田肖子 編著

93 **ウガンダを知るための53章**
吉田昌夫、白石壮一郎 編著

94 **ケルトを旅する52章** イギリス・アイルランド
永田喜文 著

95 **トルコを知るための53章**
大村幸弘、永田雄三、内藤正典 編著

96 **イタリアを旅する24章**
内田俊秀 編著

97 **大統領選からアメリカを知るための57章**
越智道雄 著

98 **現代バスクを知るための60章**【第2版】
萩尾生、吉田浩美 編著

99 **ボツワナを知るための52章**
池谷和信 編著

100 **ロンドンを旅する60章**
川成洋、石原孝哉 編著

101 **ケニアを知るための55章**
松田素二、津田みわ 編著

102 **ニューヨークからアメリカを知るための76章**
越智道雄 著

103 **カリフォルニアからアメリカを知るための54章**
越智道雄 著

104 **イスラエルを知るための62章**【第2版】
立山良司 編著

105 **グアム・サイパン・マリアナ諸島を知るための54章**
中山京子 編著

106 **中国のムスリムを知るための60章**
中国ムスリム研究会 編

107 **現代エジプトを知るための60章**
鈴木恵美 編著

108 **カーストから現代インドを知るための30章**
金基淑 編著

109 **カナダを旅する37章**
飯野正子、竹中豊 編著

110 **アンダルシアを知るための53章**
立石博高、塩見千加子 編著

111 **エストニアを知るための59章**
小森宏美 編著

112 **韓国の暮らしと文化を知るための70章**
舘野晳 編著

113 **現代インドネシアを知るための60章**
村井吉敬、佐伯奈津子、間瀬朋子 編著

114 **ハワイを知るための60章**
山本真鳥、山田亨 編著

115 **現代イラクを知るための60章**
酒井啓子、吉岡明子、山尾大 編著

116 **現代スペインを知るための60章**
坂東省次 編著

117 **スリランカを知るための58章**
杉本良男、高桑史子、鈴木晋介 編著

118 **マダガスカルを知るための62章**
飯田卓、深澤秀夫、森山工 編著

119 **新時代アメリカ社会を知るための60章**
明石紀雄 監修 大類久恵、落合明子、赤尾千波 編著

120 **現代アラブを知るための56章**
松本弘 編著

121 **クロアチアを知るための60章**
柴宜弘、石田信一 編著

122 **ドミニカ共和国を知るための60章**
国本伊代 編著

123 **シリア・レバノンを知るための64章**
黒木英充 編著

124 **ＥＵ（欧州連合）を知るための63章**
羽場久美子 編著

125 **ミャンマーを知るための60章**
田村克己、松田正彦 編著

エリア・スタディーズ

126 カタルーニャを知るための50章 立石博高、奥野良知 編著

127 ホンジュラスを知るための60章 桜井三枝子、中原篤史 編著

128 スイスを知るための60章 スイス文学研究会 編

129 東南アジアを知るための50章 今井昭夫 編集代表 東京外国語大学東南アジア課程 編

130 メソアメリカを知るための58章 井上幸孝 編著

131 マドリードとカスティーリャを知るための60章 川成洋、下山静香 編著

132 ノルウェーを知るための60章 大島美穂、岡本健志 編著

133 現代モンゴルを知るための50章 小長谷有紀、前川愛 編著

134 カザフスタンを知るための60章 宇山智彦、藤本透子 編著

135 内モンゴルを知るための60章 ボルジギン・ブレンサイン 編著 赤坂恒明 編集協力

136 スコットランドを知るための65章 木村正俊 編著

137 セルビアを知るための60章 柴宜弘、山崎信一 編著

138 マリを知るための58章 竹沢尚一郎 編著

139 ASEANを知るための50章 黒柳米司、金子芳樹、吉野文雄 編著

140 アイスランド・グリーンランド・北極を知るための65章 小澤実、中丸禎子、高橋美野梨 編著

141 ナミビアを知るための53章 水野一晴、永原陽子 編著

142 香港を知るための60章 吉川雅之、倉田徹 編著

143 タスマニアを旅する60章 宮本忠 著

144 パレスチナを知るための60章 臼杵陽、鈴木啓之 編著

145 ラトヴィアを知るための47章 志摩園子 編著

146 ニカラグアを知るための55章 田中高 編著

147 台湾を知るための72章【第2版】 赤松美和子、若松大祐 編著

148 テュルクを知るための61章 小松久男 編著

149 アメリカ先住民を知るための62章 阿部珠理 編著

150 イギリスの歴史を知るための50章 川成洋 編著

151 ドイツの歴史を知るための50章 森井裕一 編著

152 ロシアの歴史を知るための50章 下斗米伸夫 編著

153 スペインの歴史を知るための50章 立石博高、内村俊太 編著

154 フィリピンを知るための64章 大野拓司、鈴木伸隆、日下渉 編著

155 バルト海を旅する40章 7つの島の物語 小柏葉子 著

156 カナダの歴史を知るための50章 細川道久 編著

157 カリブ海世界を知るための70章 国本伊代 編著

158 ベラルーシを知るための50章 服部倫卓、越野剛 編著

159 スロヴェニアを知るための60章 柴宜弘、アンドレイ・ベケシュ、山崎信一 編著

160 北京を知るための52章 櫻井澄夫、人見豊、森田憲司 編著

161 イタリアの歴史を知るための50章 高橋進、村上義和 編著

162 ケルトを知るための65章 木村正俊 編著

163 オマーンを知るための55章 松尾昌樹 編著

164 ウズベキスタンを知るための60章 帯谷知可 編著

165 アゼルバイジャンを知るための67章 廣瀬陽子 編著

166 済州島を知るための55章 梁聖宗、金良淑、伊地知紀子 編著

167 イギリス文学を旅する60章 石原孝哉、市川仁 編著

環境と資源利用の人類学 西太平洋諸島の生活と文化
印東道子編著 ◎5500円

ハワイ日系人の教育観とアイデンティティ オーラルヒストリーから辿る「モデル・マイノリティ」への道
横山香奈著 ◎4000円

オセアニアの今 伝統文化とグローバル化
山本真鳥著 ◎2800円

ダーク・エミュー アボリジナル・オーストラリアの「真実」
先住民の土地管理と農耕の誕生
ブルース・パスコウ著 友永雄吾訳 ◎2800円

強制移住と怒りの民族誌
バナバ人の歴史記憶・政治闘争・エスニシティ
風間計博著 ◎5400円

オーストラリア先住民族の主体形成と大学開放
前田耕司著 ◎3800円

希望 オーストラリアに来た難民と支援者の語り
多文化国家の難民受け入れと定住の歴史
アン＝マリー・ジョーデンス著 加藤めぐみ訳 ◎3200円

多文化国家オーストラリアの都市先住民
アイデンティティの支配に対する交渉と抵抗
栗田梨津子著 ◎4200円

踊る「ハワイ」・踊る「沖縄」
フラとエイサーにみる隔たりと繋がり
森田真也、城田愛著 ◎3500円

日本人と海外移住 移民の歴史・現状・展望
日本移民学会編 ◎2600円

海のキリスト教 太平洋島嶼諸国における宗教と政治・社会変容
大谷裕文、塩田光喜編著 ◎4500円

ニューカレドニア カナク・アイデンティティの語り
ネーションの語り・共同体の語り・文化の語り
江戸淳子著 ◎9500円

太平洋文明航海記 キャプテン・クックから米中の制海権をめぐる争いまで
塩田光喜著 ◎2200円

トナカイの大地、クジラの海の民族誌
ツンドラに生きるロシアの先住民チュクチ
池谷和信著 ◎3800円

入門 グアム・チャモロの歴史と文化
もうひとつのグアムガイド
中山京子、ロナルド・T・ラグァニャ著 ◎1000円

世界華人エンサイクロペディア
リン・パン編 游仲勲監訳
田口佐紀子、山本民雄、佐藤嘉江子訳 ◎18000円

〈価格は本体価格です〉